Johannes Reimer

Multikultureller Gemeindebau

Versöhnung leben

Über den Autor:

Dr. Johannes Reimer ist Professor an der Universität von Südafrika, Gemeindegründer und Autor verschiedener Bücher zum Thema Gesellschaftstransformation.

Bibliografische Information Der Deutschen Bibliothek
Die Deutsche Bibliothek verzeichnet diese Publikation in der Deutschen
Nationalbibliografie; detaillierte bibliografische Daten sind im Internet
über http://dnb.ddb.de abrufbar.

ISBN 978-3-86827-246-8
© 2011 by Verlag der Francke-Buchhandlung GmbH
35037 Marburg an der Lahn
Covergestaltung: Verlag der Francke-Buchhandlung GmbH /
Christian Heinritz
Satz: Verlag der Francke-Buchhandlung GmbH
Druck: Bercker Graphischer Betrieb, Kevelaer

www.francke-buch.de

Inhaltsverzeichnis

Vorwort

Schon immer hat mich die bunte Welt der Kulturen fasziniert. Vielleicht hat das etwas mit meiner Biografie zu tun. Geboren bin ich in Nordkasachstan, aufgewachsen in der Kälte des westsibirischen Winters, in Usbekistan bin ich zur Schule gegangen, mitten in der als „hungrige Steppe" bekannten wüstenähnlichen Landschaft am Syr-Darja Fluss, in Estland habe ich am Ufer der Ostsee gelebt und schließlich bin ich nach Deutschland umgezogen und habe in den USA, Belgien und Südafrika studiert. Ich liebe die Vielfalt der Sprachen und Ausdrucksweise. Nur dem Schöpfer selbst konnte ein so bunter Völkerteppich einfallen.

Es ist faszinierend zu sehen, wie Menschen aus allen Ecken der Welt unser Land verschönern. Man sagt, jeder 15. Deutsche entstammt einer Einwanderer-Familie. Und was diese Einwanderer alles mitbringen. Ihre Küche hat längst unsere Speiselokale erobert, ihre Sprachen bereichern unsere Dialekte. Man sollte nur einmal einen türkischen Deutschen Schwäbisch reden hören. Herrlich! Und dann die Kleidung. Ehrlich, wie monoton würden unsere Einkaufszonen in den Großstädten aussehen, wenn es da nicht die vielen bunten Farbtupfer dieser „anderen Deutschen" gäbe. Sogar die deutsche Nationalmannschaft hat die Farbe Schwarz in den Gesichtern der deutschen Stürmer entdeckt. Wunderbar!

Gegen all diese herrliche Vielfalt wirken die meisten christlichen Gemeinden kulturell grau. Man könnte meinen, der Meistermaler sei an der christlichen Gemeinde vorbeigegangen. Die Multikulturalität der Gesellschaft spiegelt sich nur bedingt in der christlichen Gemeinde. Wenn überhaupt, dann sind wir Deutschen in den evangelikalen Gemeinden am deutschesten.

„Wie klingt das denn?", werden Sie vielleicht fragen. „Am deutschesten" – das sagt man doch gar nicht. Schlechtes Deutsch oder? Dachte ich auch und deshalb habe ich dieses Buch geschrieben. Nichts ist der Gemeinde des Neuen Testaments fremder als diese graue Monokulturalität. Schon ein oberflächlicher Blick in das Neue

Testament macht deutlich, dass die Gemeinde Jesu Gottes Volk ist, zusammengestellt aus vielen Völkern dieser Erde. Und die Gemeinde Jesu in Deutschland dürfte da keine Ausnahme sein.

Multikulturelle Gemeinden in Deutschland – wie kann das werden? Dieses Buch versucht eine mögliche Antwort zu geben. Es will das Gespräch anregen. Und deshalb provoziert es zuweilen. Es will Grundlagen legen und deshalb gibt es Verweise auf andere Quellen. Und es will vor allem die Praxis des Gemeindebaus anregen – deshalb der deutliche Praxisbezug. Aber dieses Buch will nicht eine Vorlage für multikulturellen Gemeindebau liefern. Man kann Gemeinden nicht kopieren. Man kann von Gemeindemodellen allerdings viel lernen. Die Umsetzung muss dann jedoch im jeweiligen Kontext vorgenommen werden.

So ist dieses Buch ein Impuls, eine Gesprächsvorlage, ein Diskussionsbeitrag. Die rapide Multikulturalisierung der europäischen und auch der deutschen Gesellschaft macht ein solches Gespräch zwingend notwendig, wenn die christliche Gemeinde ihrem missionarischen Auftrag treu bleiben will.

Ich widme das Buch all den Christen, die mich durch ihr kulturelles Anderssein herausgefordert haben. Da ist beispielsweise der Jude Anatol aus dem sowjetischen Osten, der Kurde Oktaj aus der Türkei, die Inguschetin Madina aus dem Kaukasus und der Nigerianer Tom. Mit diesen und anderen lieben Menschen haben wir zusammen Gemeinde gebaut. Wir haben uns oft missverstanden und doch lieben und schätzen gelernt, wir haben uns gestritten und doch zusammengearbeitet, wir haben uns aneinander gerieben und herausgekommen ist jene Wärme, die eine enorme missionarische Energie möglich gemacht hat. Danke! Dieses Buch wäre ohne meine tollen Erfahrungen mit Euch nie möglich geworden. Von Herzen wünsche ich meinen Lesern ähnliche positive und lebensverändernde Erfahrungen mit Menschen, die uns zunächst fremd erscheinen und uns doch oft näher sind, als es auf den ersten Blick scheint.

Johannes Reimer, im Herbst 2010

Abkürzungen

AUK – Afrikanische Unabhängige Kirchen
CPCE – Community of Protestant Churches in Europe
EA – Evangelische Allianz
EKD – Evangelische Kirche in Deutschland
EU – Europäische Union
GWA – Gemeinwesenarbeit
IBMR – International Bulletin of Missionary Research
IMR – International Missionary Review
IOM – International Organization for Migration
IVP – Inter-Varsity Press
LKWM – Lausanner Komitee für Weltmission
MEC – Multi-Ethnic Churches
ÖRK – Ökumenischer Rat der Kirchen
PHE – Prinzip der homogenen Einheit
UNDESA – United Nations Department of Economic and Social Affairs
UNHCR – United Nations High Commissioner for Refugees
VLM – Verlag der Liebenzeller Mission
VTR – Verlag für Theologie und Religionswissenschaft
WEA – World Evangelical Alliance

Teil I:

Gemeinde für alle –
Multikultureller Gemeindebau als Auftrag

1 Einleitung

Mehr als 30 Jahre sind vergangen, seit Jerry L. Appleby sein leidenschaftliches Buch mit dem bezeichnenden Titel: „Missions have come home to America" veröffentlichte.[1] Darin wies er auf die völlig veränderte Situation im Westen hin, den massiven Einwanderungsstrom der Menschen aus allen vier Himmelsrichtungen nach Amerika, das Versagen des berühmten amerikanischen Melting-Pots, der in früheren Zeiten jeden Einwanderer in kurzer Zeit zum guten Amerikaner zu machen schien. Er verlangte nach Konzepten für einen multikulturellen Gemeindebau.[2] Seitdem ist viel Wasser den Rhein heruntergeflossen. Heute lebt die Welt in unserer unmittelbaren Nachbarschaft. Unsere Zeit wird zu Recht „age of migration"[3] genannt. Wie ein bunter Teppich fügen sich immer mehr neue Migranten-Gemeinschaften in unserer Nähe zusammen. Das Leben im Lebensraum Deutschland ist komplexer geworden. Wir werden zu einer „network society", wie Castells so treffend bezeichnete.[4] Die christlichen Gemeinden, so scheint es, lassen sich durch diese Entwicklungen jedoch kaum aus den gewohnten Bahnen bringen und gestalten ihr Leben immer noch weitgehend monokulturell. Das Ergebnis lässt nicht lange auf sich warten – überall in unserem Land verlieren die traditionellen Kirchen und Gemeinden Mitglieder. Vor diesem Hintergrund wird die Aufforderung der Weltweiten Evangelischen Allianz (WEA), sich der Herausforderung der Korrelation zwischen Migration und Mission in unseren multikulturell gewordenen Settings zu stellen, überaus verständlich.[5]

In diesem Buch wollen wir uns der multikulturellen Wirklichkeit stellen. Wir werden versuchen, die veränderten kulturellen, religiösen

---

1 Appleby 1986.
2 Sein eigener Entwurf erschien als „The church is in a stew" (Appleby 1990).
3 Castells 2003.
4 Castells 2000.
5 Antil 2004:61-68.

und sozialen Bedingungen in unserem Land zu verstehen und uns die Frage gefallen lassen, ob die allgegenwärtige missionarische Erfolglosigkeit der christlichen Kirchen und Gemeinden auch darin begründet ist, dass sie am multikulturellen Kontext vorbei das Evangelium leben und zu verkündigen versuchen. Wenn ja, dann böte sich uns eine pragmatische Begründung, ja gar Notwendigkeit, Gemeinden multikulturell zu bauen.

Freilich genügt eine pragmatische Begründung nicht. Wer die Heilige Schrift zur verbindlichen Norm gemacht hat, der wird grundsätzlich nach der theologischen Validität und Notwendigkeit des multikulturellen Gemeindebaus fragen. Wie kann oder muss ein solcher Gemeindebau theologisch begründet werden? Ist die Rede vom multikulturellen Gemeindebau eine Modeerscheinung, geboren in einer multioptionalen Welt, oder lässt sie sich grundsätzlich biblisch-theologisch rechtfertigen? Ein wesentlicher Teil dieses Buches beschäftigt sich deshalb mit der biblischen Theologie des Fremden und seiner Stellung in der christlichen Gemeinde. Kann Gemeindeaufbau, biblisch gesehen, überhaupt monokulturell betrieben werden, wenn der Kontext, in dem Gemeinde gebaut wird, multikulturell besetzt ist? Ist die Konzentration auf bestimmte kulturelle Zielgruppen, wie sie in der Gemeindewachstumsbewegung gefordert wird, theologisch zu rechtfertigen? Gibt die Heilige Schrift Einblick in einen wie auch immer verstandenen kulturübergreifenden Gemeindebau? Und wie sieht dieser aus? Diese und ähnliche Fragen sollten geklärt werden, bevor man sich praktisch mit dem Thema beschäftigt. Nichts wäre fataler, als einen Gemeindebau zu befürworten, der sich biblisch-theologisch nicht rechtfertigen lässt.

Anschließend wollen wir uns existierenden Modellen von multikulturellem Gemeindebau widmen. Wobei das Studium solcher Modelle nicht auf bloße Nachahmung, sondern eher auf die Generierung von Fragen angelegt ist. Alle Modelle müssen vor dem Hintergrund der entsprechenden Rahmenbedingungen gesehen werden. Solche Bedingungen werden im Wesentlichen von drei Faktoren bestimmt, wie James Spradley mit Recht bemerkt: dem Ort, an dem sie verwirklicht werden, den Akteuren, die sie umsetzen, und den Aktivitäten, die das Modell beinhaltet.[6] Alle drei Faktoren sind wesentlichen Veränderungen unterworfen, was die einfache Übernahme von Modellen eher fraglich macht. Der geografische Ort, an dem das Modell gelebt wird, beschreibt den Kontext, die Lebenswelt der Menschen, die kulturell, sozial oder auch politisch sehr unterschiedlich gestaltet und geprägt sein kann. Ein gutes Modell wird sich dieser Gegebenheiten bewusst sein. Und ohne entsprechende Kontextkenntnis steht man immer in der Gefahr, an den Fragen und Bedürfnissen der Menschen vorbeizubauen. Die Analyse der Modelle fragt daher nach dem Hintergrund, der kontextuellen Einbindung des Modells. Und sie fragt nach den Menschen, deren Anwesenheit und Einsatz ein solches Modell erst möglich machen. Modelle sind niemals Selbstläufer. Sie setzen Akteure voraus, ohne deren Einsatz auch die beste Theorie versandet. Solche Akteure werden bestimmte Menschen mit bestimmten Begabungen und Kompetenzen verlangen. Man kann nicht irgendwelche Mitarbeiter einsetzen. Erst recht nicht, wenn es um ein so kompliziertes Unterfangen geht wie multikulturellen Gemeindebau.

Und schließlich geht es bei Modellen um Aktivitäten, um das, was man im Rahmen eines solchen Modells tut, um zum Erfolg zu gelangen. Hier wird nach Gemeindepraxis, nach den Diensten und Aktionen gefragt, die das Leben einer Gemeinde ausmachen. Die Analyse eines Modells wird solche Aktivitäten unbedingt kritisch bewerten. Vor welchem kontextuellen Hintergrund bestimmte Menschen bestimmten Aktivitäten nachgehen und warum sie so und nicht anders arbeiten – das sind Fragen, die die Analyse vor allem interessieren. Denn auf diese Weise werden Prinzipien, Konzepte und Theorieentscheidungen offengelegt, die das Modell im Wesentlichen ausmachen. Das Studium entsprechender Modelle ermöglicht die grundlegenden Vorstellungen, um die Theorie hinter der jeweiligen Praxis zu erkennen. Und einmal erkannt, kann sie dann unter veränderten Bedingungen ganz neu und eventuell ganz anders in die Praxis umgesetzt werden.

---

6   In Ortiz 1996:17.

Mit so erarbeiteten Vorstellungen werden wir es wagen, an einem Praxismodell des multikulturellen Gemeindebaus zu arbeiten. Und schließlich stellen wir Überlegungen zu einer möglichen Konversion bestehender monokultureller Gemeinden in multikulturelle Projekte an.

2 Der Inder als Nachbar – zur Multikulturalität der Gesellschaft

2.1. Leben im globalen Dorf

Seit den späten neunziger Jahren des letzten Jahrhunderts dominiert kein anderes Wort so stark den öffentlichen Diskurs wie der Begriff Globalisierung. Gemeint ist eine zunehmende Vernetzung des Lebens weltweit. Politik, Wirtschaft, Umwelt, Gesellschaft und Kultur – alle Bereiche des gesellschaftlichen und individuellen Daseins sind betroffen.[7] Entwicklungen in einer Ecke der Welt haben unmittelbare Folgen für andere Gebiete, auch wenn dazwischen Tausende von Kilometern liegen mögen. Richard Tiplady spricht an dieser Stelle von einer „global interconnectedness", die zunehmend den Eindruck eines „globalen Ganzen" vermittelt.[8]

Eine Folge der Globalisierung sind nie da gewesene Migrationsströme.[9] Der globale Markt verlangt von den Menschen ein Höchstmaß an Mobilität. Menschen folgen dem Kapital und sehen sich gezwungen, auf der Suche nach Überlebenschancen ihre angestammten Gebiete und damit auch den eigenen kulturellen Raum zu verlassen. Internationale Migration ist somit eines der wichtigsten Probleme der Menschheit heute geworden.[10] Sie hat profunde Folgen für die ökonomische, soziale und kulturelle Entwicklung sowohl der sendenden

---

7 Der Begriff wird sehr unterschiedlich definiert. Wenn man sich über eines einig ist, dann darüber, dass man sich nicht einig ist (Scholte 2000:39). Der deutsche Soziologe Ulrich Beck (2001:19) bemängelt die Tatsache, dass der Begriff Globalisierung selten verantwortlich definiert wird und somit eines der am weitesten missverstandenen Stichworte darstellt. Siehe dazu die einschlägigen Informationen im Internet, z. B.: http://www.globalisierung-infos.de/.
8 Tiplady 2003:11.
9 Die IOM (2003:27) weist mit Recht darauf hin, dass die Intensität und die Globalität der Migrationsströme heute ein Ausmaß erreicht haben, das es so noch nie in der Menschheitsgeschichte gegeben hat. Migration ist tatsächlich zu einem globalen Phänomen geworden.
10 So unter anderem Castells (2003:1). Über die Ursachen und Beweggründe der internationalen Migration ist viel geforscht worden. Siehe eine gute Zusammenfassung der Diskussion mit der Angabe von Quellen in Prill 2007:43ff; 51ff.

18

als auch der empfangenden Länder.[11] Die Konsequenzen für eine Gesellschaft, die überflutet wird von Einwanderern mit völlig anderen Vorstellungen vom Leben, sind enorm. Die ethnische Diversifizierung des Gemeinwesens führt zur Umwälzung des Wertekatalogs, zur Neudefinition des sozialen und religiösen Miteinanders.[12]

2.2. Das veränderte Gesicht Europas

Es war Michail Gorbatschow, der ehemalige Generalsekretär der kommunistischen Partei der UdSSR, der von „unserem gemeinsamen Haus Europa" sprach. Dabei bezog er seine Aussage auf die vielen Völker und Nationen des multinationalen europäischen Lebensraumes, die lernen mussten, im Frieden auf engem Raum zusammenzuleben. Allein in seinem eigenen russischen Teil Europas leben weit über 130 Völker und Stämme.[13] Unser gemeinsames Haus Europa ist auch ein Europa mit vielen Gesichtern, Sprachen und Kulturen. Und dieses bunte Völkergemisch war im Laufe der europäischen Geschichte mehrmals enormen Wandlungen unterworfen.

Schon immer ist Europa auch von Wanderungsströmen durchzogen gewesen. Völker verdrängten sich gegenseitig, mischten sich auf und bildeten ganz neue Ethnien. Seit dem Ende des Zweiten Weltkrieges und ganz besonders während der letzten 20 Jahre beobachten Experten eine verstärkte Migrationsbewegung in Europa.[14] Bedingt durch das enorme Wirtschaftswachstum in Westeuropa und den hier durch den Krieg verursachten chronischen Mangel an Arbeitskräften, den Prozess der Entkolonisierung ehemaliger europäischer Kolonien in Asien und Afrika, der viele dieser Länder an den Rand des ökonomischen Kollaps geführt hat, und den Zusammenbruch der kommunistischen Regime im Osten, sind Millionen von Menschen nach Europa und auch nach Deutschland eingewandert. Deutsch-

---

11 Siehe die Diskussion bei Castells 2003:92.
12 Zur Korrelation zwischen den Marktentwicklungen und Religion siehe den überaus interessanten Aufsatz von L. Boevel (1999:28-36), der die Abhängigkeit der religiösen Entwicklung von der Ökonomie deutlich herausstellt.
13 Zum Vielvölkerstaat Sowjetunion siehe mein Buch „Gebet für die Völker der Sowjetunion" (Reimer 1986).
14 Weller 2006:18ff.

land mag da als ein herausragendes Beispiel dienen. Allein zwischen 1989 und 2002 wanderten 2,72 Millionen Osteuropäer nach Deutschland ein.[15] Heute hat jeder 15. Bundesbürger seine ethnischen Wurzeln außerhalb Deutschlands. Diese Menschen bringen ihre kulturellen und religiösen Besonderheiten mit und verändern daher substanziell das äußere Erscheinungsbild unserer Städte und Dörfer.

Neben der ethnischen steht die religiöse Andersartigkeit einzelner Bevölkerungsschichten der Bundesrepublik. Viele der Einwanderer nach Deutschland bekennen sich zu einer nicht-christlichen Religion. Freilich ist das kein Novum, lebten in Deutschland schon seit Jahrhunderten Juden, Muslime oder auch Hindus und Buddhisten. Der Unterschied zu früher ist jedoch die Masse dieser Andersgläubigen und ihr gewachsenes missionarisches Bewusstsein. Und auch die christlichen Migranten unterscheiden sich wesentlich von den Europäern, bringen sie doch Frömmigkeitstypen mit, die hierzulande völlig unbekannt sind und auf den traditionellen Christen eher befremdend wirken.[16]

Wir leben also in einer multikulturellen Gesellschaft. Mit dem Begriff **multikulturelle Gesellschaft** bezeichnet man eine Gesellschaft, in der Menschen unterschiedlicher kultureller, ethnischer, religiöser, sprachlicher und nationaler Herkunft neben- und miteinander leben. Ihre Herkunft setzt unterschiedliche Lebensvorstellungen, Stile, Traditionen und Werte voraus. Christlicher Gemeindebau findet heute in dieser Welt statt. Er hat daher die Besonderheit des multikulturellen Raumes ernst zu nehmen.

Wie also gestaltet sich die multikulturelle Landschaft unseres Landes, wenn man sich diese aus der Perspektive der Multikulturalität ansieht. Mehrere Ebenen eröffnen sich hierbei dem Betrachter:

---

15 Dietz 2004.
16 Hilfreich erweist sich in diesem Zusammenhang A. Andersons Versuch, die europäischen Frömmigkeitstypen mit den AIC zu vergleichen. Siehe Anderson 2001:107-113.

(a) die Multikulturalität der einheimischen, deutschen Bevölkerung,
(b) das Auseinanderleben der Generationen,
(c) die Rückwanderung deutscher Siedler aus dem Osten,
(d) die Einwanderung Nichtdeutscher.

2.3. Deutsche sind nicht gleich Deutsche

In meinem 1989 erschienenen Buch über deutsche Aussiedler aus der Sowjetunion[17] versuche ich mich dem Wesen der Ostdeutschen zu nähern. Dabei wird deutlich, wie anders deutsche Aussiedler aus dem Osten im Vergleich zu der Mehrheit der Bundesdeutschen sind. Doch beim näheren Hinsehen entdeckt man bald eine Fülle ähnlicher Differenzen zwischen den Süd- und Norddeutschen, den Holsteinern und den Schwaben, ja zwischen den Schwaben und den Badenern, die seit Jahrhunderten in unmittelbarer Nachbarschaft leben und inzwischen zu einem gemeinsamen Bundesland gehören. Deutsche sind nicht gleich Deutsche. Vielfach in Witzen zum Ausdruck gebracht, werden die unsichtbaren Grenzen zwischen den deutschen „Stämmen" aufrechterhalten.

Im Bereich des Gemeindebaus spiegelt sich die Stammesabhängigkeit der Deutschen in ihrer religiösen Orientierung wider. Ist eine Gemeindebewegung einmal lokal verortet, so gelingt es nur mit größter Anstrengung, diese Festlegung zu überwinden. Die Integration anderer Deutscher, beispielsweise der Ostdeutschen, wird nur mit allergrößter Mühe gewährleistet. Man kann das an der Zusammensetzung der evangelischen Freikirchen in allen Regionen Deutschlands hervorragend studieren. Die Baptistengemeinden im Ruhrgebiet beispielsweise rekrutieren die meisten ihrer Mitglieder aus den ostdeutschen Einwanderern der Nachkriegsgeneration. Obwohl sie selbst Einwanderer-Gemeinden sind, gelingt es ihnen nur sehr bedingt, die Spätaussiedler der 1980-1990er Jahre in ihrer Mitte zu integrieren. Ähnlich sieht es bei den Freien Evangelischen Gemeinden im hessischen Kernland aus. Hier sind die Gemeinden aus der Erweckung im 19. Jahrhundert entstanden. Zuwanderer haben

---

17 Reimer 1989.

enorme Probleme, in den Gemeinden heimisch zu werden. Nicht viel anders ist die Situation auch in anderen Gebieten unseres Landes. Die Frage nach dem multikulturellen Gemeindebau stellt sich bereits im innerdeutschen Gemeindebau.

2.4. Das schwierige Miteinander von Jung und Alt

Zum schwierigen Miteinander der Deutschen untereinander kommt die zunehmende Kluft zwischen den Generationen. Wir leben in einer alternden Gesellschaft. Noch nie waren sich Jung und Alt in Deutschland so fremd wie heute.[18] Anschaulich beweisen entsprechende Sozialstudien in Deutschland, dass die Generationen sich auseinanderleben.[19] Was noch gestern im Rahmen einer intakten Großfamilie so wunderbar klappte, will heute ganz und gar nicht mehr harmonieren. Nicht die Älteren, sondern die eigene Altersgruppe gibt den Ton an und bestimmt die Meinung.

In der Gesellschaft wird man sich dieser Tatsache, dank einer intensiv betriebenen Generationsforschung, immer bewusster.[20] Doch während sich im Bereich der Sozialwissenschaften eine ernsthafte Bemühung um die Frage sichtbar macht, hinkt man auf kirchlicher Seite weit hinterher. Generationskonflikte werden zwar erwähnt und erklärt, jedoch nicht wirklich erforscht. Dabei gehen die Generationskonflikte nicht an der Kirche vorbei. Die massiven Abwanderungen junger Menschen aus den klassischen Kirchen und Gemeinden ist an der Tagesordnung. Abseits der etablierten Kirchen formiert sich deutlich sichtbar eine alternative religiöse Szene.

2.5. Gastarbeiter – Flüchtlinge – Migranten

Und dann ist der nicht abreißende Strom der Einwanderer nach Deutschland da. Was in der Zeit des boomenden Wirtschaftswachs-

---

18 Siehe dazu z. B. Hoffmann 2008.
19 Als gutes Beispiel können die Arbeiten der Dr. Jung Gesellschaft für Marktforschung dienen. Siehe Jung 2003.
20 Einen guten Überblick gibt der von Ross-Strajar 2005 herausgegebene Band zur Situation von Jung und Alt in Deutschland.

tums in den Fünfziger und Sechziger Jahren des letzten Jahrhunderts mit den vielen Gastarbeitern begonnen wurde, hat sich längst zu einem massiven gesellschaftlichen Problem entwickelt.[21] Besonders das Wachstum der islamischen Glaubensgemeinschaft verursacht in Europa große Ängste. Man spricht hier bereits über eine Islamphobie.[22] In nur wenigen Jahren scheint es den Muslimen in mehreren Ländern zu gelingen, von den „Margins to the Centre" der Gesellschaft vorzudringen. Die Einwanderer verändern das Gesicht Europas und auch Deutschlands. Dabei kann man mehrere Trends beobachten.

2.5.1. Diasporisierung der Gesellschaft

Immigranten lösen sich heute nicht so schnell in der einheimischen Bevölkerung auf. Fremde sind schon immer nach Deutschland gekommen. Und sie haben sich innerhalb von wenigen Generationen assimiliert. Man denke nur an die Polen im Ruhrgebiet. Anfang des 20. Jahrhunderts als Gastarbeiter eingewandert, erinnern heute nur noch ihre polnischen Namen an ihre Herkunft. Experten bezweifeln aber, dass die heutigen Einwanderungsgruppen sich so schnell assimilieren werden. Statt mit ihrer Heimat zu brechen, pflegt man heute die Beziehung zur Heimat auf jede erdenkliche Weise. Und moderne Kommunikationsmittel machen das, was noch vor wenigen Jahren undenkbar war, möglich. Hatte man früher bald nur noch sporadischen Briefkontakt in die Heimat, so bringen heute Radio, Fernsehen und Internet die Heimat ins Wohnzimmer. Reiste man beispielsweise früher wochenlang zurück an den Bosporus, so ist man heute mit dem Flieger in wenigen Stunden an jeder Ecke der Welt. Man muss heute seine Heimat nicht mehr verlieren.

Das Ergebnis sind wachsende, kulturelle Enklaven in allen Städten Europas. Die IOM spricht an dieser Stelle von „neuen humanen Netzwerken", die überall in der Welt entstehen.[23] Es findet eine regelrechte Diasporisierung der europäischen Bevölkerung statt. Heute

---

21 Zur Geschichte der Gastarbeiter in Deutschland siehe unter anderem: Herbert 2001; Eryilmaz 1998; u.a.
22 Siehe hierzu entsprechende Literatur in: http://de.academic.ru/dic.nsf/dewiki/667219
23 IOM 2003; Prill 2007:53.

schon bilden die Vietnamesen, Nigerianer, Russen und andere Bevölkerungsgruppen weitverzweigte Netzwerke im Westen Europas, die erstaunlich gut organisiert sind. Solche Netzwerke fördern und intensivieren den Immigrationsprozess.

2.5.2. Frauen als Einwanderer

In der Migrationsforschung hat man seit Jahren den Zuwachs weiblicher Migranten beobachtet. Auch wenn diese Trends auf die gesamte Welt bezogen umstritten sind,[24] so scheinen die Entwicklungen in Europa, allem voran in Deutschland, den Trend zu bestätigen. Im Jahr 2000 lagen die Frauen mit einem Anteil von 52,4% der Einwanderer nach Europa[25] um ein Mehrfaches höher als noch ein paar Jahrzehnte zuvor, als der Durchschnittsgastarbeiter und Immigrant männlich war. Der Trend scheint für die Verfestigung der Diaspora in Europa und Deutschland zu sprechen. Viele Frauen reisen ihren Männern, die in Deutschland Arbeit gefunden haben, nach oder andere begeben sich selbst auf die Suche nach einer gesicherten Zukunft. Die soziale und wirtschaftliche Situation in ihren Ursprungsländern zwingt sie dazu.

Die massive Einwanderung von Frauen ermöglicht den hier lebenden männlichen Migranten den Aufbau intakter Familien, ohne dass sie dabei ihren eigenen Kulturraum verlassen müssen. So schlagen die Migranten in Deutschland Wurzeln und bleiben schließlich für immer im Gastland. Ich kann diesen Trend anschaulich in meiner Heimatstadt Bergneustadt im Bergischen Land beobachten. Fast die Hälfte der 20 000 Einwohner der Stadt kommt aus dem Ausland. Viele davon aus der Türkei. Bis in die 90er Jahre des letzten Jahrhunderts haben die Türken in Bergneustadt ihr angespartes Kapital in die Heimat geschickt und z. B. in ein eigenes Haus am Bosporus investiert. Das hat sich heute radikal geändert. Überall in der Stadt kaufen und bauen Türken Häuser. Es ist klar, nur wenige von ihnen werden wieder in ihre alte Heimat zurückgehen.

---

24 Siehe zur Diskussion Prill 2007:54-55.
25 Zlotnik 2003; Prill 2007:55.

2.5.3. Migration der Mittelschicht

Die Globalisierung und Diasporisierung der Migrantenströme scheinen auch einen weiteren Trend zu fördern. Kamen früher vor allem
politisch und religiös Verfolgte und Arme nach Deutschland, so sind
es heute zunehmend Menschen aus höheren sozialen Schichten der
Gesellschaft. In Deutschland hat das Stichwort „Inder statt Kinder"
auf anschauliche Weise diesen Trend unterstrichen. Es ist die Industrie, die den Mangel an gut ausgebildeten Facharbeitern durch den
„Import" von Spezialisten auszugleichen sucht. In einem Bericht der
Weltbank wird gar behauptet, dass 80% der heutigen Migranten aus
gut ausgebildeten „Professionals" besteht.[26] Die Entwicklung verursacht einen massiven „Braindrain" in den sendenden Ländern. Die
Abwanderung der gebildeten Schicht legt die Ökonomie eines Landes auf Dauer lahm. Damit sind weitere Auswanderer unausweichlich. So folgt der von der Industrie eingeladenen Migrantenschicht
die nächste Welle Einwanderer.

Mit der Einwanderung der Gebildeten und wirtschaftlich stärke-
ren Migranten erhöhen sich die Chancen der Entwicklung einer eigenen ökonomischen und sozialen Parallelwelt, wie wir das heute schon
in vielen deutschen Großstädten beobachten können. Sogar in einer
Kleinstadt wie in meiner Heimatstadt muss ein Türke nur noch bedingt Deutsch lernen, um sozial und kulturell eingebunden zu sein.
Die vielen türkischen Geschäfte ermöglichen den Einkauf der notwendigen Güter, ohne auch nur ein einziges Wort Deutsch zu sprechen. Und die Moscheen, Kultur- und Sportvereine, die türkischen
Cafes und Restaurants sorgen für die notwendige Kurzweil. Sogar
politisch können sich die Türken neuerdings über eine eigene Partei
engagieren. Möglich machen diese Parallelgesellschaften unter anderem besser gebildete Türken.

2.5.4. Transnationale Gemeinschaften – Das moderne Nomadentum

Die durch die Globalisierung der Wirtschaft erzwungene Mobilität
der Geschäftsleute, Manager und der Professionals überhaupt führt
zunehmend zu der Entstehung transnationaler Gemeinschaften.

---

26 in Prill 2007:54.

Tehranian spricht an dieser Stelle von „Millionen moderner Nomaden".[27] Solche transnationalen Gemeinschaften fördern die Diasporisierung der Gesellschaft.[28] Sie erweisen sich als enorm stabile Nährböden für Kultur und Religion und sind resistent gegenüber einer schnellen Adaption in die gastgebende Leitkultur, zumal die rasante Entwicklung der Wirtschaft den „modernen Nomaden" schon morgen wieder in ein anderes Land und damit in eine andere gastgebende Kultur versetzen kann.

Transnationale Gemeinschaften haben dazu geführt, dass die Wirtschaftsmetropolen der Welt sich zu „global cities", Weltstädten, entwickeln. Hier sammelt sich die ökonomische Kraft der Wirtschaft und hier entwickeln sich Formen des Zusammenlebens, die oft jenseits des in der Kultur Üblichen liegen. Hamnett weist in seiner Studie der Weltstädte und ihrer Entwicklung darauf hin, dass es vor allem die gut qualifizierten Professionellen sind, die den transnationalen Charakter der Weltstädte prägen.[29]

Diese und andere Faktoren begründen das Phänomen der raschen Diasporisierung westlicher urbaner Lebensräume und tragen somit zu der wachsenden Multikulturalität unserer Gesellschaft bei. Die Fremden werden zwar in unserem Land heimisch, aber nicht weil sie sich uns anpassen, sondern weil sie mitten in unserer Kultur ihre eigene aufbauen. Sie kommen bei uns an, bleiben uns aber trotzdem fremd.

2.6. Refugee Highway – Bahnen der Migrationsströme heute

Migration ist ein globales Phänomen. Und Migration hat viele Gesichter. In christlichen Kreisen benutzt man seit einiger Zeit den Begriff *Refugee Highway*.[30] Gemeint sind Bahnen, nach denen sich Migrationsströme in der Welt bewegen. Heute kommen die meisten

---

27 Tehranian 2004:14.
28 Im Grunde genommen stellt die transnationale Gemeinschaft nichts anderes dar als eine klassische Diaspora. Also eine Ansammlung von Menschen, die außerhalb ihres angestammten Gebietes leben (Castells 2003:30).
29 Hamnett 1995:122; ähnlich Prill 2007:59.
30 Siehe zur Genese des Begriffs: Prill 2007:63ff.

Migranten aus dem Süden und Osten, aus Asien, Afrika, Lateiname-
rika und Süd- und Osteuropa. Ihr Ziel sind die wirtschaftsstarken
Länder in Nordamerika und Westeuropa, Australien, Neuseeland
und Südafrika. Thorsten Prill spricht an dieser Stelle von den „exit
ramps" des Refugee Highways.[31] Nach UNDESA haben die entwickelten Ökonomien der Welt allein zwischen 1995 und 2000 12 Millionen Migranten aufgenommen, davon gingen die Hälfte nach
Nordamerika, vier Millionen nach Westeuropa und 450.000 nach
Australien und Neuseeland.[32] In Europa machen die Einwanderer
nach den Angaben von UNHCR heute schon 22,1% der Gesamtbe-
völkerung aus. Deutschland steht mit 7,2 Mio. Einwanderern an
zweiter Stelle der am meisten betroffenen Länder in Europa.[33] Verglichen mit der Bevölkerungsstärke kam Deutschland 2002 mit
980.000 aufgenommenen Immigranten auf den dritten Platz weltweit, gleich nach dem Iran (1,3 Mio.) und Pakistan (1,2 Mio.) und
weit vor den USA (486.000).

2.7. Multi-Kulti als Herausforderung

Unsere Gesellschaft ist heute so vielschichtig wie nie zuvor. Jedes Jahr
wandern 2,5 Mio. Menschen in die Europäische Union ein.[34] Das
Gesicht Europas verändert sich täglich. Mehrere Parallelgesellschaften scheinen sich auf engen Räumen nebeneinander zu entwickeln.
Konflikte sind somit unvermeidbar. Wie geht man in unserer Gesellschaft mit den Migranten um? Welche Modelle der Integration existieren?

Thorsten Prill nennt in seiner Dissertation folgende. Sie werden in
unterschiedlicher Intensität in Europa angewandt:[35]

---

31 Prill 2007:68.
32 UNDESA 2002:2; Prill 2007:60.
33 UNDESA 2003:23.
34 Guirandon 2006:281.
35 Prill 2007:158ff.

(a) das Non-Immigrant-Modell,

(b) das Assimilierungsmodell,

(c) das pluralistische oder multikulturelle Modell,

(d) das Melting-Pot-Modell.

Jedes dieser Modelle folgt einer eigenen Logik und ist auch für den Umgang von Christen mit Migranten von Bedeutung.

2.7.1. Das Non-Immigrant-Modell

Unter dem Non-Immigrant-Modell wird die Haltung jener Gesellschaften beschrieben, die sich als Nicht-Einwanderungs-Gesellschaften verstehen. Einwanderer sind in solchen Gesellschaften nur auf Zeit willkommen und werden von allen politischen Entscheidungen ausgeschlossen. Nationale Identität ist hier vor allem als ethnische Identität definiert.[36] Fremde sind in einer solchen Gesellschaft nur auf Zeit als Gastarbeiter oder Asylanten willkommen. Eine Eingliederung in die Gesellschaft wird mit allen Mitteln erschwert. In manchen Ländern, z. B. in Deutschland bis in die 1990er Jahre, wird die exklusive Haltung dem Migranten gegenüber eher lasch gehandhabt, während andere Länder einen strikten Nicht-Integrations-Kurs verfolgen, wie z. B. Japan.

Ausländer und Migranten werden in diesem Modell isoliert und bilden in der Regel am Rand der Gesellschaft eine eigene Subkultur. Ihr Gastarbeiterstatus zwingt sie zwar zu einem Leben auf Abruf, sie werden aber nach allen legalen und illegalen Mitteln greifen, um ihre Familien nachreisen zu lassen; und damit beginnt ein überaus komplizierter Weg der erzwungenen Integration in einer ungewollten Parallelgesellschaft. Deutschland ist an dieser Stelle mit der hier praktizierten Gastarbeiterpolitik ein klassisches Beispiel.[37]

Hassan ist mir an dieser Stelle ein trauriges Beispiel. Er kam aus dem ehemaligen Jugoslawien nach Deutschland. Seine bosnische

---

36 Castells 2003:249; Prill 2007:158.

37 Sassen (1999:144) macht deutlich, dass viele der heutigen Integrations-Probleme mit der türkischen Bevölkerung in Deutschland hausgemacht sind und vor allem auf die fehlende Bereitschaft der Politik, die Gastarbeiter in die Gesellschaft zu integrieren, zurückzuführen sind.

Heimat wurde von Krieg und Völkermord geschüttelt. Da bot die Flucht nach Deutschland eine Chance neu anzufangen. Die Flucht gelang. Hassan konnte sogar seine ganze Familie mitnehmen. Aber in Deutschland angekommen, landete er in einem Asylantenheim, wo man zwar am Leben gehalten wird, jedoch weder vernünftig Deutsch lernen kann noch irgendeine Chance auf gesellschaftliche Integration bekommt. Heute ist der Mann zwar immer noch in Deutschland, aber der ständige Gang durch die Behörden hat ihn bitter und lebensmüde gemacht. Manchmal sagt er traurig: „Es wäre besser gewesen, die Serben hätten mich mit den vielen anderen Männern meines Ortes umgebracht. Hier lebe ich zwar, aber was ist das für ein Leben, wenn man nirgendwo als voller Mensch akzeptiert und angenommen wird?"

2.7.2. Das Assimilierungsmodell

Im Assimilierungsmodell erwartet die Gesellschaft vom Fremden die völlige Integration in die Werte und Normen der eigenen Kultur und damit die Aufgabe eigener kultureller Vorstellungen. Schon der Ansatz eines kulturellen Austausches wird hier abgelehnt. Der Fremde hat sich einseitig zu integrieren.[38] Veränderungsbereitschaft wird exklusiv dem Migranten aufgebürdet, die Gesellschaft selbst verweigert jegliche Adaption. Man ist zwar willkommen zu bleiben, aber nur auf Kosten einer totalen Anpassung.

Die Konsequenzen für den Einwanderungswillen bei diesem Modell kann man sich gut vorstellen. Die Ablehnung der Identität resultiert in Einsamkeit, Minderwertigkeitsgefühlen, Rückzug aus der Öffentlichkeit und dem Aufbau einer eigenen parallelen Welt. Diese aber gefährdet auf Dauer den sozialen Frieden einer Gesellschaft. Typisch hierfür ist die Situation in Frankreich, wo die Regierung es den ethnischen Minoritäten verbietet, eigene soziale und politische Vereinigungen zu gründen. Das Resultat sind regelmäßige Unruhen.[39]

Der Assimilierungszwang besteht in Deutschland zwar so nicht, und doch hat man als Einwanderer auch bei uns den Eindruck, dass

---

38 Prill 2007:161.
39 Rex 1999:280.

man in der Gesellschaft nur dann weiterkommen kann, wenn man so wird, wie die Einheimischen sind.

2.7.3. Das multikulturelle Modell

Das dritte Modell, nach dem manche Gesellschaften Einwanderer behandeln, kann als pluralistisch oder multikulturell bezeichnet werden. Im Rahmen eines solchen Modells behält der Immigrant seine kulturelle und ethnische Besonderheit. Die ethnokulturelle Identität wird hier als Beitrag und nicht als Gefährdung zum gesellschaftlichen Miteinander gesehen.[40] Das wohl bekannteste Land mit einer so gelebten Multikulturalität ist Kanada. Hier werden Migranten weder ethnisch vorselektiert noch gezwungen, sich in die Gesellschaft zu integrieren, geschweige denn sich zu assimilieren. Die ethnische Vielfalt wird vielmehr gefeiert und geschätzt.

Ich habe mit meiner Familie eine Zeit lang in Kanada gelebt. Die Offenheit dieser Gesellschaft gegenüber dem kulturell Andersartigen erstaunte mich oft. Da wurden meine Kinder in der Schule angehalten, die kanadische Nationalhymne zu lernen. Der Stolz der Kanadier auf ihr Land ist enorm und wird von klein auf gefördert. Aber meine Kinder, die noch nicht so gut Englisch sprachen, durften die kanadische Hymne auf Deutsch lernen, genau so wie die Chinesen sie in Mandarin und die Russen sie auf Russisch singen dürfen. „Wir sind alle Kanadier, aber jeder von uns ist stolz, eine Herkunft zu haben, die das ganz Besondere an uns ausmacht", sagte mir die Lehrerin meiner Tochter, als ich die Tatsache, dass meine Tochter die Hymne auf Deutsch lernen durfte, würdigte. Die Kultur des anderen wurde hier als überaus positiv willkommen geheißen, als etwas Besonderes, das es zu erhalten gilt.

2.7.4. Das Melting-Pot-Modell

Das Melting-Pot-Modell geht noch einen Schritt weiter. Es erlaubt gegenseitige Befruchtung der Kulturen und erwartet Integration von beiden Seiten, sowohl von Seiten der Einwanderer als auch von Seiten der Gastgeber. Der Melting-Pot soll, so wird erwartet, zu einer ge-

40 Rex 1999:280; Castles 2003:251; Prill 2007:164.

meinsamen neuen Identität führen.[41] Das Modell wird oft mit dem amerikanischen „Way of Life" verbunden. Ähnlich wie in Kanada sind auch hier alle Menschen mit ihren besonderen Kulturen willkommen, aber im Unterschied dazu bemüht die Gesellschaft sich, eine neue Dritt-Kultur zu schaffen, was dazu führt, dass Amerikaner oft gleich denken, gleich leben und gleich geschichtslos erscheinen. Der Melting-Pot nimmt den Menschen die Vergangenheit und stärkt in ihnen das Leben im Jetzt und Hier. Ein solches Leben ist getragen von einer enormen Pragmatik und von Optimismus.

Auch die Sowjets haben sich um einen einheitlichen sowjetischen Kulturraum bemüht. Die Uniformität des sowjetischen Realismus ist sprichwörtlich geworden, aber trotz aller Plattenbauten, Einheitsmusik und der gemeinsamen russischen Sprache ist es nur bedingt gelungen, einen Homo Sowieticus zu schaffen. Auch der Melting-Pot der Amerikaner funktioniert nur bedingt.

2.8. Die Gemeinde als Begegnungsraum

Die internationale Völkerwanderung stellt auch die Kirche vor Herausforderungen. Die Christliche Gemeinde mit ihrem Auftrag, zu „allen Völkern der Welt zu gehen und diese zu Jüngern zu machen" (Mt. 28,19f), hat erstaunliche Möglichkeiten bekommen, Menschen unterschiedlicher Farbe und Rasse in ihrer unmittelbaren Nähe zu missionieren. Die Welt ist zu uns gekommen. Und wir, die deutschen Gemeinden, sind die Gastgeber. Unsere Gemeindehäuser können zu einem ausgezeichneten Begegnungsraum für die vielen Menschen werden. Einem Begegnungsraum, in dem Mediation und Konfliktlösung, Freundschaft und gutnachbarschaftliches Zusammenleben eingeübt werden können. Die Gemeinde, die sich der multikulturellen Herausforderung stellt, kann zu einer wahren gesellschaftlichen Alternative werden.

Nun sind aber unsere Gemeinden oft ein Abbild der herrschenden Gesellschaftskultur. Die gesellschaftlichen Modelle des Umgangs

41   Prill 2007:167.

mit dem Fremden werden auch in der Gemeinde übernommen und praktiziert. Ist eine Gesellschaft eher dem Non-Immigrant-Modell zugeneigt, so spiegelt auch die christliche Gemeinde diese Haltung, die den Fremden eher ausschließt und meidet. Versucht die Gesellschaft den Fremden zu assimilieren, erwartet man auch in der christlichen Gemeinde eine weitgehende Anpassung der Fremden an die Formen und Normen der Gemeindekultur. Das Resultat ist in der Regel die Trennung der Immigranten von der Gemeinde, sobald ihre Gruppe eine überlebensfähige Größe erreicht hat. Deutlich ist dieser Prozess im Versuch bundesdeutscher Gemeinden zu sehen, die versucht haben, Christen aus dem Osten (UdSSR) in ihre Gemeinden zu integrieren. Man kann diesen Versuch als gescheitert ansehen. Heute gibt es überall eigenständige Aussiedlergemeinden. Das Ansinnen der Gastgeber, sich weitgehend anzupassen, ist diesen Christen zu viel geworden.

In einer multikulturellen Gesellschaft wird dagegen die ethnokulturelle Eigenständigkeit der Christen gefördert. Immigranten werden ermutigt, eigene Gemeinden oder auch multikulturelle Gemeinden mit mehreren Sprachgruppen zu gründen. Auch im Melting-Pot-Modell werden Fremde gerne willkommen geheißen und ermutigt, an der Gestaltung einer gemeinsamen christlichen Kultur mitzuarbeiten. Hier wird bewusst ein gegenseitiges Befruchten erwartet. Integration ist somit keine Einbahnstraße, sondern wird sowohl von den Einwanderern als auch von den Gastgebern erwartet und gewollt.

Welches Verhalten der christlichen Gemeinde ist nun angebracht? Sollte die Kirche der vorherrschenden Gesellschaftsdoktrin folgen und sich damit politisch korrekt verhalten, oder ist die Beziehung der Kirche zum Fremden eher theologisch festgelegt? Wie hat sich die Gemeinde Jesu den Migranten gegenüber zu verhalten? Und wie kann Mission und Gemeindebau auch diese Menschen effektiv miteinschließen? Um diese Frage adäquat zu beantworten, werfen wir einen Blick in die Heilige Schrift.

3 Gemeinde als Volk aus den Völkern – zur biblischen Vision einer multikulturellen Gemeinde

3.1. Leben in der Fremde – ein Thema des Alten Testaments

Wie kein anderes Thema durchzieht die Frage nach dem Fremden, der Migration, der Flucht und Vertreibung, der Gastfreundschaft und des Gastrechts das Alte und teilweise auch das Neue Testament. J. Maruskin bezeichnet die Bibel sogar als Handbuch für Immigration und Immigranten, Asyl und Asylanten.[42] Was sagt die Bibel zu diesen Themen? Wie stehen die Autoren der biblischen Bücher zum Fremden und zu den Migranten? Was kann, ja was muss, schließlich die Gemeinde Jesu aus dem Alten Testament für ihren Umgang mit den Menschen anderer Kulturen lernen?

3.1.1. Dein Vater war ein herumwandernder Aramäer …

Im Alten Testament finden sich unzählige Referenzen zum Thema. So beginnt die Vätergeschichte mit dem Bericht über Abraham und seine Auswanderung. Ihm wird eine Zukunft verheißen, die weit über seine eigene Familie weist. In Gen. 12,1-2 heißt es:

> „Und der Herr sprach zu Abram: Geh aus deinem Vaterland und von deiner Verwandtschaft und aus deines Vaters Hause in ein Land, das ich dir zeigen will. Und ich will dich zum großen Volk machen und will dich segnen und dir einen großen Namen machen und du sollst ein Segen sein."

Die Auswanderung Abrams hängt somit unmittelbar mit seiner Zukunft zusammen. Gottes Pläne werden für Abram in der Ferne verwirklicht. Somit wird seine Wanderung zu einer Glaubenserfahrung, in der die Beziehung zwischen Abram und seinem Gott wächst.[43] Freilich ist diese Wanderung kein Spaziergang. Die neue Heimat, das

---

42 Maruskin 2000:197.
43 Siehe dazu die Ausführungen von Walter Brueggemann (1982:121ff).

verheißene Land, macht es dem Migranten Abram nicht leicht. Eine Hungersnot treibt den Mann aus Kanaan nach Ägypten und hier durchlebt Abram all jene Ängste, die so typisch für Menschen in einer fremden Kultur sind.[44] Es hat nicht viel gefehlt und Abram hätte seine Frau Sara an den ägyptischen Herrscher verloren. Wenham unterstreicht den Realismus der alttestamentlichen Erzählung, war doch genau das die Praxis mancher Herrscher. Man denke da nur an das Verhalten des späteren Königs David in Bezug auf die Frau des Urija.[45] Wenn sich nicht einmal der fromme David scheute, die Frau eines seiner Söldner zu missbrauchen, was haben dann die heidnischen Herrscher getan? Sie nahmen sich, was ihnen beliebte. Der Flüchtling war sich also nie seines Lebens und seines Besitzes sicher.

Wie in der Abrahamerzählung, so ist es auch an anderen Stellen des Alten Testaments die Dürre und Hungersnot, die die Menschen in Bewegung setzt und sie zwingt, ihre Heimat zu verlassen. Abrahams Sohn Isaak sieht sich gezwungen, nach Gerar zu fliehen (Gen. 26,1ff.), und dessen Sohn Jakob verlässt mit seinem Haus Kanaan und zieht nach Ägypten (Gen. 47,4-6). Klaus Westermann beobachtet richtig, dass die Hungersnot eine der entscheidenden Erfahrungen der Menschen im Alten Testament gewesen ist, die ihre Geschichte und Kultur wesentlich mitprägte.[46] Unfähig, in der eigenen Heimat für den Lebensunterhalt zu sorgen, flohen die Menschen zu den Nachbarvölkern. Mit der unfreiwilligen Flucht ins Exil beginnt für die Menschen ein Leben in der Fremde, das deutlich von Problemen gekennzeichnet ist.

Die für die Theologie des Alten Testaments entscheidende Erzählung finden wir im Exodus-Bericht über das Leben der Hebräer in Ägypten (Ex. 1). Das enorme Wachstum der nach Ägypten eingewanderten Hebräer auf der einen Seite und ihre offensichtliche Assimilierungsresistenz auf der anderen zwingt die Ägypter zu politischen Maßnahmen gegen die Einwanderer, welche dann in einer Versklavung der Hebräer endet. Auf diese Weise dämmen die Ägypter die

---

44 Gen. 12,10-20.
45 Wenham 1987:291.
46 Westermann 1987:103.

Aufstiegschancen der Einwanderer ein und bemächtigen sich zugleich einer Armee an billigen Arbeitern, die den Wohlstand des Landes weiter ausbauen.[47]

Die unvorstellbare Not der Hebräer in Ägypten führt schließlich zum Exodus aus Ägypten und einer vierzigjährigen Wüstenwanderung. Und diese Exodus-Story wird zum Metanarrativ, zu dem nationalen Identifikationsereignis des Volkes Gottes überhaupt.[48] Auch die Regelung des Verhältnisses des Volkes Gottes zu den unter ihnen lebenden Fremden wird, wie wir später sehen werden, im Exodusnarrativ verankert.

3.1.2. Das babylonische Exil

Ähnlich konstitutiv für die Identität des alttestamentlichen Volkes Gottes wie der Exodus-Bericht ist die Erfahrung des Volkes Gottes im babylonischen Exil. Bis heute hat sich der Begriff „Babylonische Gefangenschaft" in viele Sprachen der Welt als Sprichwort eingebürgert. Es ist ein fundamentales Eckdatum der israelischen Geschichte. Im Unterschied zu der Flucht Jakobs und seiner Söhne nach Ägypten sind es in diesem Fall Kriege und die Folgen einer Niederlage, die wesentliche Teile Judas in zwei Deportationen nach Babylon bringen. Dabei sind alle Bevölkerungsschichten betroffen: Mitglieder des Königshauses, der Verwaltung, Soldaten und Handwerker (2Kön. 24,16; 25,11). Nur die Ärmsten der Armen blieben in Jerusalem zurück (2Kön. 24,14; 25,12).

Die Invasion Nebukadnezars in Juda verfolgte machtpolitische Interessen des babylonischen Herrschers, und die Deportation der Juden nach Babylonien zeichnet sich durch handfeste wirtschaftliche Interessen aus. Man kann dies an der Behandlung der jungen Gefangenen aus den besseren Häusern Judas erkennen. Daniel und seine Freunde erhalten eine privilegierte Versorgung und Schulung (Dan. 1,3-8). Offensichtlich brauchten die Babylonier Fachpersonal, an dem es im Land selbst mangelte. Da mussten Menschen aus den ent-

---

47 Janzen 1997:19; Ashby 1998:10f.
48 Zum Exodus-Motiv als Metanarrativ der Erlösung in der Bibel, siehe Reimer 2009:215-217; Wright 2006:265ff; u.a.

legensten Gebieten her. Es ging damals noch weniger zivilisiert her. Heute hätte man wahrscheinlich eine Greencard angeboten.

Natürlich erging es nicht allen deportierten Juden in Babylon so gut wie Daniel und seinen Freunden. Die meisten litten Not und große Not. Anschaulich berichtet uns der Prophet Jeremia über die Lage unter den Exilanten (Klgl. 4). Und Psalm 137,1-6 unterstreicht die Wehklagen der Entführten in der Fremde:

„An den Strömen Babels saßen wir und weinten, wenn wir an Zion gedachten. An den Weiden, die dort sind, hängten wir unse-re Lauten auf. Denn die uns dort gefangen hielten, forderten von uns, dass wir Lieder sängen, und unsere Peiniger, dass wir fröhlich seien. ‚Singt uns eines von den Zionsliedern!‘ Wie sollten wir ein Lied des Herrn singen auf fremdem Boden? Vergesse ich dich, Je-rusalem, so erlahme meine Rechte! Meine Zunge soll an meinem Gaumen kleben, wenn ich nicht an dich gedenke, wenn ich Jeru-salem nicht über meine höchste Freude setze!"

Im babylonischen Exil macht das Volk Gottes Erfahrungen der sozi-alen, wirtschaftlichen, aber auch religiösen Erniedrigung einer er-zwungenen Migration. Diese Erfahrungen prägen bis heute das Selbstverständnis Israels.

3.1.3. Die Geschichte von Noomi und Rut

Die wohl schönste Geschichte, die im Alten Testament von Migrati-on berichtet, ist die Geschichte der Noomi und ihrer Schwiegertoch-ter Rut im gleichnamigen Buch der Bibel. Elimelech sieht sich aus wirtschaftlichen Gründen gezwungen, seine Heimatstadt Bethlehem zu verlassen und in das benachbarte Land umzuziehen (Rut 1). Hier in der Fremde heiraten die Söhne heidnische Frauen. Leider verliert Noomi sowohl ihren Mann als auch ihre Söhne und kehrt nach Ende der Hungersnot mit ihrer moabitischen Schwiegertochter Rut nach Bethlehem zurück. Eine wundervolle Geschichte der Integration der fremden Rut in das Volk Gottes entfaltet sich. Rut wird von Noomi liebevoll gebeten, ihren eigenen Weg zu gehen: „Siehe, deine Schwägerin ist umgekehrt zu ihrem Volk und zu ihrem Gott, kehre auch du um, deiner Schwägerin nach." (Rut 1,15). Aber Rut entscheidet sich dafür, bei ihrer Schwiegermutter zu bleiben: „Rut antwortete: Rede mir nicht ein, dass ich dich verlassen und von dir umkehren sollte. Wo du hingehst, da will auch ich hingehen; wo du bleibst, da bleibe auch ich. Dein Volk ist mein Volk und dein Gott ist mein Gott. Wo du stirbst, da sterbe ich auch, da will auch ich begraben werden ..." (Rut 1,16). Rut bleibt und findet eine liebevolle Aufnahme und Versorgung in der Person des Boas (Rut 2,1ff). Schließlich heiratet Boas die Fremde, womit eine volle Integration von Rut in das Volk Israel gelingt (Rut 4,1ff).

3.1.4. Zur Theologie der Migration im Alten Testament

Im Alten Testament gehört das Thema der Migration und der Erfahrung der Fremden zu einem der wichtigsten Themen überhaupt. Die wenigen vorgestellten Beispiele können beliebig ergänzt werden. Die Migrations-Erfahrungen konstituieren gar die Identitäts-Marker des Volkes Gottes. Die Hebräer waren immer wieder Fremdlinge in den Ländern, wohin sie Hungersnot und Vertreibung verschlugen. Am deutlichsten kommt diese Erfahrung im Glaubensbekenntnis Israels zum Ausdruck. Jeder gläubige Israelit ist angehalten, dieses Bekenntnis am Tag der ersten Früchte zu sprechen. In Dtn. 26,5-9 heißt es:

„Dann sollst du anheben und sagen vor dem Herrn, deinem Gott: Mein Vater war ein Aramäer, dem Umkommen nahe, und zog hinab nach Ägypten und war dort ein Fremdling mit wenigen Leuten und wurde dort ein großes, starkes und zahlreiches Volk. Aber die Ägypter behandelten uns schlecht und bedrückten uns und legten uns einen harten Dienst auf. Da schrien wir zu dem Herrn, dem Gott unserer Väter. Da erhörte der Herr unser Schreien und sah unser Elend, unsere Angst und Not und führte uns aus Ägypten mit mächtiger Hand und ausgestrecktem Arm und mit großem Schrecken, durch Zeichen und Wunder, und brachte uns an diese Stätte und gab uns dieses Land, darin Milch und Honig fließt ... ."

Die Erfahrungen der Migration bestimmen im Alten Testament die Haltung gegenüber dem Fremden in der eigenen Mitte. Und

Fremde lebten immer unter dem Volk Gottes. Man nannte sie *ger*, was so viel wie Fremdling, Ausländer meint.[49] Diese Fremdlinge rekrutierten sich in der Regel aus dem Rest der alteingesessenen, kanaanitischen Bevölkerung. Weil das Land den Hebräern gehörte, waren diese Menschen in vielfacher Weise von den Landbesitzern abhängig.[50] Sie wurden daher auch auf einer Stufe mit den Witwen und Waisen geführt, die von der Barmherzigkeit des Volkes Gottes lebten.[51] Als Fremdlinge hat Israel die Güte seines Gottes erfahren und dieser Güte sieht sich das Volk nun verpflichtet, sie dem Fremden in ihrer eigenen Mitte zuteilwerden zu lassen. Der Fremde ist somit im Volke Gottes willkommen. Wie jedes andere Mitglied des Volkes Gottes stehen dem Fremdling die Güte und Zuneigung Gottes zur Verfügung. So heißt es in der prägnanten Formulierung zur Ruhe am siebten Tag, an dem niemand arbeiten soll, „... auch nicht dein Fremdling, der in deiner Stadt lebt." Dieser Ausdruck „dein Fremdling, der in deiner Stadt lebt," kommt bezeichnenderweise ausschließlich in den zentralen Gesetzesanweisungen Gottes vor, was seine zentrale Bedeutung für das Volk unterstreicht. Sechsmal kommt im Gesetz Israels im Alten Testament der Ausdruck vor. Fünf Punkte markieren dieses Verhältnis Israels zum Fremden in besonderer Weise:

a. Der Fremde ist eingeladen am Segen Israels zu partizipieren. In den Zehn Geboten im Ex. 20,8-10 heißt es im 3. Gebot:
„Gedenke des Sabbattages, dass du ihn heiligest. Sechs Tage sollst du arbeiten und alle deine Werke tun. Aber am siebenten Tage ist der Sabbat des Herrn, deines Gottes. Da sollst du keine Arbeit tun, auch nicht dein Sohn, deine Tochter, dein Knecht, deine Magd, dein Vieh, auch nicht dein Fremdling, der in deiner Stadt lebt."
Gott hebt den siebten Tag hervor, segnet und heiligt ihn. Dieser Tag soll für sein Volk ein Ruhetag sein, auf dem der besondere Segen Gottes liegt. Und dieser Segen gilt auch für „deinen Fremd-

---

49 Willis 1993:20.
50 Wright 2004:94.
51 Wright 2004:103.

ling, der in deiner Stadt lebt". Das Gebot lautet also: Lass den „Fremdling, der in deiner Stadt lebt", teilhaben am Segen Gottes! Ähnlich fordert auch Dtn. 5,14-15 die Ruhe am siebten Tag für das Volk Gottes und den „Fremdling, der in deiner Stadt lebt". In der Begründung dieser Forderung heißt es dann: „Denn du sollst daran denken, dass auch du Knecht in Ägyptenland warst und der Herr, dein Gott, dich von dort herausgeführt hat mit mächtiger Hand und ausgerecktem Arm. Darum hat dir der Herr, dein Gott geboten, dass du den Sabbattag halten sollst." Es ist die Erfahrung der eigenen Fremdheit, die das Handeln Israels dem Fremden gegenüber begründet und Gottes grundsätzliche Segensbereitschaft für alle Menschen, die in der Fremde leben müssen, konstituiert. Israel wird somit aufgerufen, seine von Gott geschenkte Ruhe und Freiheit mit dem Fremdling zu teilen.

b. Der Fremde darf seine Kultur und seinen Glauben leben. Der Fremde darf an dem Segen des Volkes Gottes partizipieren. Das bedeutet aber nicht, dass diese Partizipation ihn zur Assimilation zwingt. Eindrücklich unterstreicht Dtn. 14,11-20 die Freiheit des Fremden, sich nicht den Reinheitsgeboten Israels zu unterwerfen. Während Israel angehalten ist, sich den Reinheitsvorschriften des Gesetzes zu unterwerfen, ist der „Fremdling, der in deiner Stadt lebt", davon ausgenommen. Der Fremde in der Mitte des Volkes Gottes wird nicht gezwungen, die religiösen Reinheitsgebote zu befolgen. In Dtn. 14,21 heißt es ausdrücklich: „Ihr sollt nicht das Fleisch von Tieren essen, die nicht vorschriftsmäßig geschlachtet worden sind, aber ‚dem Fremdling in deiner Stadt darfst du's geben, dass er's esse oder dass er's verkaufe an einen Ausländer.'"

Das Verhältnis des Volkes Gottes zum Fremden ist somit von religiöser Toleranz gegenüber dem „Fremdling, der in deiner Stadt lebt", geprägt. Israel soll dem Fremden in seiner Mitte unter keinen Umständen seinen Glauben aufzwingen.

c. Der Fremde hat einen Anspruch auf Versorgung. In Dtn. 14,28 lesen wir in den Vorschriften zum Zehnten:

„Doch alle drei Jahre sollst du den Zehnten von deinem Ertrag an Menschen in deiner Stadt abgeben. Dann soll kommen der Levit … und der Fremdling und die Waise und die Witwe, die in deiner Stadt leben und sollen essen und sich sättigen, auf dass dich der Herr, dein Gott, segne in allen Werken deiner Hand, die du tust."

Und Dtn. 24,19-22 legt fest:

„Wenn du auf deinem Acker geerntet und eine Garbe vergessen hast auf dem Acker, so sollst du nicht umkehren, sondern sie soll dem Fremdling, der Waise und der Witwe zufallen, auf dass dich der Herr, dein Gott, segne in allen Werken deiner Hände. Wenn du deine Ölbäume geschüttelt hast, so sollst du nicht nachschütteln; es soll dem Fremdling, der Waise und der Witwe zufallen. Wenn du deinen Weinberg abgelesen hast, so sollst du nicht nachlesen, sondern es soll dem Fremdling, der Waise und der Witwe zufallen. Denn du sollst daran denken, dass du Knecht in Ägyptenland gewesen bist. Darum gebiete ich dir, dass du solches tust."

Israel soll sich für die sozial und ökonomisch Schwachen in seiner Mitte einsetzen. Und das schließt ausdrücklich den „Fremdling, der in deiner Stadt lebt" ein. Niemand darf in der Stadt übersehen werden. Auch der Fremde nicht. Das Solidaritätsgebot ist inklusiv und integrativ.

d. Der Fremde genießt in Israel legalen Schutz. Gott selbst setzt sich für ihn ein. In Dtn. 24,17 heißt es: „Du sollst das Recht des Fremdlings und der Waise nicht beugen und sollst der Witwe nicht das Kleid vom Pfand nehmen." Die Begründung hierfür folgt prompt. „Denn du sollst daran denken, dass du Knecht in Ägypten gewesen bist und der Herr, dein Gott, dich von dort erlöst hat. Darum gebiete ich dir, dass du solches tust." (Dtn. 24,18). Gott ermutigt sein Volk, den Fremdling zu lieben und ihn so zu behandeln, als würde er zum Volk selbst dazugehören (Lev. 19,34; Dtn. 10,19), weil er, Gott selbst, den Fremdling liebt (Dtn. 10,18) und von seinem Volk das Gleiche verlangt. Deshalb verbietet der

Herr jeden Missbrauch, jede Unterdrückung und ökonomische Ausbeutung des Fremden (Ex. 22,21; 23,9; Dtn. 24,14-15). Israel ist also deutlich aufgefordert, den Fremden in seiner Mitte zu schützen und für ihn zu sorgen.[52] Der Fremde ist in Israel willkommen, weil Israel selbst in der Fremde Gottes Zuwendung erfahren hat.

e. Der Fremde ist eingeladen mit Israel zu feiern. Gott ruft sein Volk auf, die großen Daten seiner Geschichte gebührend zu feiern. In Dtn. 16 werden die drei wichtigsten religiösen Feste genannt: Das Passah-Fest, das Wochenfest und das Laubhüttenfest. Dazu heißt es ausdrücklich in Dtn. 16,11.14: „...und du sollst fröhlich sein an deinem Fest, du und dein Sohn, deine Tochter, dein Knecht, deine Magd, der Levit, der Fremdling, die Waise und die Witwe, die in deiner Stadt leben."
Israel soll seine Freude dem Fremden mitteilen, ihn einladen mitzufeiern, denn der Segen, den das Volk Gottes erfährt, ist auch ein Segen für Völker, die in seiner Mitte leben.

Das Verhältnis Israels zum Fremden ist somit im Gesetz Gottes festgelegt. Es ist durch Segenspartizipation, Toleranz, Solidarität, Schutz und gemeinsame Freude gekennzeichnet.

3.2. Gemeinde und die Völker als Thema des Neuen Testaments

3.2.1. Jesus – der Fremde unter den Seinen

Bezeichnenderweise beginnt auch das Neue Testament mit der Erzählung von der Flucht der Eltern Jesu nach Ägypten. Der Evangelist Matthäus berichtet in Mt. 2,13-23, dass Josef und Maria von einem Engel gewarnt werden und vor Herodes nach Ägypten fliehen sollen. Ihre Flucht ist damit politisch motiviert, weil sie Repressalien seitens des Königs Herodes befürchten. Und die Flucht stellt die Erfüllung einer alttestamentlichen Prophezeiung dar (Mt. 2,15), wonach der

---

52 Siehe mehr in Rowell 2000:1235.

Sohn aus Ägypten gerufen wird (Hos. 11,1). Damit verbindet Matthäus auf eine eigenartige Art und Weise die Migrationserfahrungen Israels mit Jesus.[53]

Auch nach der Rückkehr aus dem ägyptischen Exil kann die Familie nicht in Judäa bleiben, sondern sie zieht ins benachbarte Galiläa. Jesus beginnt also sein Leben auf Wanderschaft. Er ist der Erwählte Gottes, der keinen Platz haben wird, um sein Haupt in Ruhe niederzulegen. Die Vögel und die wilden Tiere haben ihre Nester, aber der Menschensohn hat keine bleibende Stätte (Mt. 8,20). Leon Morris unterstreicht dieses Element im Leben Jesu[54] und macht deutlich, wie konstitutiv es für seinen Dienst und seine Theologie ist. Jesus kam zu den Seinen, aber die Seinen nahmen ihn nicht auf. Jesus blieb Fremdling in seinem Eigentum. Der Evangelist Johannes folgert: „Er kam in sein Eigentum, aber die Seinen nahmen ihn nicht auf. Wie viele ihn aber aufnahmen, denen gab er Macht, Gottes Kinder zu werden, denen, die an seinen Namen glauben" (Joh. 1,11-12). Der Fremdling Jesus wird somit zum Kontaktpunkt für all diejenigen, die in der Gesellschaft Mühsal erfahren. „Kommet her zu mir alle, die ihr mühselig und beladen seid, ich will euch erquicken", lässt ihn der Evangelist Matthäus sagen (Mt. 11,28). Wie kein anderer vor ihm ist er gekommen zu suchen und zu retten, was verloren ist (Lk. 19,10).

3.2.2. Gemeinde – gesandt, wie Jesus gesandt wurde

Jesus sendet seine Jünger in diese Welt mit den Worten: „Wie der Vater mich gesandt hat, so sende ich euch" (Joh. 20,21). Die Gemeinde Jesu steht in seiner Sendung. „Seine Sendung setzt sich in der Sendung der Kirche fort."[55] Und das auch und vor allem im Bezug auf den Fremden in ihrer Mitte. Gott liebt den Fremdling, deshalb soll sein Volk den Fremden aufnehmen. Im Neuen Testament findet dieser Satz seinen besten Ausdruck in der Rede Jesu über das Gericht Gottes in Mt. 25. Hier wird als eines der Kriterien für die Aufnahme

---

53 Senior 1998:47.
54 Morris 1995:200-201.
55 Sundermeier 1987:476.

oder Verwerfung der Diener gesagt: „Ich war fremd und ihr habt mich aufgenommen (25,35). Der Fremde in diesem Text wird mit dem griechischen Wort *xenos* bezeichnet. Darunter verstanden die Griechen einen Menschen, der nicht zu ihrer Gemeinschaft gehörte.[56] Nach Morris kann *xenos* auch Menschen meinen, die aus ihren Ländern vertrieben worden sind.[57] Ausdrücklich erklärt Jesus, dass damit „eines dieser Geringsten" gemeint ist. Jesus macht somit die Aufnahme des Fremden zu einem entscheidenden Faktor einer gottgewollten Frömmigkeit. Gastfreundschaft ist damit keine Option, sondern göttlicher Wille.

3.2.3. Missionsbefehl – gesandt zu allen Völkern

Was Jesus von seinen Jüngern erwartet, das wird in seinem Missionsbefehl deutlich. In Mt. 28,18ff verabschiedet er sich von seinen Jüngern mit den Worten: „Mir ist gegeben alle Gewalt im Himmel und auf Erden. Darum gehet hin und machet zu Jüngern alle Völker: Taufet sie auf den Namen des Vaters und des Sohnes und des Heiligen Geistes. Und lehret sie halten alles, was ich euch befohlen habe." Der Auftrag des Auferstandenen an seine Jünger ist klar. Er erwartet von ihnen die Transformation der *ta ethne*, aller Völker. Kein Volk der Welt wird hier privilegiert, kein Volk hervorgehoben – sie sind alle gemeint. Ganz ähnlich seine Worte in Apg. 1,8. Hier heißt es: „Ihr werdet die Kraft des Heiligen Geistes empfangen, der auf euch kommen wird, und ihr werdet meine Zeugen sein in Jerusalem und in ganz Judäa und Samarien und bis an das Ende der Erde." Der Missionsbefehl Jesu hat also die Völker im Blick. Die Gemeinde ist zu den Völkern gesandt, nicht ein Volk nach dem anderen, sondern gleichzeitig.

3.2.4. Vom Missionsbefehl zur Gemeindepraxis

Jesus verheißt seinen Jüngern, dass sie Zeugen sein werden, wenn der Heilige Geist auf sie kommt, in Jerusalem, Judäa ... und bis an das Ende der Welt (Apg. 1,8). Auffällig ist dabei, dass die geografische

---

56 Bietenhard 1975:686.
57 Morris 1995:638.

Ausbreitung des Zeugnisses gleichzeitig ist. Die geografischen Regionen werden mit einem *und* verbunden, das Gleichzeitigkeit andeutet und nicht, wie oft gesehen, ein Nacheinander. Das Evangelium vom Reich soll zu allen Menschen gebracht werden. Gott will, dass „allen Menschen geholfen werde und sie zur Erkenntnis der Wahrheit kommen". Konsequenterweise sendet der auferstandene Herr, dem alle Macht im Himmel und auf Erden gegeben ist, seine Jünger „zu allen Völkern dieser Welt" (Mt. 28,19). Mission ist eine globale Angelegenheit.

Freilich ist der Anspruch, das Evangelium allen Völkern zu predigen und der konkrete Gemeindebau vor Ort nicht notwendigerweise die gleiche Sache. Mission aller muss noch nicht bedeuten, dass man auch alle in einer Gemeinde zusammenfassen müsste. Doch was spricht dann in der Heiligen Schrift für einen multikulturellen Gemeindebau? Folgendes kann bedacht werden.

a. Die Gemeinde Jesu nahm ihren Anfang in Jerusalem. Und der Geburtstag der Gemeinde ist Pfingsten (Apg. 2,1ff), ein Tag, an dem die Nationen in Jerusalem versammelt waren. Mit der Ausgießung des Heiligen Geistes wird aus dem Jünger-Jesu-Kreis die Jesus-Gemeinschaft, aus einem kleinen Kreis von an Jesus hingegebenen Männern und Frauen eine Gemeinde mit Tausenden von Mitgliedern, die alle sozialen und kulturellen Schichten der Bevölkerung einschloss.

b. Gemeinde wird im Neuen Testament als Ortsgemeinde beschrieben und nicht als homogene Einheit gleichgesinnter Menschen. Wo immer Gemeinde im Neuen Testament vorgestellt wird, wird sie als umfassende Erscheinung vor Ort beschrieben. Eine Trennung der Ortsgemeinde in unterschiedliche kulturelle bzw. ethnische Gemeinden kann aufgrund des Neuen Testaments nicht nachgewiesen werden.

c. Gemeinde im Neuen Testament ist eine Vielvölkergemeinde. Schon die Urgemeinde in Jerusalem zeichnete sich durch einen deutlichen multikulturellen Charakter aus. Die Pfingstpredigt richtet sich an Menschen aus einer Fülle von Völkern (Apg. 2,1ff).

Aus diesen Menschen rekrutieren sich die ersten Mitglieder der Jerusalemer Gemeinde. Von Anfang an entstehen in der Gemeinde eine jüdische und eine hellenistische Gruppe von Mitgliedern. Die ersten Konflikte und Spannungen entstehen vor dem Hintergrund der Sprache und Kultur – die hellenistischen griechisch-sprachigen Witwen werden bei der Grundversorgung übersehen. Die Gemeinde sieht sich gezwungen, Diakone zu berufen (Apg. 6,1ff). Einer dieser Diakone, Nikolai, ist ein griechischer Proselyt und kommt aus Antiochien (Apg. 6,5).

d. Auch in Antiochien selbst setzt sich die Gemeinde aus Menschen unterschiedlicher Kulturen zusammen. Diese Stadt wurde im Jahre 307 v. Chr. von Antigonos gegründet und wurde dann im Jahre 300 von Seleukus I. nach seinem Sieg über Antigonos an den Orontes verlegt und neu aufgebaut und nach dem Vater Seleukus I. Antiochus Antiochia benannt. Sie zeichnete sich durch die vielen Völker aus, die hier in Frieden miteinander lebten. Die Seleukiden richteten hier die Hauptstadt ihres Reiches ein und so entwickelte sich Antiochien zu einer der bedeutendsten Städte in der antiken Welt. Seit dem Jahre 64 n. Chr. gehörte die Stadt zum Römischen Reich und wurde zur Hauptstadt der römischen Provinz Syria. Die Stadt zählte eine halbe Million Einwohner und gehörte zu den vier größten Städten des Römischen Reiches. In der Stadt lebte eine große jüdische Diaspora, die erstaunliche Toleranz anderen Religionen gegenüber entwickelte.[58]

Es ist nicht genau bekannt, wann die ersten Jünger Jesu nach Antiochien kamen. Die Verbindungen zwischen Jerusalem und Antiochien waren ausgezeichnet. In der Jerusalemer Gemeinde gab es Mitglieder, die aus Antiochien stammten. So wird einer von ihnen, Nikolai, sogar in den Kreis der sieben Diakone der Urgemeinde berufen. Der Beiname „Judengenosse" weist ihn als Proselyten aus.[59] Vielleicht war es Nikolaus selbst, der als Erster in seiner Heimatstadt evangelisierte. Jedenfalls wäre das für einen Diakon der

---

58 Zur Geschichte der Stadt und der christlichen Gemeinde in der Stadt siehe Bruce 1976:66ff.
59 Bruce 1976:66.

Jerusalemer Urgemeinde nichts Ungewöhnliches. Seine Kollegen Philippus und Stephanus zeichneten sich deutlich durch ihre evangelistische Tätigkeit aus. Lukas berichtet, dass die ersten Jünger Jesu als Folge der durch den Mord an Stephanus entstandenen Verfolgung nach Antiochien kamen und es hellenistische Mitglieder der Gemeinde aus Jerusalem gewesen sind, die ursprünglich aus Zypern und Kyrene stammten, die in Antiochien auch unter den Griechen predigten (Apg. 11,19ff). Fest steht, dass schon bald nach der Verfolgung in Jerusalem hier in Antiochien eine recht große christliche Gemeinde existierte.[60] Hier wurden die Jünger Jesu zum ersten Mal Christen genannt (Apg. 11,26). Der lukanische Bericht in der Apostelgeschichte ist das einzige neutestamentliche Zeugnis über das Leben der Christen in Antiochien. Trotzdem lässt er einige Rückschlüsse auf unser Thema zu.

Da fällt zum einen die soziale Zusammensetzung in der Gemeinde auf. In Apg. 13,1 heißt es: „Es waren aber in Antiochien in der Gemeinde Propheten und Lehrer, nämlich Barnabas und Simeon, genannt Niger, und Luzius von Kyrene und Manaen, der mit dem Landesfürsten Herodes erzogen worden war und Saulus." Allein an den Namen wird deutlich, dass wir es hier mit einer recht bunt gemischten Gruppe zu tun haben. Während Barnabas, Manahen und Saulus eindeutig jüdischer Herkunft zu sein scheinen, ist Simeon der Niger vermutlich afrikanischer Herkunft. Vielleicht ist aber auch Luzius ein Afrikaner, denn Kyrene befand sich in Nordafrika. Barnabas ist levitischer Abstammung, Saulus ein jüdischer Gelehrter, Manahen vermutlich der Sohn eines Sklaven des Königs Herodes.[61] Die Gemeinde zu Antiochien war demnach schon in ihrer Leitung recht multikulturell besetzt. Aus ihren Reihen kamen der Arzt Lukas, dem wir das lukanische Doppelwerk verdanken, und Titus, einer der treuesten Mitarbeiter des Paulus.[62] Gerade im Fall von Titus, einem unbeschnittenen griechischen

60 Einige Forscher vertreten die Meinung, dass die Gemeinde in Antiochien einige Jahre nur aus Gläubigen aus den Juden bestanden habe. Einen eindeutigen Beweis hierfür gibt es allerdings nicht. Siehe dazu: Niswonger 1992:197.
61 Kinear 2005:304.
62 Siehe zur Begründung Bruce 1976:68ff.

Konvertiten, wird deutlich, dass die Gemeinde bewusst auf jüdische Sitten wie Beschneidung verzichtete und stattdessen die Verkündigung auf Jesus Christus ausrichtete. Paulus, der sich Jahre später mit den Judaisierern in Galatien auseinandersetzen musste, zeigt deutlich, dass auch die Jerusalemer Säulen den Titus als unbeschnittenen Bruder akzeptierten (Gal. 2,3). Man kann also mit Recht behaupten, dass die Antiochiner sich bewusst der heidnischen Bevölkerung ihrer Stadt annahmen, wie das die Jerusalemer mit den Juden taten. Dass die Urgemeinde dieses Vorgehen bewusst sanktionierte (Gal. 2,9), spricht für einen wichtigen Charakterzug des frühen Christentums. Und schließlich ist es die Gemeinde zu Antiochien, in der die Weltmission der Gemeinde geboren wird. Barnabas und Saulus werden hier in der Mitte der Gemeindeleitung ausgesondert und auf ihre erste Missionsreise geschickt (Apg. 13,2ff).

Die Gemeinde im Neuen Testament versteht sich als Gesandte zu allen Völkern. Ein wie auch immer gelagerter Partikularismus der Sendung ist ihr unbekannt (Mt. 28,19ff). Sie ist die Botschafterin der Versöhnung an die Welt (2Kor. 5,18). In ihr kann es keinen Unterschied zwischen Juden und den anderen geben. Das wird schon in der Urgemeinde deutlich. Jerusalem hatte ein Integrationsproblem. In der Stadt lebten Diasporajuden, die aus allen Ecken des römischen Imperiums kamen. Eine Integration dieser hellenistischen Juden in das soziale Gefüge des Jerusalemer Judentums gelang nur mit Mühe. Überall entstanden eigene hellenistische Synagogen. Man kann sich die Spannungen lebhaft vorstellen. Die wahren Juden, allen voran die aus der Partei der Pharisäer, kommunizieren nicht mit den Hellenisten. Sprachliche und kulturelle Barrieren waren so längst zu theologischen Hindernissen hochstilisiert worden.[63] Es ist faszinierend, mit welcher Leichtigkeit die Urgemeinde diese Unterschiede überwindet. Bereits bei ihrem Gründungsdatum, dem Pfingstereignis, sind die Juden aus den Nationen anwesend (Apg. 2,5ff). Nicht wenige von

---

63 Zu den Spannungen zwischen den Hebräern und Hellenisten in Jerusalem siehe Bruce 1976:18ff.

ihnen werden unter den ersten 3000 gewesen sein, die auf die Predigt des Petrus mit einer Entscheidung für Jesus, den Messias, antworten. Die Gemeinde wird zu dem eigentlichen sozialen Integrationsfaktor in der Stadt, die alle zu integrieren weiß. Freilich ist eine solche Integration auch mit Problemen verbunden. Aber unter der Führung der Apostel werden solche Probleme angepackt und gelöst, ohne dass die Gemeinde ihre Einheit verliert.[64]

Gerade in der Aufhebung des Unterschieds zwischen den Juden und Heiden erblickt Paulus die besondere Botschaft des Evangeliums. Die Gemeinde ist eine Gemeinschaft, die aufgerufen ist, alternativ, ausgesondert, „heilig und untadelig" vor Gott zu leben (Eph. 1,4; 5,27). Paulus macht das deutlich, indem er in Kapitel 2 deutlich das Leben vor der Hinwendung zu Jesus dem Leben nach der Hinwendung gegenüberstellt. Vorher tot in Sünden (2,5) – jetzt lebendig gemacht (2,5); vorher Kinder des Zorns (2,3) – jetzt Kinder Gottes (2,18-19); vorher ohne Christus (2,12) – jetzt in Christus (2,13); vorher Fremde und außerhalb des Bundes Israels (2,12.19) – jetzt Mitbürger und Gottes Hausgenossen (2,19); vorher Fremdlinge (2,12) – jetzt Hausgenossen, eine Familie (2,19); vorher ohne Hoffnung (2,12) – jetzt mit Hoffnung (2,13); vorher fern (2,13.17) – jetzt nah (2,13.17). Die Gemeinde ist also durch Christus versetzt in einen neuen Status. Sie ist ein Raum des Friedens und der Versöhnung, in der alte Feindschaften besiegelt werden können und die scheinbar Unversöhnlichen Frieden finden (2,14-17). In der Gemeinde wird eine neue Menschheit Wirklichkeit (2,15), die Gott entspricht und damit auch mit der Familie Gottes gleichgesetzt werden kann (2,19). Dieses Anderssein der Gemeinde ist für Paulus keineswegs ein theoretisches Gedankenkonstrukt, sondern unbedingt gelebte Praxis. Deshalb ruft er die Gemeinde zu Ephesus auf, ein Leben nach dem Willen Gottes zu leben, nicht wie die Heiden, die der Nichtigkeit

---

64 Der Versuch einer Konstruktion besonderer hellenistischer Grundüberzeugungen, wie das beispielsweise Conzelmann (1971:43ff) tut, vermag nicht zu überzeugen, da der Text der Apostelgeschichte selbst, auf den sich Conzelmann stützt, solche Aussagen eher unwahrscheinlich macht. Das Institut der Sieben (Apg. 6), als eine neben dem Apostelkreis existierende Leitung einer angeblich hellenistischen Urgemeinde, lässt sich aus dem Text nicht rekonstruieren.

ihres Verstandes verfallen und deshalb dem Leben aus Gott entfremdet sind (4,17f). Stattdessen sollen sie sich neue Verhaltensweisen aneignen, die der „Wahrheit in Christus" entsprechen und den neuen Menschen in der Welt identifizieren (4,21.24). Ganz praktisch bedeutet das, nicht mehr zu lügen, sondern die Wahrheit mit seinem Nächsten zu sprechen (4,25), nicht mehr unkontrolliert zu zürnen (4,26), nicht mehr zu stehlen, sondern mit den eigenen Händen zu arbeiten, dass man auch dem Bedürftigen abgeben kann (4,28), kein faules Geschwätz mehr zu praktizieren, sondern so zu reden, dass Worte denen, die sie hören, Segen bringen (4,29). Die Gemeinde ist aufgerufen, im Licht Gottes und in der Kraft der Liebe Gottes zu leben (5,1ff).

Die Gemeinde Jesu wird uns im Neuen Testament als kulturübergreifende Wirklichkeit vorgestellt. Sie ist Gottes Volk, sie hat in Christus Frieden zwischen den Völkern geschaffen. In ihm findet sie ihre Einheit. In ihm wird sie zu der einen Gemeinde, dem einen Leib Christi. Weder von der Theologie noch von der Praxis der neutestamentlichen Gemeinden lässt sich ein monokulturelles Gemeindekonzept begründen.

3.3. Die Fremden in der Gemeinde des Neuen Testaments

Wie wurden die Fremden in die Gemeinden des Neuen Testament integriert? Die Untersuchung neutestamentlicher Texte zeigt, dass die Fremden in der Gemeinde liebevolle Aufnahme fanden. Einheit und Gleichheit der Gläubigen galt als oberstes Prinzip. Niemand wurde gezwungen, sich in das Judentum kulturell zu assimilieren. Thorsten Prill leitet von diesen Beobachtungen seine vier normativen Prinzipien des Umgangs mit den Fremden in der neutestamentlichen Gemeinde ab: Einheit, Gleichheit, Nichtassimilierung und Gegenseitigkeit.[65] Diese Grundannahmen fanden ihren Ausdruck in der Förderung gemischter, multikultureller Leitungen (vgl. Apg. 13,1f) und in multikulturellen Gemeindeaufbau-Teams.

Es ist nicht schwer zu sehen, wie stark sich in dieser Haltung der

---

65 Prill 2007:117.

Urgemeinde das alttestamentliche Denken zum Verhältnis zwischen dem Volk Gottes und dem „Fremdling in seiner Stadt" ausgewirkt hat. Hier wie da wurde allen die Partizipation am Segen Gottes zugestanden. Niemand wurde vom Segen Gottes ausgeschlossen. Hier wie da wurde die kulturelle Eigenständigkeit gefördert. Niemand wurde zur rituellen Gleichschaltung gezwungen. Hier wie da baut das friedliche Miteinander auf gegenseitiger Toleranz und Fürsorge. Wobei es am Volk Gottes liegt, die Verantwortung hierfür zu übernehmen. Die Gemeinde wird somit zu einem Hort für Fremde. Hier kann jeder Aufnahme finden, weil jeder Fremde aufgenommen wird, wie Jesus aufgenommen worden wäre.

3.4. Das Prinzip der homogenen Einheit

Gemeindebau im Neuen Testament ist kulturübergreifender Gemeindebau. Wer verantwortlich Gemeinde Jesu bauen will, der wird sich um alle Menschen kümmern müssen und kann und darf sich nicht auf Einzelne konzentrieren. Jeder Nationalismus oder Klassen-Exklusivismus ist der Gemeinde Jesu fremd. Was ist aber mit dem Prinzip der homogenen Einheit (PHE), jenem Prinzip, das eine der wichtigsten Grundsäulen der von Donald McGavran Mitte des letzten Jahrhunderts ausgelösten Gemeindewachstumsbewegung darstellt? Für nicht wenige Vertreter der Gemeindewachstumsbewegung ist dieses Prinzip das „Herzstück jeder verantwortungsbewussten Theorie des Gemeindebaus".[66]

Untersuchungen haben gezeigt, dass das Prinzip keiner ernst zu nehmenden theologischen Kritik standhält. Rene Padilla, der sich mit den Lehren der *Fuller School of Church Growth* beschäftigt hat, untersucht den biblischen Beweis und folgert: „Die Analyse der Texte führt uns zur Schlussfolgerung, dass die Betonung des Prinzips der homogenen Einheit in der Gemeindewachstumsbewegung in Wirklichkeit direkt im Gegensatz zu der Lehre der Apostel über das Wachstum der Kirche steht ..."[67] Andere befürchten gar, dass die

---

66 McClintock 1988:109. Siehe die Diskussion bei Penner 2006:76.
67 Padilla 1982:29; siehe auch bei Penner 2006:76.

Betonung des PHE zur Vertiefung der Kluft zwischen Christen unterschiedlicher Kulturen und sozialer Schichten führt. Der bekannte Professor des Fuller Theological Seminary C. Peter Wagner, der wie kein Zweiter die Ideen der amerikanischen Gemeindewachstumsbewegung verbreitet hat, behauptet, dass das PHE nicht notwendigerweise zur Segregation und rassistisch orientierten Gemeinden führen muss.[68] Andere widersprechen ihm. Die Untersuchungen von Manuel Ortiz zeigen deutlich, dass das Festhalten an dem Prinzip der homogenen Einheit massiv zu der Vertiefung ethnischer Probleme in den USA beigetragen hat. Ein am PHE orientiertes Gemeindewachstumsprogramm löst nicht ethnische Konflikte in der Gesellschaft, sondern vertieft diese geradezu.[69] Es ist theologisch, aber auch ethisch und sozial bedenklich.[70]

---

68 Wagner in Ortiz 1996:45.
69 Ortiz 1996:45f.
70 Penner 2006:94ff.

4 Mission und Migration – eine missionshistorische Perspektive

4.1. Das Christentum – eine migratorische Religion

In seinem viel beachteten Artikel „Mission and Migration: The Diaspora Factor in Christian History" folgert der britische Missionshistoriker Andrew Walls, dass die christliche Mission von Anbeginn an entlang der Migrationsströme verlief und das Christentum daher als eine migratorische Religion zu verstehen sei.[71] Migratorisch steht hier für den Prozess der Religionsgenese. Das Christentum ist keine Migrantenreligion, aber Migranten haben wesentlich zu seinem Werden beigetragen. Walls schreibt: „Zwangsmigration, Flucht vor Verfolgung, Kriegsgefangenschaft, Versklavung durch feindliche Überfälle, die friedliche Suche nach Arbeit und Handel, all das, so scheint es, spielte eine Rolle bei der Ausbreitung des christlichen Evangeliums im Römischen Reich."[72]

Ganz ähnlich verlief die Ausbreitung des Christentums auch in den folgenden Jahrhunderten, im Westen wie im Osten. In der Regel waren es die christlichen Diasporas, die zu einem ersten Impuls zur Evangelisierung einer ganzen Region dienten.

Freilich konnten Migrationsbewegungen die Entwicklung des Christentums auch stoppen. So geschehen im ostslawischen Kiev durch die Übernahme der Macht durch skandinavische Krieger im zehnten Jahrhundert.[73] Übrigens haben die gleichen skandinavischen Heiden auch die Mission in Britannien für eine Zeit gestoppt.[74]

Die Bedeutung der Migration für die Evangelisierung der Völker haben auch andere Missionshistoriker unterstrichen. Die Theorie Walls wird von David Smith[75], Samuel Escobar[76] und Jehu J. Hanci-

---

71 Walls 2002a:4.
72 Walls 2000a:5.
73 Reimer 1996:54f.
74 Walls 2002a:4.
75 Smith 2003a.
76 Escobar 2003.

les[77] unterstützt. Hanciles liest die Geschichte der Ausbreitung des Christentums entlang der Völkerbewegungen und stellt fest, dass das Christentum nur deshalb so schnell Fuß gefasst hat, weil es sich der Migranten und der Migrationsbewegungen bediente.[78] Er äußert daher seine Vermutung, dass die modernen Migrantenströme auch heute noch entscheidend an der Gestalt des Christentums mitwirken und erwartet eine viel stärkere Beteiligung der Christen aus dem Süden an der Gestalt des Christentums im Westen.[79] Gerade die afrikanischen unabhängigen Kirchen (AUK), die ein eigenständiges religiöses Gepräge aufweisen und zunehmend missionarisch in Euroanerika aktiv sind, werden in Zukunft ihre Akzente im Westen setzen, so Hanciles.[80]

Ganz ähnlich argumentiert auch der Lateinamerikaner Samuel Escobar. Auch er sieht die Christen aus dem globalen Süden im Vormarsch auch und gerade in Europa.[81] Die Lethargie der christlichen Kreise des Westens auf der einen und die unbändige Dynamik der Christen aus Afrika und Asien auf der anderen Seite machen diese Argumente verständlich. Gelingt es dem westlichen Christentum nicht, zu einer erneuerten Kraft zu kommen, so werden es die Migranten aus dem Süden sein, die die Zukunft des christlichen Glaubens in Europa ausmachen werden. Und diese Zukunft wird sich in mehreren wesentlichen Punkten von der Gegenwart unterscheiden. Denn die neuen Missionare aus dem Süden kommen mit eigenen Akzenten.[82] Ihr Evangelium ist um Welten mystischer, charismatischer und praktischer als der in den offiziellen Kirchen des Westens gelebte Glaube.[83]

77 Hanciles 2004.
78 Hanciles 2004:99-100.
79 Hanciles 2004:98.
80 Hanciles 2004:103.
81 Escobar 2003:10ff.
82 Reimer 2004.
83 Smith 2003a:97.

4.2. Der gemeinsame Auftrag

Die Erkenntnis, dass die Mission der Kirche schon immer migratorisch gelaufen ist und sie den Migranten bewusst als Missionar verstanden und genutzt hat, beflügelt. Noch nie waren so viele Christen unterwegs wie heute. Die moderne Transmigration ist auch ein christliches Phänomen. Die Effekte einer bewussten missionarischen Ausbeutung der Migration können der Ausbreitung des Evangeliums einen ungeahnten Anschub verleihen. Auch und gerade im nachchristlichen Europa und Deutschland. Freilich muss sich hierfür die Erkenntnis durchsetzen, dass die christliche Mission ein Auftrag an alle Christen zu allen Völkern der Welt ist, wie Lesslie Newbegin es mit Recht verlangte.[84] Christliche Mission muss als globale Aktion begriffen werden. Alle Einbahnstraßen im missionarischen Bemühen um das Heil der Welt müssen für immer geschlossen werden. Wir haben einen gemeinsamen Auftrag, wie Werner Kahl richtig bemerkt.[85] Und es kann nicht aufgehen, dass große Teile des Leibes Christi missionarisch inaktiv bleiben.

Missionarisch gesonnene Immigranten in Deutschland sollten den deutschen Gemeinden nicht eine Last, sondern eine willkommene Unterstützung sein. Wie weit wir davon entfernt sind, zeigen die Ausführungen von Werner Kahl. Laut Kahl betrachten die meisten Christen in Europa die nichteuropäischen Christen als zweit- und sogar drittklassig.[86] Kahl spricht an dieser Stelle von Rassismus und theologischer Arroganz der Gastgeber. Ähnlich urteilt auch Währisch-Oblau, die in den meisten deutschen Kirchen entsprechende Vorurteile den Einwanderern gegenüber sieht.[87] Missionarisch aktive Christen aus Afrika und Asien werden oft als sektiererisch wahrgenommen, ja gar als Kulte abgestempelt.[88] Entsprechend entwickeln sich ihre Gemeinden jenseits der etablierten Kirchen. Gerade in evangelikalen Kreisen scheinen die Vorurteile diesen Gemeinden ge-

---

84 Newbegin 1994:11.
85 Kahl 2002:331.
86 Kahl 2002:333.
87 Währisch-Oblau 2000:475.
88 Benjamin Simon macht in seiner Heidelberger Dissertation über die afrikanischen Gemeindeinitiativen in Deutschland (2003) dafür vor allem die Unkenntnis der globalen ökumenischen Szene in Deutschland verantwortlich (:288).

genüber am größten zu sein, ist doch die Mehrheit der aus Afrika und Asien kommenden Christen theologisch eher charismatisch und pentekostal orientiert.[89] Die Gefahr einer zunehmenden Entfremdung der Einheimischen von den immigrierten Christen liegt auf der Hand. Und damit wird die Chance, missionarisch zusammenzuarbeiten, grundsätzlich verpasst.[90]

4.3. Weltmission vor der eigenen Haustür

Migration bringt uns die Welt vor die Haustür. Die Zusammenarbeit mit Christen aus der weiten Welt macht die Mission vor dieser Haustür möglich und effektiv. Die christlichen Migranten müssen nicht erst Sprache und Kultur erlernen, sie bringen sie mit. Die christlichen Migranten müssen nicht erst nach Wegen zu den Herzen entwurzelter Menschen suchen – sie sind selbst entwurzelt und kommen auf der Suche nach einem menschenwürdigen Lebensraum mit dem gleichen verweinten Gesicht in unser reiches Deutschland. Die Migranten verstehen sich untereinander, weil sie im gleichen Kontext leben. Und die Christen unter ihnen sind natürliche Missionare, die nichts anderes brauchen als jene infrastrukturelle und geistliche Unterstützung, die sie aus dem Migranten-Dasein in eine missionarische Aktion versetzen. Und hier können einheimische Christen helfen. Zusammen werden sie stark.

Gelingt die Mission vor der eigenen Haustür, dann beginnt ein neues Zeitalter auch in der Weltmission. Kein deutscher Missionar wird je so effektiv in Vietnam, zum Beispiel, missionieren können, wie ein in Deutschland evangelisierter vietnamesischer Einwanderer, der hier zum Glauben geführt, ausgebildet und für die Mission im eigenen Land vorbereitet wurde. Kein Franzose wird sich mit den Möglichkeiten eines in Frankreich zum Glauben gekommenen Alge-

---

89 Währisch-Oblau 2000:475.
90 Deutlich warnt Andrew Walls vor einer solchen Gefahr. Gerade die westlichen Kirchen, die „ihre Art des Glaubens" zu protektionieren suchen, würden sich auf diese Weise um eine potenzielle Erneuerung bringen. Siehe Walls 2002b:78-79.

riers messen können, wenn es um die Mission in Algerien geht. Mission ist da am effektivsten, wo sie von Vertretern des eigenen kulturellen Raumes durchgeführt wird. Die Evangelisierung der Fremden in unserem Land ermöglicht somit ungeahnte Möglichkeiten für die Mission in den Ländern, aus denen die Fremden zu uns kommen. So entstehen transmissionale Möglichkeiten, die ungeahnte Chancen für die Weltmission insgesamt bieten. Der unter uns lebende Fremde wird hier evangelisiert und zum Glauben geführt, hier bei uns geschult und auf die Mission vorbereitet und dann von hier aus zu den eigenen Landleuten in seinem Heimatland oder im Ausland zurückgesandt. Er muss weder die Sprache seiner Leute lernen noch sich der Kultur seiner Heimat anpassen. Die Grenzen, die es zu überschreiten gilt, minimieren sich, und Chancen für den missionarischen Erfolg wachsen. Migration und Mission können einander positiv bedingen.

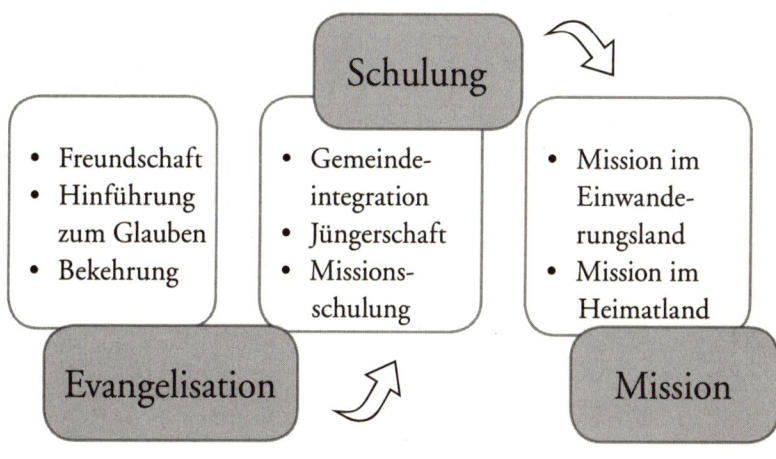

Prozess transmissionaler Evangelisation

4.4. Konsequenz – multikultureller Gemeindebau

Die einzige logische Konsequenz aus der Korrelation zwischen Mission und Migration ist der multikulturelle Gemeindebau. Die christliche Gemeinde ist als Folge einer migratorischen Religion entstanden. Hier in den multikulturellen Räumen der Völkerwanderungen hat sie ihre größten Erfolge gefeiert. Hierher sollte sie sich in der Zukunft entwickeln, auch und gerade im Westen und auch und gerade in Deutschland. Die westliche Gesellschaft wird zunehmend multikulturell, und diese Gesellschaft gilt es mit dem Evangelium zu erreichen. Das kann eigentlich nur im Rahmen einer kulturübergreifenden Gemeindearbeit geschehen. Wie eine solche Gemeindearbeit aussehen kann, wird im Weiteren diskutiert. Wir beginnen mit einigen Beispielen.

5 Ein bunter Blumenstrauß – Modelle multikultureller Gemeinden

5.1. Überblick und Klassifizierung

Im multikulturellen Gemeindebau unterscheiden wir zwischen fremdenfreundlichen, multiethnischen und multikongregationalen Gemeinden.

Unter fremdenfreundlichen Gemeinden verstehen wir solche Gemeinden, die sich der Fremden in ihrer Umgebung annehmen, sich um soziale und geistliche Belange dieser Menschen kümmern und danach suchen, diese so weit wie möglich in das bestehende Gemeindeleben zu integrieren. Die Grundvorstellung hier ist eine weitgehende Assimilierung des Fremden in die Gemeindekultur.

Unter multiethnischen Gemeinden verstehen wir solche Gemeinden, die zwei oder mehrere Ethnien in einer Gemeinde zu einem Gottesdienst und zu einer gemeinsamen Gemeindearbeit zusammenbringen. Das Grundprinzip hier ist die weitgehende Integration aller in eine Gemeinschaft.

In multikongregationalen Gemeinden dagegen konzentriert man sich direkt auf die Arbeit mit den einzelnen Ethnien.[91] In der Regel werden hier separate Gottesdienste und andere kirchliche Angebote für die jeweiligen unterschiedlichen Sprach- oder sogar Rassen- und Sozialgruppen angeboten. Die jeweiligen Gottesdienstgemeinden verstehen sich als eine Gesamtgemeinde oder auch nicht. In der Literatur unterscheidet man da nicht so genau.[92]

Da die beiden Modelle sich jedoch wesentlich voneinander unterscheiden, schlage ich vor, unter multikongregationalen Gemeinden nur solche Gemeinden zu verstehen, die einen gemeinsamen Versammlungsort und eventuell auch eine gemeinsame theologische Grundvorstellung teilen, ansonsten versteht sich jede Kongregation

---

91 Appleby 1990:18; Ortiz 1996:64.
92 Siehe z. B. Wagner 1990:67; Appleby 1990:18; Ortiz 1996:64.

als separate und eigenständige Gemeinde. Solche Gemeinden haben in der Regel nur sehr wenige gemeinsame Projekte und wenn, dann sind diese eher kurzlebig angelegt.

Die Gemeinden, die sich jedoch als eine Gesamtgemeinde mit unterschiedlichen Angeboten für die jeweiligen ethnischen Gruppen verstehen, sollte man besser multikulturell nennen. Der erste Typ vertritt im Wesentlichen ein monokulturelles Konzept, während sich im zweiten Fall die Gemeinde um eine Heterogenität ihres Angebots in die Bevölkerung hinein bemüht.

5.2. Fremdenfreundliche Gemeinden

„Unsere Gottesdienste werden in drei Sprachen übersetzt", sagte mir stolz einer der leitenden Pastoren der großen evangelischen Freikirche, die inmitten einer deutschen Großstadt erst kürzlich ihr Gemeindezentrum für viel Geld renoviert hatte. In der Tat kann man sich an der bunten Vielfalt der Gesichter der sonntäglichen Gottesdienstbesucher in dieser Gemeinde erfreuen. Menschen aus den unterschiedlichen Kulturen besuchen diese Gemeinde, die stolz auf ihrem Namensschild das Wörtchen International führt. Im Gottesdienst selbst spürt man allerdings nur wenig von der Multikulturalität der Teilnehmer. Gepredigt wird in Deutsch, gesungen in Deutsch und Englisch, wie es auch sonst in allen von der Popkultur unserer Tage geprägten deutschen Gemeinden der Fall ist. Überhaupt unterscheidet sich der Stil der Gemeinde in keinem Punkt von dem einer beliebigen anderen Gemeinde mit zeitgenössischen Formen des Gottesdienstes und der Anbetung. Den Fremden wird der Gottesdienst übersetzt und wenn sie selbst einen Beitrag im Gottesdienst haben, dann wird dieser simultan ins Deutsche übersetzt. Ähnlich gestaltet man auch die Hauskreise, ja weitgehend alle Veranstaltungen der Gemeinde. „Unser Ziel ist es, dem Fremden eine schnelle und effektive Eingliederung in die Gemeinde und Gesellschaft zu ermöglichen", erklärte mir der Pastor der Gemeinde sein Programm.

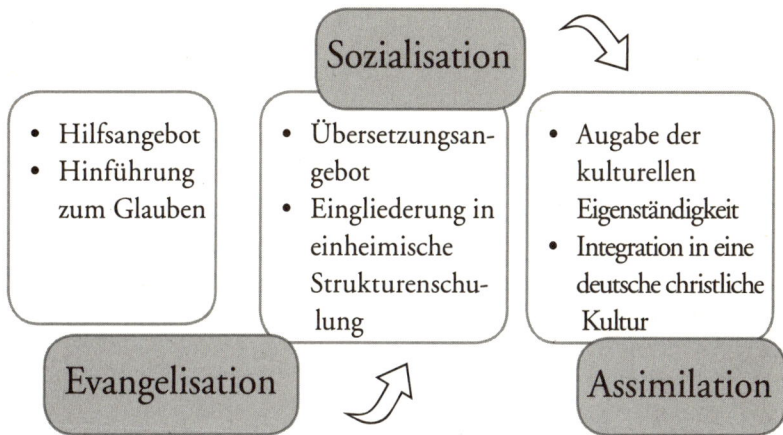

Prozess der Integration des Fremden in die Gemeinde

In der Tat ist ein solches fremdenfreundliches Gemeindekonzept auf schnelle Integration angelegt. Und es sind vor allem die Kinder der Fremden, die auf diese Weise bald in die Gemeinde integriert werden. Ältere dagegen tun sich damit eher schwer. Sie fühlen sich oft missverstanden und entwickeln in der Regel bald eine Parallelwelt – in der Gemeinde werden sie bedient. Hier wird für sie alles gemacht, selber können sie aufgrund sprachlicher Barrieren nur relativ wenig tun. In einem Freundeskreis leben sie dagegen Gemeinschaft und finden daher in diesem Freundeskreis ihre Identität. Bietet die Gemeinde keinen Raum für heterokulturelle Strukturen, dann entwickeln sich solche Freundeskreise außerhalb der Gemeinde und sind bestenfalls auf eine Abspaltung des Fremden von der Gemeinde angelegt.

Ein klassisches Beispiel aus Deutschland hierfür bieten die russlanddeutschen Aussiedler, die seit Anfang der 1970er Jahre nach Deutschland einwanderten und sich hier den bestehenden Gemeinden gleicher Konfession anschlossen. Die gastgebenden Gemeinden erwiesen sich allerdings als unfähig, diesen Christen entsprechende Räume für eigene Entfaltung anzubieten. Stattdessen boten sie den Aussiedlern weitgehende Hilfe für eine schnelle kulturelle Auflösung.

Das Ergebnis ließ nicht lange auf sich warten. Seit Ende der 1970er Jahre verließen immer mehr Aussiedler die einheimischen Gemeinden, gründeten eigene Kirchen und Gemeinden und stellen heute einige der zahlenmäßig größten und vitalsten Gemeinden im Land.[93] Die misslungene Integration dieser Christen in die bestehenden bundesdeutschen Kirchen und Freikirchen hat die Zusammenarbeit zwischen den einheimischen Christen und den Einwanderern vielerorts stark beschädigt. Der Ausweg aus einer solchen Situation ist im Ausbau der Gemeinde zu einer multikongregationalen Gemeinde zu sehen.

5.3. Multikongregationale Gemeinden – Chancen und Herausforderungen

Multikongregationale Gemeinden teilen sich sowohl das Gebäude, in dem sie zusammenkommen, als auch das Missionsfeld, das sie mit dem Evangelium erreichen wollen. Im Idealfall geschieht dies als abgesprochene Aktion und verfolgt eine bewusste Strategie, den jeweiligen Ort mit dem Evangelium zu erreichen. In einem solchen Fall lädt eine etablierte, deutsche Gemeinde Christen anderer Kulturen und Sprachen ein, in ihrem Gemeindehaus Gottesdienste für ihre Leute durchzuführen. Nicht selten sieht sich diese Hauptgemeinde nicht imstande, die Einwanderer selbst zu erreichen. Sie stellt ihre Infrastruktur den anderen zur Verfügung. Gerade junge Einwanderer-Gemeinden können sich selten eine entsprechende Lokalität für das Gemeindeleben finanziell leisten. Die Nutzung gemeinsamer Räume ist hier eine enorme Hilfe.

In vielen deutschen Großstädten wird ein solches Modell praktiziert. Freilich wird es selten bewusst betrieben. In der Praxis sind es eher die Migranten selbst, die auf eine deutsche Gemeinde zugehen

---

93 Zu der Entwicklung der russlanddeutschen Aussiedlergemeinden in der Bundesrepublik siehe die hervorragende Dissertation von John N. Klassen (2007). Klassen beschreibt den Prozess der Loslösung der russlanddeutschen Christen aus den gastgebenden deutschen Gemeinden als einen beiderseits schwierigen Prozess (Klassen 2007:61ff), der die Integration der Aussiedler in die bundesdeutsche evangelikale Landschaft für Jahre zurückgeworfen hat.

und ihre Infrastruktur für bestimmte Zeiten mieten. Ein solches Mietverhältnis erweist sich nicht selten als eher problematisch. Ich erinnere mich an eine tamilische Gemeinde, die das Gemeindehaus der Gemeinde, in der ich Jugendpastor war, mietete. Sie nutzten auch unsere Gemeindeküche und bald hagelte es Beschwerden der deutschen Gemeindeglieder. Offensichtlich waren die südostasiatischen Curry-Gerüche für die deutschen Nasen doch zu stark. Andere Probleme kamen auf und bald trennten sich die Tamilen von uns und mieteten neutrale Räume an. Das war für sie am Ende sowohl billiger als auch weniger stressbeladen.

Geht man dagegen strategisch vor, so kann die gemeinsame Infrastruktur zu einer Basis für die intensive Gemeindegründung unter den unterschiedlichen Bevölkerungsgruppen des Ortes werden. In einem solchen Fall bedarf es einer gemeinsamen Vision für den Ort und einer theologischen und ekklesiologischen Basiseinheit. Die multikongregationale Gemeindelandschaft vor Ort lebt von einer solchen Einheit. Konkurrenz und theologische Rivalität werden dagegen den missionarischen Erfolg ersticken.

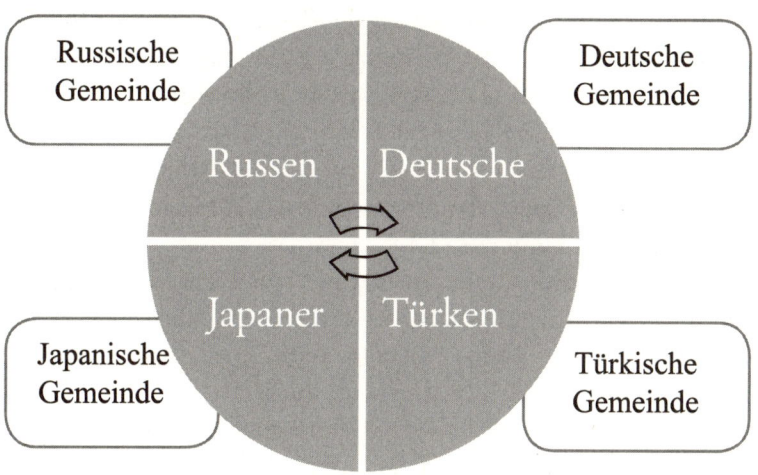

Ortsansässige Bevölkerung und multikongregationaler Gemeindebau

62

Multikongregationaler Gemeindebau, ob strategisch oder auch sporadisch verwirklicht, zeichnet sich bei aller evangelistischen Attraktivität und sozialen Machbarkeit durch eine Reihe entscheidender Nachteile aus:[94]

a. Es ist im Prinzip monokultureller Gemeindebau und als solcher zementiert er die kulturellen Barrieren vor Ort und erschwert den Dialog und die Entwicklung eines Gemeinwesens. Von Gesellschaftsrelevanz kann man in diesem Fall nur bedingt reden.
b. Es ist ein konfliktpotenzierter Gemeindebau. Die Nutzung gemeinsamer Infrastruktur bei gleichzeitiger weitgehender Unabhängigkeit wird Konflikte unvermeidbar machen, besonders wenn es um Gruppen aus verschiedenen sozialen Milieus geht.
c. Es ist ein kurzfristig angelegter Gemeindebau, weil die Frage der nächsten Generation inadäquat gelöst ist. Die Konzentration auf die eigene Kultur und Sprache schafft bereits in der zweiten Generation Spannungen, die zu einem massiven Abwandern der Jugendlichen führen wird.
d. Es ist für das Gemeinwesen ein eher unattraktives Modell, weil es die sozialen Konflikte vor Ort nur bedingt löst und an einigen Stellen vermutlich sogar verstärkt.

5.4. Multikultureller Gemeindebau – transformativ und gesellschaftsrelevant

Multikulturelle Gemeinden gehen von der Existenz einer Gesamtgemeinde im multikulturellen Kontext aus. Auch diese Gemeinden suchen danach, alle Bevölkerungsgruppen vor Ort mit dem Evangelium zu erreichen, zugleich aber ist es ihnen ein Anliegen, den Ort, an dem sie Gemeinde bauen, zu einem harmonischen und lebenswerten Platz umzugestalten.

---

94 Vgl. Ortiz 1996:65-66.

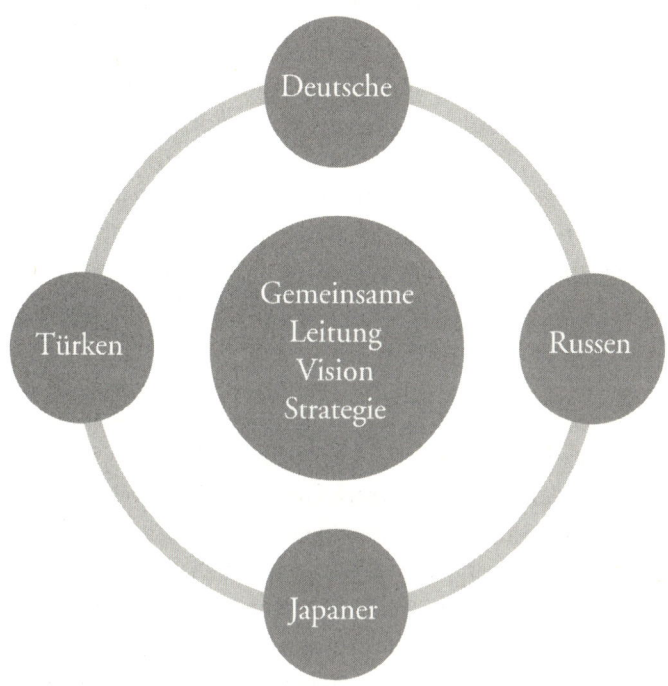

Multikultureller Gemeindebau

Ein hervorragendes Beispiel eines solchen Gemeindebaus stellt die First Baptist Church of Flushing in New York dar. Die First Baptist Church of Flushing wurde im Jahre 1856 gegründet. Die nun 150 Jahre alte Gemeinde liegt in einem der Vororte New Yorks mit einer Bevölkerung von etwa 250.000 Einwohnern. Es ist eine ethnisch gesehen recht bunte Bevölkerung, die sich im Laufe der letzten 40 Jahre immer wieder verändert hat. Die Gemeinde begann in den Fünfziger Jahren des letzten Jahrhunderts damit, ethnische Minoritäten evangelistisch zu erreichen. Heute erreicht die Gemeinde neben der eingesessenen Bevölkerung spanische, chinesische, indische, jüdische, afghanische und andere Einwanderer.[95] Zurzeit versucht die Gemeinde, Menschen aus über 50 ethnischen Gruppen mit dem Evangelium zu erreichen.

95 Conn 1997:232f.

Die Vorgehensweise der Gemeinde hat ein deutliches Profil. Die Strategie der Gemeindeleitung scheint recht einfach. Wenn eine neue ethnische Gruppe missionarisch erreicht werden soll, so sucht die Gemeinde nach Mitarbeitern, die aus der Gruppe selbst kommen und mit den kulturellen und sozialen Besonderheiten der Gruppe vertraut sind. In der Berufung dieser Mitarbeiter sieht der gegenwärtige Pastor der Gemeinde das wichtigste Moment für erfolgreichen multiethnischen Gemeindebau.[96]

Die Gemeinde versteht sich zwar als eine Einheit, aber alle wesentlichen Gemeindeaktivitäten werden gruppenspezifisch gestaltet. So haben die einzelnen ethnischen Gruppen ihre eigenen Kleingruppen und gottesdienstlichen Veranstaltungen. Wichtig ist auch die grundsätzliche Orientierung des kirchlichen Kalenders an den Eckdaten des Jahreskalenders der jeweiligen ethnischen Gruppe. So feiern beispielsweise die indischen Gemeindeglieder mit voller Unterstützung der Gesamtgemeinde den indischen Unabhängigkeitstag und die Afghanen feiern ihr Neues Jahr. Soziokulturell sollen die Mitglieder der Gemeinde in ihren jeweiligen ethnischen Gruppen „heimisch" bleiben. Die Gesamtgemeinde sorgt dafür, dass die jeweilige ethnische Arbeit genug Finanzen und Unterstützung besitzt, um das Programm auch verwirklichen zu können. Das bezieht sich sowohl auf soziale als auch auf evangelistische Programme.

Neben der ausdrücklichen Spezialisierung der Gemeinde auf die jeweilige ethnische Gruppe, ihre Sprache und Kultur bietet die Gesamtgemeinde Gottesdienste und Programme für alle an, die im Wesentlichen in Englisch oder in einer Übersetzung ins Englische angeboten werden. Außerdem bietet die Gemeinde Englischunterricht und allerlei Integrationsprogramme für Einwanderer an. Dazu kommen Kindergarten und Schulangebote für Kinder. Außerdem nimmt die Gemeinde an den Stadtfestivals teil, um somit die multikulturelle Vielfalt des Ortsteils zu feiern.

Die First Baptist Church of Flushing ist eine wachsende Gemeinde. Als Baptistengemeinde mit einer langen Geschichte hätte die Ge-

96 Ibd.

meinde keine Chance gehabt, in der multikulturellen und höchst flexiblen Bevölkerungslandschaft zu überleben. Als multikulturelle Gemeinde ist sie nun eine höchst attraktive und wachsende Kirche.

Eine andere Gemeinde aus den USA steht dem Erfolg der First Baptist nicht nach. Gemeint ist die New Song Community Church in einem der ältesten Stadtteile Baltimores. Der Stadtteil Sandtown-Winchester liegt im Herzen der Stadt und ist seit Jahrzehnten gezeichnet vom sozialen Niedergang. Menschen, die hier leben, sind arm, sozial entwurzelt und arbeitslos. Viele Ausländer bevölkern den Stadtteil. Und typisch für solche Verhältnisse begleiten Drogenhandel und hohe Kriminalität das Leben der Menschen in Sandtown.

Die New Song Community Church wurde von Mark Gornik im Jahr 1988 ins Leben gerufen. Es war ein bescheidener Anfang, der bald dazu führte, dass die Gemeinde Hunderte von Gottesdienstbesuchern am Sonntag zählte. Gornik verstand seinen Gemeindeaufbau von Anfang an ganzheitlich. Er fühlte sich dazu berufen, zu den Nachbarn mit ihren Problemen und Nöten zu gehen. Und die Gemeinde, die sie bauen wollten, sollte von Anfang an eine *inter-racial* Gemeinde werden, eine Gemeinde, die allen Einwohnern des Stadtteils offen stand.[97] Die Versöhnung dieser Menschen mit Gott und miteinander war das erklärte Ziel der missionarischen Arbeit Gorniks und seines Teams. Dabei galt für sie der Satz Robert J. Schreiters, dass Versöhnung nicht eine Sache der Strategie, sondern vielmehr der Spiritualität ist.[98] Sie nahmen sich vor, in erster Linie ihre Mission zu leben. In den so aufgebauten Beziehungen zu den Menschen in Sandtown würde sich Gottes Liebe und Größe sicher bald herausstellen.

Die Gorniks begannen ihre Arbeit 1986. Zwei Jahre arbeiteten sie an den Beziehungen zu den Menschen ihres Stadtteils. 1988 begannen sie dann in ihrem Wohnzimmer mit den Gottesdiensten. Gornik schreibt:

---

97 Conn 1997:237.
98 Conn 1997:239.

„Im Jahre 1988 begann die Gruppe, die New Song gegründet hat, sich in unserem Wohnzimmer zu Gottesdiensten zu versammeln. Als Gemeinde hatten wir vor, uns der Lebensfragen der Menschen in unserer Umgebung anzunehmen. Wie aber sollten wir die Gute Nachricht einer gesamten Nachbarschaft verkündigen? Zunächst beschlossen wir, unseren Gottesdienst so zu konzipieren, dass dieser sowohl biblisch als auch kontextuell war. Ausgerichtet auf die unkirchlichen Menschen versuchte unser Gottesdienst, Menschen in die lebensverändernde Gegenwart Gottes zu ziehen. Zum anderen erkannten wir, dass wir nur dann in den Augen der jungen Leute Vertrauen gewinnen würden, wenn wir in der Stadtteilgemeinschaft selbst Präsenz zeigen würden. Wir würden Gottes Liebe, Kraft und Barmherzigkeit demonstrieren müssen und nicht nur darüber reden (Jes. 58,6-10; Jak. 1,22; 1Petr. 2,12).“[99]

So begann eine Gemeindearbeit, die sich intensiv der Bedürfnisse des Stadtteils annahm. Gornik und seine Mitarbeiter luden *Habitat for Humanity* ein, eine Organisation, deren erklärtes Ziel darin besteht, armen Menschen humane Lebensverhältnisse zu schaffen. In der Regel bauen die freiwilligen Helfer von Habitat den notleidenden Menschen Häuser. Einer der prominentesten Habitat-Unterstützer ist der ehemalige Präsident der USA Jimmy Carter. Das Habitat-Projekt begann in Sandtown im Jahre 1988. 1992 leitete die kleine New Song Gemeinde das Jimmy Carter Work Projekt, an dem 4000 freiwillige Helfer teilnahmen und der es gelang, binnen weniger Wochen Dutzende von Häusern zu renovieren oder neu zu bauen. Bis zum Jahre 1994 waren es bereits über 200 renovierte und 27 neu gebaute Häuser, die die Gemeinde und ihre Helfer kostenlos ihren neuen Besitzern übergaben.[100]

In 1991 eröffnete die Gemeinde das *New Song Community Learning Center*, ein Schulangebot für Kinder in der Nachbarschaft. Man betreute zunächst Vorschulkinder und bot nach der Schule Nachhilfeunterricht an. Aber schon bald wurden daraus eine eigene Schule

99 In Conn 1997:240.
100 Ibd.

und mehrere Beschäftigungsprogramme für Kinder und Jugendliche.

Neben der Betreuung der Kinder und Jugendlichen eröffnete die Gemeinde das *New Song Health Center*. Hier bieten nun ausgebildete Krankenschwestern und Ärzte der Gemeinde Menschen, die keine entsprechende Krankenversicherung haben, kostenlose medizinische Hilfe an.

Und dann entstand 1994 *EDEN (Economic Development Employment Network)*, die Beschäftigungsgesellschaft der Gemeinde. Das Ziel war bereits 1994 die Vermittlung von 50 Jobs an die arbeitslose Bevölkerung des Stadtteils. In den nächsten Jahren plante man, diese Zahl auf 100 zu erhöhen.[101]

Seitdem sind mehrere andere Programme dazugekommen. Und die Gemeinde? Die Gemeinde ist dabei, kontinuierlich zu wachsen. Menschen, denen geholfen wurde, suchen die Gemeinschaft mit ihren Helfern und finden Gott. So wächst die Gemeinde und Sandtown wird verändert.

Die Erfahrung der amerikanischen Gemeinden in New York und Baltimore decken sich mit den bescheidenen Erfahrungen der von mir 1999 im oberbergischen Dorf Brüchermühle gegründeten Evangelischen Freien Gemeinde. Auch hier wurde das Gemeindekonzept bewusst als gesellschaftsrelevantes und als Gemeinwesen transformierendes Gemeindeaufbauverfahren festgelegt. Auch hier haben wir mit einer Gemeindeaufbauarbeit in der Leitkultur (in Deutsch) begonnen und schlossen dann nacheinander eine Arbeit in Russisch und Englisch an. Auch hier entwickelte sich die Gemeinde recht schnell und wies erstaunliches Wachstum in allen Bereichen auf.

Die oben vorgestellten Beispiele lassen eine Reihe von Schlussfolgerungen zu:

a. Multikultureller Gemeindebau setzt eine ganzheitliche Vision und Strategie zur Veränderung des Lebensraumes der Menschen vor

---

101 Ibd:241.

Ort voraus. Es geht um mehr als nur um die Bekehrung der Menschen zu Christus.

b. Multikultureller Gemeindebau lebt von der gemeinsamen Vision, Strategie und Leitung. Erst wenn die Strukturen der Gemeinde die bunte Vielfalt der Gesellschaft abbilden, entsteht in der Bevölkerung Vertrauen.

c. Multikultureller Gemeindebau überwindet die Exklusivität der Kultur und Sprache der einzelnen Gruppe und schafft einen gemeinsamen sozio-kulturellen Raum. Er hat darin unmittelbaren Einfluss auf die Gestaltung des Gemeinwesens.

d. Multikultureller Gemeindebau löst das Problem der zweiten Generation, indem diese in gemeinsame Strukturen eingebunden wird und den Übergang zu einer sinnvollen Existenz in der Gastkultur des Landes ermöglicht.

5.5. Integrativer Gemeindebau

Eine Gemeinde für alle zu sein – dieses Ziel setzen sich integrative Gemeinden.[102] Gemeint sind Gemeinden, die ihre Tore und Türen für alle Bevölkerungsschichten weit öffnen, sich jedoch sprachlich und kulturell eher an der Leitkultur einer Gesellschaft orientieren. Ein gelungenes Beispiel einer solchen Gemeinde bietet die Bethel Temple Community Bible Church in Philadelphia.

Die Gemeinde liegt im Norden der Stadt Philadelphia im Stadtteil Kensington, der im Volk auch „Badlands" genannt wird.[103] Sie wurde 1912 gegründet und wurde bald berühmt für ihre Umzüge durch die Stadt, bei der sie neue Mitglieder in die Gemeinde einlud und vor allem Kinder für die Sonntagsschule rekrutierte. In den besten Jahren besuchten Hunderte von Kindern und Jugendlichen die Sonntagsschule von Bethel. Nach dem Zweiten Weltkrieg und vor allem im Laufe der letzten Jahrzehnte hat sich die Bevölkerung des Stadtteils völlig gewandelt. Die lokale Industrie brach zusammen, die weiße Arbeiterklasse ist

---

102 In der anglosächsischen Literatur spricht man hier eher von den MEC, Multi-Ethnic Churches. Siehe zu den Problemen der Definition der MEC in Ortiz 1996:89.
103 Die Information zu der Gemeinde in Ortiz 1996:47-51.

weitgehend weggezogen und eine bunte Mischung von Einwanderern zog nach. Die Neuankömmlinge waren in der Regel arm, arbeitslos und nicht selten verzweifelt. Die Gemeinde wusste nicht, wie man diese Menschen ansprechen sollte. Durch Wegzug ihrer Mitglieder wurde sie zusehends kleiner und man beschloss 1990 insgesamt umzuziehen. Das Gemeindehaus übergab man der neu zu gründenden Gemeinde.

Die Idee zur Gründung von Bethel Temple kam von der politischen Gemeinde. Die Stadtteilverantwortlichen kamen mit der wachsenden Herausforderung der multikulturellen Welt, der Armut und Kriminalität nicht mehr klar. Deshalb lud man das Missionswerk *American Missionary Foundation (AMF)* ein, im Stadtteil eine Gemeinde zu beginnen. Das Bethel Temple Gebäude wurde frei. Hier konnte eine neue Gemeinde entstehen. Pastor Luis Centeno, der selbst in den Badlands in einer armen Einwandererfamilie aus Puerto Rico aufgewachsen war, übernahm als Missionar der AMF den Gemeindeaufbau. Für Centeno ging es dabei nicht nur um eine evangelistische Durchdringung der Bevölkerung, sondern auch darum, den Menschen insgesamt Hoffnung zu geben. In einem Interview sagte er über die Menschen vor Ort: „Sie sind verärgert, weil sie empfinden, dass sich niemand kümmert – ,Niemand kümmert sich um mich, allen ist es egal, was mit der Nachbarschaft, der Stadt und der Welt passiert.' Sie werden schließlich selbst zum Teil des Problems." Und das Ergebnis ist ein „Teufelskreis von Zerfall und Beziehungslosigkeit, der Verzweiflung, Brutalität, Kriminalität und Wut fördert".[104]

Diesen Menschen Hoffnung zu geben – das ist eines der drei wichtigsten Ziele des Gemeindeaufbaus.[105] Centeno sagt über die soziale Orientierung seiner Gemeinde, dass Gemeinwesenarbeit ein fester Bestandteil ihres Missionsverständnisses ist. „Die Erneuerung der Nachbarschaft im Namen Jesu Christi ist der dritte Schwerpunkt der Gemeindearbeit, neben Evangelisation und Jüngerschaft. Dienste der Erneuerung geben den Menschen im sozialen Raum Hoffnung. ,Jemand sorgt sich und so kann auch ich ein Teil der Lösung sein.' In-

---

104 http://www.urbanministry.org/esa/bethel-temple-community-bible-church-holistic-yout.
105 Ibd.

dem Mitarbeiter von Bethel Temple ihre Zeit, ihre Fähigkeiten und Ressourcen in die Gesellschaft investieren, helfen sie nicht nur, die dringlichsten Bedürfnisse der Menschen zu stillen, sondern geben diesen eine neue Vision für die Zukunft und brechen den Teufelskreis der Verzweiflung."[106]

Die Gemeinde ist schnell gewachsen. Bereits fünf Jahre nach der Gründung besuchten bis zu 250 Menschen die Gottesdienste.[107] Sie kamen von den unterschiedlichsten ethnischen Gruppen im Stadtteil. Heute bildet die Gemeinde in ihrer Zusammensetzung die Bevölkerungsvielfalt ab. Auch die Gemeindeleitung ist multiethnisch besetzt.[108]

Manuel Ortiz, der die Gemeinde 1995–1996 untersuchte, stellte folgende sieben Merkmale fest, die den Erfolg der Gemeinde begründen.

1. In der Gemeinde wird das, was man predigt, auch gelebt. Die Leiter der Gemeinde glauben, dass der Erfolg des Gemeindebaus nicht durch Worte der Verkündigung, sondern durch eine Verkündigung, die im Leben abgebildet wird, vollzogen werden muss.[109] Das ist umso wichtiger, da die Kommunikation der Menschen untereinander schon allein durch die unterschiedliche Herkunft der Menschen erheblich erschwert ist. Den gelebten Glauben kann man jedoch sehen. Eine Konsequenz aus dieser Haltung ist der Haus-zu-Haus-Besuch. Während andere evangelikale Gruppierungen die Menschen in ihren Häusern aufsuchen, um ihnen das Wort Gottes zu predigen, besuchen die Mitglieder der Gemeinde die Menschen im Stadtteil nur dann, wenn sie diesen Menschen etwas zu geben haben. Sie kommen, um zu dienen und nicht um zu reden. Freilich kann auch ein Gespräch Dienst sein. So hat sich jenes Image von der Gemeinde etabliert, das Vertrauen weckt. Eine der ersten vollzeitlichen Positionen in der Gemeinde war der Posten eines Leiters für ökonomische und soziale Entwicklung.

---

106 Ibd.
107 Ortiz 1996:47.
108 Ibd.
109 Ibd:47-48.

Seine Verantwortung lag darin, Nischenbetriebe und Angebote zu schaffen, die den Menschen Hoffnung geben sollten. So entstanden ein Computer-Lab, eine Berufsausbildung in Graphic Design, eine Ganztagsbetreuung für Schüler und anderes.

2. Die Gemeinde folgt ihrer Leitung. Der ehemalige Pastor Centeno und sein multikulturelles Team wollen multikulturellen Gemeindebau. Sie kennen die Gegebenheiten des Stadtteils und die Gemeindeglieder trauen ihnen zu, richtige Entscheidungen zu treffen. Dass wichtige Entscheidungen nur bedingt von der Gemeindeversammlung getroffen werden können, liegt in der Natur der stark diversifizierten Gemeindemitgliedschaft. Man kann demnach nicht alles mit allen diskutieren.

3. Die Gemeinde genießt in der breiten Bevölkerung des Stadtteils Vertrauen. Die Menschen wissen, dass diese Gemeinde für sie existiert. Es ist in vielerlei Hinsicht „ihre" Gemeinde, auch wenn sie sich nicht direkt zu dieser Gemeinde zählen würden. In Bethel Temple erfahren sie aber immer Hilfe und Beistand. Die Gemeinde ist der soziale Hafen für alle Gestrandeten, auch wenn sie nicht immer und nur selten sofort helfen können. Sie werden aber tun, was in ihrer Kraft liegt.

4. Die Gemeinde ist prinzipiell evangelistisch orientiert. Menschen zum Glauben und in die Beziehung zu Jesus zu führen – das ist und bleibt das zentrale Anliegen des Gemeindeaufbaus. Die Mission der Gemeinde sucht den ganzen Menschen. Sie hilft sozial und ökonomisch und sie zielt auf die völlige Umwandlung der Person durch die persönliche Begegnung mit Christus.

5. Die Gemeinde konzentriert sich auf einen Dienst der Versöhnung und Mediation. In einem multikulturellen Umfeld sind Spannungen an der Tagesordnung. Konfliktmanagement ist daher ein wesentlicher Auftrag der Gemeinde, sowohl gemeinwesenbezogen als auch persönlich.

6. Die Gemeinde zeichnet sich durch ein Höchstmaß an Flexibilität aus. Das betrifft sowohl den sozialen Dienst an der Bevölkerung als auch den geistlichen Dienst und die Gottesdienstformen. Gemacht wird, was Menschen verstehen können. Es kann niemals

um die bloße Einhaltung einer festgeschriebenen Liturgie gehen, sondern vielmehr um die Übertragung des Evangeliums in den Alltag der Menschen.

Bethel Temple Community Bible Church ist folglich eine Gemeinde, die lokal verortet ist und hier Menschen dient, ihr Umfeld transformiert und sie zum persönlichen Glauben ruft. Der Erfolg dieser Gemeinde ist bemerkenswert.

5.6. Aus den Beispielen lernen – Gemeinde multikulturell bauen

Multikultureller Gemeindebau ist möglich. Und multikultureller Gemeindebau ist erfolgreich. Die vorgestellten Beispiele könnten mit vielen weiteren Berichten aus dem In- und Ausland gestützt werden. Die viel beschworene Formel der amerikanischen Gemeindewachstumsbewegung, dass nur zielgruppenorientierte Gemeindemodelle missionarisch erfolgreich sind, erweist sich beim näheren Hinsehen als falsch. Vielmehr zeigen Gemeinden mit multiethnischen und multikulturellen Strukturen langfristig deutlich mehr Erfolg. Und was für die Mission nicht unwesentlich ist, diese Gemeinden erweisen sich als einziges Modell langfristig als gesellschaftstransformativ, weil sie jenen gemeinsamen Lebensraum schaffen, der ein sinnvolles Miteinander unterschiedlicher Kulturen im multikulturellen Raum vorlebt.

Was setzt ein solcher Gemeindebau voraus? Wie muss man vorgehen, wenn man die Gemeinde multikulturell anlegt? Was sollte auf jeden Fall berücksichtigt werden? Multikulturelle Gemeinden werden in multikulturellen Räumen verortet. Wer solche Orts-Gemeinden bauen will, der wird sie gesellschaftsrelevant anlegen müssen. Und in einem gesellschaftsrelevanten Gemeindekonzept kommt dem Kontext, in dem die Gemeinde gebaut wird, die entscheidende Rolle zu. Gesellschaftsrelevanter Gemeindebau ist vor allem kontextueller Gemeindebau, der von einer genauen Kontextanalyse lebt. Hier wird nicht Gemeinde im Bauhausstil gebaut, sondern sie entsteht kontextgerecht.[110] Wer Gemeinde kontextgerecht bauen will, der sollte den Kontext, in dem gebaut werden soll, verstehen. Multikultureller Gemeindebau setzt ein gutes Verständnis des multikulturellen Lebensraumes voraus. Ohne ein solches Verständnis kann keine multikulturelle Gemeinde gebaut werden.

---

110 Zum gesellschaftsrelevanten Gemeindebau siehe mein Buch „Die Welt umarmen. Theologie des gesellschaftsrelevanten Gemeindebaus" (Reimer 2009). In diesem Zusammenhang siehe besonders die Passagen zum Praxiszyklus und Kontextanalyse (:200-204).

Teil II:

Im Gespräch mit den Kulturen

6 Den kulturellen Lebensraum verstehen

6.1. Kulturkompetenz als Bedingung

Erfolgreiche Gemeinden zeichnen sich dadurch aus, dass sie den Kontext, in dem sie arbeiten, gut kennen. Sie lieben und kennen die Menschen, denen sie das Evangelium vorleben und predigen. Sie kennen und lieben die Kultur der Menschen und lassen sich gerne mit kulturellen Werten beschenken, solange diese nicht von der Sünde korrumpiert sind. Multikultureller Gemeindebau kann nicht ohne eine solche detaillierte Kenntnis des Lebensraumes, in dem er geschieht, auskommen. Wer multikulturell Gemeinde bauen will, der wird sich mit dem Phänomen Kultur beschäftigen müssen.

Multikultureller Gemeindebau setzt voraus, dass man Kulturen versteht. Nur kulturell kompetente Leiter werden Kulturgrenzen meistern können.

6.2. Was ist Kultur?

Kein anderer Begriff hat die Köpfe der gelehrten Anthropologen, Sozialwissenschaftler und Theologen im vorherigen Jahrhundert mehr beschäftigt als der der Kultur. Man pries die Klärung dieses Begriffes als die größte Errungenschaft des Jahrhunderts, und wenn man die vielfältigen Implikationen für die Wissenschaft und Gesellschaft berücksichtigt, kann man nicht umhin, die Begeisterung der Gelehrten zu teilen. Was ist nun Kultur?

Traditionellerweise versteht man im deutschen Sprachgebrauch unter Kultur oft denjenigen Bereich des Alltags, der mit Kunst, sei es in Wort oder Bild, zu tun hat. Folgerichtig wird dann das Kulturleben eines Ortes von der lokalen Kulturbehörde verwaltet und die Kultur des Landes vom jeweiligen Kultusminister. Aber es genügt ein Blick in die Zeitung, um festzustellen, dass eine so enge Definition des Begriffes nicht genügen kann. Hier spricht man von der politischen und sozialen, materiellen und immer wieder von der Alltagskultur der Menschen. In der Tat umschreibt der ursprünglich lateinische Begriff *cultura* mehr. In der Kulturanthropologie/Ethnologie versteht man unter Kultur nicht nur ein Teilgebiet des menschlichen Lebens, sondern die Gesamtheit des Verhaltens und die Grundlage dieses Verhaltens einer jeweiligen Gesellschaft bzw. Gruppe. Der englische Anthropologe Edward B. Tylor (1832–1917), der gemeinhin als Vater der modernen Kulturanthropologie gilt, definierte in seinem Buch *Primitive Culture,* das 1871 erschien, die Kultur als „… jene komplexe Größe von Wissen, Glaube, Kunst, Moral, Gesetz, Sitte und anderen Verhaltenseigenschaften und Gewohnheiten, die der Mensch sich als Mitglied der Gesellschaft aneignet".[111] Im Gefolge Tylors haben sich die meisten heutigen Vorstellungen von Kultur entwickelt. Sie unterscheiden sich meist entsprechend dem ideologischen oder philosophischen Vorverständnis bzw. Weltanschauungs-Modell des Betrachters. Ob jemand den Menschen und seine Lebenswelt aus dem Blickwinkel der angenommenen Evolution (Evolutionismus) oder eher aus seinem sozial-wirtschaftlichen Gefüge (Marxismus) oder aus seiner ethnischen Geschichte (Ethnohistorismus) zu ergründen sucht, entscheidet schlussendlich, wie Kultur definiert wird.

Jedes dieser Modelle hat seine Vor- und Nachteile. Kultur ist eine komplexe Erscheinung. Da sie sich mit den Grundlagen für das Verhalten und der zugrunde liegenden Ideenwelt befasst, kann ein einzelnes Modell alle nötigen Facetten nicht befriedigend erfassen. Von daher kann nur ein ‚mehrschichtiges' Verständnis den Begriff der Kultur adäquat definieren. Sie ist, wie Louis Luzbetak treffend formulierte, „das gesellschaftliche Design zum Leben" oder wie Lothar Käser es nannte, „Strategien zur Gestaltung des menschlichen Daseins".[112] Ein solcher Lebensplan, ein solches Design, eine solche Strategie besteht aus:

• normativen Vorstellungen von Recht und Unrecht, gut und schlecht, Sitte und Gewohnheit,

---

111 Tylor 1871:Definitionen.
112 Käser 1997:37.

- Verhaltensregeln und
- religiösen Vorstellungen, die den Alltag der Gruppe bestimmen.

Nur im Bewusstsein der Vielschichtigkeit oder Vielseitigkeit der menschlichen Beweggründe, Handlungen und Verhältnisse kann verhindert werden, dass grobe Verzerrungen durch unangebrachte Erklärungen von kulturellen Phänomenen geschehen. Es ist gerade in diesem Zusammenhang klar, dass weltanschauliche Prämissen wie z. B. die materialistische Ansicht der Geschlossenheit des Universums und der Nichtexistenz von Geistwesen irgendwelcher Art einen entscheidenden Einfluss auch auf das Verständnis der Einflüsse auf die Kultur haben.

Was ist also Kultur? Kultur meint „die Gesamtheit von Attitüden, Annahmen, Werten und Wertvorstellungen, Verhaltensnormen und Grundeinstellungen, die von einer Gruppe geteilt werden, die das Verhalten der Gruppenmitglieder beeinflussen und mit deren Hilfe diese das Verhalten anderer interpretieren".[113]

Kulturen sind somit komplexe Vorstellungen. Um Kulturräume adäquat zu erfassen, bedarf es entsprechender Leitkategorien, entlang derer der Betrachter und interessierte Beobachter sich bewegen können. Hilfreich erweisen sich dabei die Kategorien der Kulturart, -schicht, -struktur und der Kulturdimension.

6.3. Kulturarten

In der Kulturanthropologie unterscheidet man zwischen drei Schichten der Kultur: globale Kultur, nationale Kultur und lokale Subkultur.

a. Globale Kulturfundamente. Unter globaler Kultur verstehen wir jene kulturellen Universalien, die allen Menschen auf der Erde gleich sind. In gewisser Hinsicht sind das die Grundelemente, aus denen menschliche Kulturen sich bilden. Wo immer Menschen leben, wer-

---

113 Spencer-Oatey in Dahl 2002:4.

den sie in ihrem gemeinsamen Lebensraum solche universalen Marker entwickeln. Als solche gelten:

1. Sprache. Menschen kommunizieren miteinander dank der Fähigkeit, ihre Gedanken verbal zum Ausdruck zu bringen. Alle Sprachen stellen gewisse Konstrukte dar, die sich einer Form und gewissen Regeln beugen.

2. Alter und Geschlecht. Menschen ordnen ihren Lebensraum, indem sie Alter und Geschlecht als deutliche Grundmarker ansehen und einsetzen.

3. Ehe und Abstammung. Menschen ordnen ihr Zusammenleben entsprechend ihrer Abstammungsmerkmale. In allen Kulturen spricht man von Vater, Mutter, Verwandtschaft, auch wenn die Bedeutung der verwandtschaftlichen Beziehungen unterschiedlich geregelt werden kann.

4. Familie und Erziehung. In allen Kulturen findet der Sozialisierungs- und Enkulturationsprozess in der Familie statt.

5. Sexualität und Geschlecht. Alle Kulturen regeln das sexuelle Verhalten der Menschen.

6. Privater Lebensraum. In allen Kulturen existieren Vorstellungen von privaten und öffentlichen Räumen sowie Regeln, die das Verhalten in solchen Räumen regeln.

7. Moral und Ethik. In allen Kulturen existieren Kategorien für Gut und Böse, gutes und schlechtes Verhalten und Regeln, die das Gute belohnen und das Schlechte bestrafen.

8. Ausdruck und Ästhetik. In allen menschlichen Kulturen werden Formen des kreativen, künstlerischen Ausdrucks gefunden und gepflegt, ob in Musik, Gesang, Malerei oder in der Gestaltung des Lebensraumes.

9. Führung und Kontrolle. Alle Kulturen verfügen über Vorstellungen, wie der Lebensraum sozial und politisch erhalten und gepflegt werden kann. In allen Kulturen gibt es Leiter und Geleitete.

10. Arbeit und Freizeit. In allen Kulturen arbeiten Menschen, um ihren Lebensunterhalt zu gewährleisten und gestalten ihre Freizeit in Spaß und Spiel.

Diese und ähnliche Universalien stellen jenen Stoff dar, aus dem menschliche Lebensräume gestaltet werden.

b. Nationale Kultur. Da, wo die Kultur die Tradition einer ganzen Gesellschaft prägt und definiert, reden wir von der nationalen Kultur. Sie unterscheidet sich durch Sprache, gemeinsame Geschichte und die darin begründeten Traditionen und Mentalität. So reden wir dann von den Deutschen, den Schweden, den Ukrainern, etc. Man kann in diesem Zusammenhang auch von der Leitkultur einer Nation reden.

c. Lokale Subkulturen. Leitkulturen sind jedoch selten so dominant, dass sie regionale oder auch generationsbedingte Unterschiede nivellieren. Aus diesem Grund entwickeln sich innerhalb einer nationalen Kultur eine Reihe von Subkulturen. In Deutschland können beispielsweise folgende Subkulturen unterschieden werden:

- Regionale Kulturen (die Schwaben unterscheiden sich von den Sachsen, die Sachsen von den Holsteinern und die Lipper von den Bayern);
- Jugendkulturen;
- Stadt-Land-Kulturen;
- Einwandererkulturen.

6.4. Kulturschichten

Kulturen sind komplexe Erscheinungen. Ferraro schlug vor, Kultur nach vier Grundkomponenten einzuteilen:[114]

(a) Dinge, die man hat – materielle Objekte,
(b) Dinge, die man denkt – Ideen, Werte, Attitüden,
(c) Dinge, die man glaubt – religiöse Wahrheit,
(d) Dinge, die man tut – Verhaltensmuster.

Grafisch dargestellt ergibt sich dabei folgendes Bild.

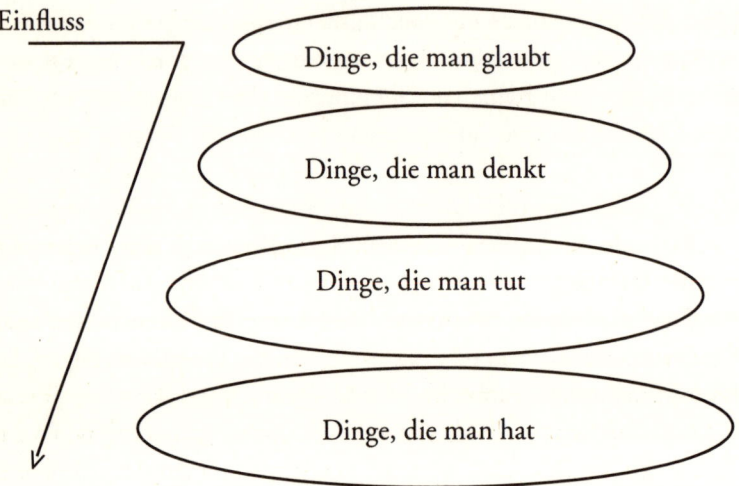

Das gleiche Modell kann auch in konzentrischen Kreisen dargestellt werden, wie es Spencer-Oatey 1999 getan hat.[115]

---

114 Ferraro in Dahl 2002:4.
115 siehe in Dahl 2002:4.

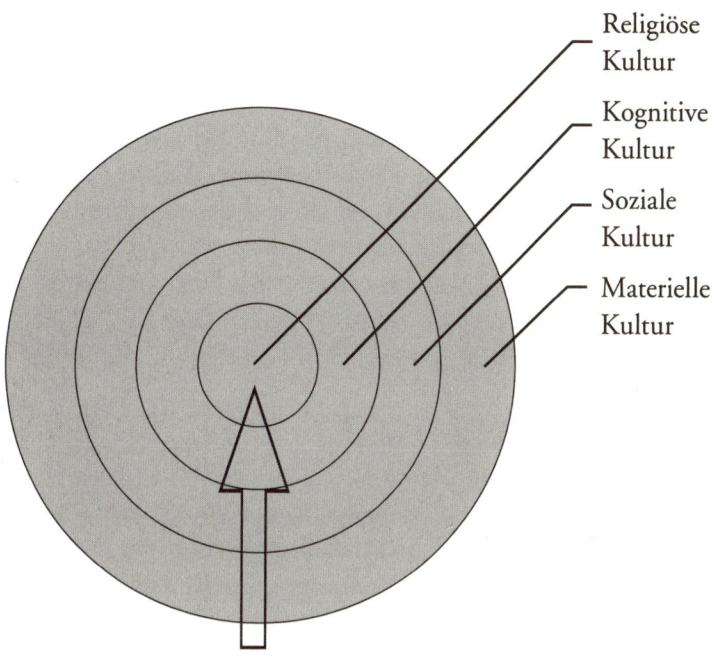

Religiöse
Kultur

Kognitive
Kultur

Soziale
Kultur

Materielle
Kultur

Am Fuße des Kulturberges oder in der äußersten Schicht liegen die
materiellen Werte. Sie sind es, die einem Betrachter als Erstes ins
Auge fallen. Dazu gehören auch bestimmte Verhaltensweisen und
Rituale, die man sofort erkennt, weil sie an der Oberfläche liegen. So
erkennt man eine islamische Frau in Deutschland sofort an ihrem
äußeren Erscheinungsbild, genauso wie man einen Griechen vom
Türken an der Bezeichnung des ihnen gemeinsamen Anisschnapses
unterscheidet. Für die Griechen ist es Ouzo, für den Türken Raki. In
der Substanz handelt es sich um das gleiche Getränk.

Die nächste Kulturschicht stellt die Dinge dar, die wir tun. Es
geht um Verhaltensnormen und Muster und die dazugehörigen Institutionen und Systeme. Unter Systemen werden hier sowohl soziale,
wirtschaftliche, politische als auch legislative Institutionen verstanden. So verlangt in einigen Völkern des Kaukasus das von der Großfamilie bestimmte Verhaltenssystem vom jungen Mann, der sich in
ein Mädchen verliebt hat, dass er seine Wahl von der Großfamilie
bestätigen lässt. Oder das legislative System in Deutschland be-

stimmt, dass man bei Rot nicht über die Straße gehen darf. Verhaltenskodi in den Kulturen werden demnach von den Institutionen und Systemen der betroffenen Kultur bestimmt. Oft erschließen sich die Systeme erst über eine intensive Beobachtung des Verhaltens.

Die nächste Schicht stellt Denkstrukturen, Wertvorstellungen und Normen dar. Sie beeinflussen im Wesentlichen die Systeme, die darunter liegen.

Im Herzen der Kultur liegt der Glaube, die Religion oder wie es Kulturanthropologen ausdrücken: die Weltanschauung.

6.5. Strukturmerkmale der Kultur

Die oben dargestellten vier Ebenen der Kultur stellen Schichten dar, die eine Kultur ausmachen und diese funktional zusammenhalten. Der Einfluss verläuft hierbei von innen nach außen oder auch von oben nach unten, wenn man die grafische Darstellung so interpretieren will. Eine Reihe von Strukturelementen sichern dabei das Funktionieren der Kultur. Maletzke nennt zehn solcher Strukturmerkmale, wobei er ausdrücklich darauf hinweist, dass diese die materielle Kultur, also die öffentlich am leichtesten zugängliche Kulturschicht, weglässt.[116] Diese Strukturmerkmale nennt er „geistige Objektivationen".[117] Nach Maletzke sind es:

* Nationalcharakter, Basispersönlichkeit
* Wahrnehmung
* Zeiterleben
* Raumerleben
* Denken
* Sprache
* Nonverbale Kommunikation
* Wertorientierungen
* Verhaltensmuster: Sitten, Normen, Rollen
* Soziale Gruppierungen und Beziehungen

116 Maletzke 1996:42ff.
117 Ibd.:43.

Diese lassen sich entsprechend des oben vorgeschlagenen Schemas
wie folgt einordnen:

Kulturkomponente	Strukturmerkmal
Dinge, die man hat	materielle Objekte; geistige Objektivationen
Dinge, die man tut	Sitten, Normen, Rollen
	Nonverbale Kommunikation
	Sprache
	Wahrnehmung
	Soziale Gruppierungen und Beziehungen
Dinge, die man denkt	Denken
	Wahrnehmung
	Zeiterleben
	Raumerleben
Dinge, die man glaubt	Wertorientierungen
	Glaube, Weltanschauung

Das Strukturmerkmal „Nationalcharakter, Basispersönlichkeit" lasse
ich an dieser Stelle fallen, weil es, so scheint es mir, kein Kulturmerk-
mal, sondern der Ausdruck einer Kultur ist und deshalb auch nur als
Ganzheit aller anderen Merkmale begriffen werden kann.

Wir beginnen die Darstellung der Strukturmerkmale entlang der
Einflusskurve von oben nach unten.

6.5.1. Weltanschauung – Wertorientierung – Glaube

Alles, was wir Menschen tun, denken und glauben, wird gelenkt von
gewissen Grundannahmen, die unser Dasein oft unbewusst bestimmen. Die Grundannahmen werden auch Wertorientierung (basic
value)[118] oder Weltanschauung (world view) genannt. Kluckhohn
und Strodtbeck nennen fünf Grundprobleme, die in der Wertorientierung eines Menschen eine Antwort finden:[119]

---

118 Maletzke 1996:80.
119 Kluckhohn und Strodtbeck in Maletzke 1996:80.

86

- Wie ist der Mensch beschaffen? (human nature orientation)
- Welche Beziehungen bestehen zwischen dem Menschen und der Natur? (man – nature orientation)
- Was bedeutet Zeit im Leben des Menschen? (time orientation)
- Welche Arten und Formen von Aktivitäten lassen sich unterscheiden? (activity orientation)
- Welche Arten und Formen gibt es in den Beziehungen zwischen den Menschen? (rational orientation)

Es ist nur verständlich, dass diesen Fragen eine letzte und oft alles entscheidende dazugefügt werden muss: Wer ist Gott und in welcher Beziehung stehen wir Menschen zu ihm? (man – God orientation). Hesselgrave hat recht, wenn er in der religiösen Orientierung das eigentliche Zentrum der Weltanschauung vermutet.[120] Erst so bekommt der Mensch jene Kriterienskala in die Hand, die ihn kraft seiner Werteorientierung dazu befähigt, alles, was er sieht, in gut, neutral und/oder schlecht einteilen zu können.[121]

Freilich wird man den betroffenen Menschen in der Regel umsonst nach seiner Welt-, Wert- und Glaubensorientierung fragen. Diese Annahmen einer gewissen Kultur sind eher verborgen. Man ist in diese Haltungen hinein sozialisiert worden. Sie bilden die unbewusste Gestaltungskraft des alltäglichen Lebens. Der Beobachter wird deshalb sehr genau hinsehen müssen, um zu erkennen, welche Kulturstrukturen dem Verhalten seines Gegenübers zugrunde liegen. Es ist dabei hilfreich, sich zuerst seiner selbst bewusst zu werden. Bevor man nach den Fundamenten einer Kultur des anderen fragt, sollte man sich selbst unter die Lupe nehmen und danach fragen, welche Weltanschauung, Wertevorstellung und Glaubensgrundlagen das eigene Leben prägen.

6.5.2. Wahrnehmung
Der Mensch ist zur Orientierung nur fähig, weil er zur Wahrnehmung fähig ist. Dabei verstehen wir unter Wahrnehmung nicht ein-

---

120 Hesselgrave 1978:128.
121 Maletzke 1996:81.

fach die bloße Feststellung von wahrnehmbaren Reizen. Menschliche Wahrnehmung, wie sie uns die Psychologie lehrt, ist ein höchst komplizierter Vorgang. Maletzke sagt: „Jedes Wahrnehmen ist aktives Gestalten."[122]

Der Mensch nimmt die Reize nicht linear, sondern selektiv wahr. Und es sind andere Faktoren, allen voran seine Weltanschauung, die ihn differenziert wahrnehmen lassen. Das bezieht sich auf jegliche menschliche Perzeption, ob visueller (Augen), taktiler (Haut) oder olfaktorischer (Nase) Natur. Als Vertreter unterschiedlicher Kulturkreise sehen, tasten und riechen wir unterschiedlich. Damit ist menschliche Wahrnehmung von Kultur zu Kultur unterschiedlich geprägt und stellt somit ein Strukturmerkmal der Kultur dar.

Beobachtung einer Kultur ist Wahrnehmung dieser Kultur. Die kulturelle Prägung der Wahrnehmung schafft von vornherein jene Einseitigkeit, die eine totale Erfassung nahezu unmöglich macht. Als Kulturbeobachter sollte man sich dieser persönlichen Limitierung immer bewusst sein. Was ich wahrnehme, muss noch lange nicht das sein, was der andere darstellt. Deshalb kann wahre Kulturerfassung auch immer nur im Rahmen einer Teilnehmenden Beobachtung, im Gespräch oder in der Interaktion mit dem Objekt der Untersuchung stattfinden.

6.5.3. Zeit- und Raumerleben

Menschliche Wahrnehmung ist immer eine Perzeption in Zeit und Raum, weil Leben nur so existiert und nur so wahrgenommen werden kann. Der Umgang mit der Zeit und die Erfahrung des Raumes sind daher für die Erforschung der Kultur von großer Bedeutung.

Zeitauffassungen in unterschiedlichen Kulturen unterscheiden sich wesentlich voneinander. Maletzke nennt sieben Zeitvorstellungen, die sich in den unterschiedlichen Kulturen der Moderne unterscheiden lassen:[123]

---

122 Ibd:48.
123 Maletzke 1996:54.

- Linearität: Die Zeit läuft ab. So denken wir Europäer. Leben wird an Zeit gemessen. Sogar noch am Sterbebett. Mein Schwiegervater vermisste auf seinem Sterbebett auf einmal seine Armbanduhr. Er wusste, seine letzten Tage waren angebrochen, und doch konnte er den Tag nicht ohne seine Uhr sinnvoll einschätzen.

- Monotonie: Der Zeitlauf ist immer gleich. In vielen Indianerstämmen Amerikas wird so gedacht. Vergangenheit, Gegenwart und Zukunft spielen in diesen Kulturen keine Rolle. So gibt es in manchen Sprachen nicht einmal das entsprechende Wort für die Zukunft. Was zählt, ist allein das Jetzt und Hier.

- Nichtumkehrbarkeit: Was weg ist, ist weg. Ein typisches Denken Asiens. Im Islam wird diese Haltung mit dem üblichen Hinweis auf den Willen Allahs verbunden. Der Vergangenheit wird hier nicht nachgetrauert und das Geschichtsbewusstsein ist wenig ausgeprägt.

- Kontinuität und Kausalität: Das Frühere bestimmt das Nachfolgende – klassisch hinduistisches und buddhistisches Denken, das auch unter den Christen weit verbreitet ist. In solchen Kulturen wird peinlichst auf das positive Konto der Vergangenheit geachtet, weil dieses Konto das Karma und damit das zukünftige Schicksal wesentlich bestimmt.

- Gerichtetheit: Der Zeitablauf hat einen implizierten Sinn einer Entwicklung. Hier ist die Zeit eingebunden in eine Art „Heilsgeschichte". Nichts findet von ungefähr statt. Oft ist diese Haltung in bestimmten apokalyptisch gesonnenen religiösen Kreisen so dominant, dass man gar von einer schicksalhaften inneren Uhr reden kann.

- Synchronität: Für alle Bereiche gesellschaftlichen Handelns soll gewissermaßen die gleiche Zeit gelten (ähnlich wie Monotonie). Diese Zeitauffassung ist verbreitet in animistischen Kulturen Asiens, Afrikas und Lateinamerikas.

- Kumulativität: In der Zeit sammelt sich etwas an, was immer mehr wird. Diese Haltung ist weit verbreitet in Kulturen mit ausgeprägten Vorstellungen vom Gericht nach dem gelebten Leben.

In Asien und Afrika denkt man Zeit nicht linear, sondern zyklisch. Zeit ist dort nicht ein Abschnitt zwischen zwei Punkten, sondern ein Diskontinuum aus günstigen und ungünstigen Momenten.

Kulturen unterscheiden sich darin, ob sie Zeit stärker an die Vergangenheit, die Gegenwart oder die Zukunft binden. Entsprechend des Zeitverständnisses wird auch der Umgang mit der Zeit gepflegt. Ob man Zeit plant, disponiert, ordnet oder sie einfach auf sich zukommen lässt, das hängt sehr stark vom jeweiligen kulturbedingten Zeitverständnis ab.

Ähnlich wie Zeit, so ist auch das Raumerleben der Kulturen von großer Bedeutung für die Erforschung und das Verständnis menschlichen Verhaltens innerhalb solcher Kulturen. Auch hier variieren die Vorstellungen stark. Räumen wird viel oder gar kein Gewicht beigemessen. Räume werden gestaltet oder völlig vernachlässigt, je nach Vorstellung. Insbesondere interessant für die Kulturologie und damit auch für den kulturrelevanten Gemeindebau sind die Vorstellungen von privaten und öffentlich zugänglichen Räumen und die entsprechende Raumgestaltung. So gelten manche Völker als ausgesprochen „privat"-orientiert. Hier gilt „my home is my castle". Andere hingegen leben am liebsten auf der „Straße". Dieses Verhalten wird stark geprägt vom Verständnis der *räumlichen Distanz*, die Menschen im Verhältnis zueinander aufbauen. Ein Beispiel macht das Gesagte deutlich. Einer meiner pastoralen Kollegen kommt aus Kenia. Als wir eines Tages eine Gemeindeleitungssitzung im Haus unseres Diakonieleiters ansetzten, staunte er etwas, denn das Haus war erst kürzlich neu gebaut worden und von außen noch nicht verputzt. Ich war in diesem Haus mehrere Male und wusste, dass es innendrin ganz und gar fertig war. Das Staunen meines kenianischen Kollegen wollte kein Ende finden. „In Kenia würden wir immer erst die äußere Fassade machen. Innendrin kann das Haus noch lange halb fertig bleiben. Da lebt ja nur die Familie selbst. In Deutschland ist es anders." Recht hatte er. Während die Deutschen „im eigenen Haus" eine hohe Distanz zu ihren Mitmenschen aufweisen und deshalb relativ wenig Wert auf die Fassade legen, leben die Kenianer in der Öffentlichkeit. Da spielt das äußere Erscheinungsbild eine alles entscheidende Rolle.

Der amerikanische Anthropologe Edward T. Hall sprach in diesem Zusammenhang von „proxemics", einer Denkrichtung, die sich vor allem den räumlichen Distanzen in den Kulturen widmet. Hall machte die folgenden Unterschiede:[124]

- Intime Distanz (intimate)
- Persönliche Distanz (personal)
- Soziale Distanz (social)
- Öffentliche Distanz (public)

In unterschiedlichen Kulturen werden diese räumlichen Distanzen unterschiedlich definiert, sodass man zu unterschiedlichen Anlässen unterschiedlich nah oder fern voneinander lebt, sitzt oder kommuniziert. In russischen Ehen, beispielsweise, in einer Kultur mit einer ausgeprägten intimen Distanz, pflegen Kinder ihre Eltern zu siezen. In Deutschland dagegen gilt das Du, und in manchen Familien verschwindet sogar die obligatorische Mutter-Vater-Bezeichnung, die dann durch die Vornamen der Eltern ersetzt wird. Während sich in der türkischen Kultur der Respekt vor dem Alter immer auch durch einen deutlichen körperlichen Abstand ausdrückt, hat sich im Westen der Unterschied zwischen Alt und Jung nahezu nivelliert.

Ein aufmerksamer Beobachter wird sich die Raumvorstellungen in der beobachteten Kultur genau merken und entsprechend sein Verhalten anpassen.

6.5.4. Denken

Das Denken stellt ebenso eine universale Kategorie dar, die allen Menschen eigen ist. Doch wenn auch die Tatsache des Denkens universal zu fassen ist, so denken doch die Menschen keineswegs gleich.[125] Gerhard Maletzke nennt vier Gegensatzpaare, welche die unterschiedlichen Denkstrukturen gut beschreiben.[126]

---

124 in Maletzke 1996:61.
125 Siehe hierzu Käser 1997:169ff.
126 Ibd:63.

a. Logisch oder prälogisch. Dabei ist logisches Denken ein Denken nach vorgegebenen Regeln und Bestimmungen. Es ist analytisch-linear-rational. Prälogisches Denken dagegen ist eher assoziativ, affektiv. Im Volksmund spricht man vom „mit dem Kopf denken" (logisch) oder eher „aus dem Bauch heraus denken" (prälogisch).

b. Induktiv – deduktiv. Induktives Denken geht vom besonderen Einzelfall d.h. vom Konkreten aus und sucht dadurch zu abstrahieren, zu verallgemeinern. Induktives Denken ist eher unter den handwerklich orientierten Kulturen zu finden. Deduktives Denken geht genau in die entgegengesetzte Richtung und sucht vom Allgemeinen auf das Besondere zu schließen. Deduktives Denken ist typisch für hochzivilisierte und philosophisch oder religiös veranlagte Kulturen.

c. Abstrakt – Konkret. Abstraktes Denken sucht danach, das Konkrete in einen imaginären Zusammenhang zu stellen, während das Konkrete dazu unfähig oder unwillig ist. Abstrakt denkende Menschen orientieren sich an Theorien, konkret Denkende dagegen an Beispielen und Geschichten aus dem Leben.

d. Alphabetisch – analphabetisch. Hierbei geht es um ein Denken auf dem Hintergrund der Fähigkeit, lesen und schreiben zu können. Das Denkvermögen eines Analphabeten scheint um ein Wesentliches eingeengter zu sein als beim Schriftkundigen.

6.5.5. Sprache und nonverbale Kommunikation

Der Mensch ist Mensch, weil er/sie fähig ist zu kommunizieren. Und menschliche Kultur gibt es daher auch nur, weil Menschen sich unterhalten können. „Symbolisch-abstrakte Sprache ist eine unabdingbare Voraussetzung für den Menschen als Kulturwesen. ... ohne Sprache keine Kultur."[127] Im Sprechakt reflektiert der Mensch die Wirklichkeit, wie sie sich ihm/ihr vor dem Hintergrund der eigenen Weltanschauung stellt. Die Weltanschauung (world view) bestimmt daher den Inhalt der Sprache. Doch ist die Wirklichkeit einmal beschrieben, so beeinflusst die eben formulierte Erkenntnis ihrerseits die Weltanschauung.

---

127 Maletzke 1996:72.

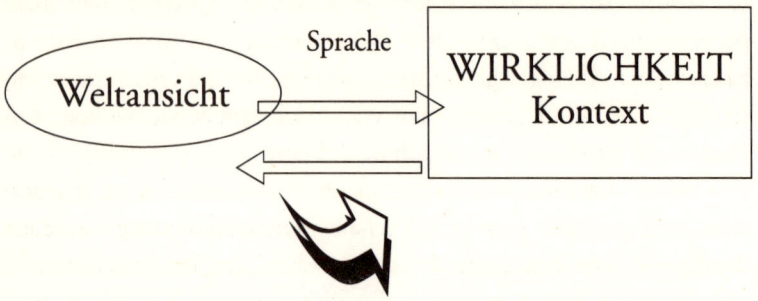

Zusammenhang zwischen Sprache und Weltsicht

Die These vom Zusammenhang zwischen Sprache und Weltsicht ist wissenschaftlich von Sapir und Whorf als die Sapir-Whorf-Hypothese beschrieben worden.[128] In multikulturellen Räumen, da, wo sich unterschiedliche Sprachen täglich begegnen und die Wahrnehmung der Wirklichkeit dank der zugrunde liegenden Weltanschauung stark variiert, findet deshalb auch ein intensiver Lernprozess statt. Kulturen in solchen Räumen entwickeln sich wie lebendige Organismen. Gerade deshalb bieten diese Räume auch die besten Chancen, neue Elemente in die Kultur zu pflanzen, Elemente, die einer biblischen Kultur des Reiches Gottes entstammen.

Menschliche Kommunikation lässt sich mit den Mitteln der Sprache allein nicht beschreiben. Die nonverbale Kommunikation schließt neben der Körpersprache eine Reihe von Verhaltensmustern und Symbolen ein, die sich nur schwer katalogisieren lassen. Für unseren Zusammenhang sind folgende Formen wichtig:[129]

• Kinesik (Körpersprache)
• Proxemik (Raum und Distanz)
• Paralinguistik

---

128 Käser 1997:180ff.
129 Siehe Maletzke 1996:76

Unter Kinesik verstehen wir die Körpersprache des Menschen: Körperhaltung, Gestik, Kopf- und Körperbewegung, Mimik, Augenkontakte. Je nach Kultur können die gleichen Körperhaltungen unterschiedliche, ja gar gegensätzliche Bedeutungen haben. Während in unserem westlichen Kulturraum die Begrüßung per Handschlag, also durch eine unmittelbare Berührung der Hände, als richtig und anständig gilt, lehnt man in vielen Kulturen Südostasiens genau diese Berührung als unanständig ab. Sucht man bei uns den Augenkontakt mit dem Gesprächspartner, so wird dieser in Afrika vielerorts tunlichst vermieden.

Proxemik beschreibt die in der Kultur gesetzten Raum- und Distanzvorstellungen (siehe die Ausführung zum Raum- und Zeitverhalten). Man spricht in diesem Zusammenhang von kontaktoffenen und kontaktscheuen Kulturen.

In der Paralinguistik wird die Art und Weise der Sprachübermittlung untersucht. Hier interessiert das **wie** des Sprachvorgangs. Ob man viel oder karg, laut oder leise, schnell oder langsam, betont oder eher „loose" redet, kann am Ende die empfangene Botschaft wesentlich verändern.

6.5.6. Verhaltensmuster

Soziales Miteinander wird im gegenseitigen Verhalten ausgedrückt. Dabei wird gelungenes Miteinander durch „richtiges" und misslungenes durch „falsches" Verhalten bestimmt. Was nun aber richtig und was falsch ist, darüber entscheiden unterschiedliche Kulturen verschieden. Geregelt wird das Verhalten durch festgelegte Normen, Sitten, Riten und Tabus. Diese schreiben jedem Mitglied einer bestimmten Kultur seine Verhaltensrolle vor. Abhängig sind die jeweiligen Normen von der Weltanschauung.

Normen und Sitten regeln dabei das soziale Miteinander, Riten das religiöse und die Tabus bestimmen die Grenzen, deren Überschreitung zum Bruch mit der Gemeinschaft führt. Alle diese Verhaltensmuster leben von Rollen, die man Mitgliedern des Kulturraumes in gegebenen Verhältnissen vorschreibt. Diese Rollen werden entlang geschlechtlicher Status- und Berufsspezifika gezogen.

In multikulturellen Räumen sorgen die unterschiedlichen Verhaltensmuster für endlose Spannungen und Konflikte. Was für die einen selbstverständlich, ja vielleicht sogar Sitte und Norm darstellt, ist für die anderen ein Tabu. Das Ergebnis einer solchen Begegnung ist vorprogrammierbar. Nichts ist daher in multikulturellen Räumen von größerer Bedeutung als Mediation.

6.5.7. Soziale Gruppierungen und Beziehungen

Soziales Miteinander im Rahmen bestimmter Kulturen wird durch gesellschaftliche Schichtung geregelt. Hier spielen gesellschaftliche Gegebenheiten wie Familie, Sippe, soziale Klasse, Kaste, soziopolitischer Status etc. eine wichtige Rolle. Während nur wenige deutsche Vereine geschlechtsspezifisch aufgebaut sind, ist das unter den Türken eher die Regel. Dafür finden sich in einer türkischen Moschee in der Regel alle Klassen wieder, während westliche, religiöse Einrichtungen oft sehr klassenspezifisch gestaltet sind. Spielt die Familie unter den Einwanderern aus Asien und Afrika die alles entscheidende Rolle in der Gestaltung des eigenen Lebens, so hat in westlichen Ländern der Individualismus längst die Rolle der Familie ersetzt durch die eigenen Interessen des Individuums.

Man kann sich nun leicht vorstellen, wie schwierig es ist, in multikulturellen Räumen gemeinsames Leben zu organisieren. Die unterschiedlichen Konditionen der jeweiligen Kultur formulieren Grenzen, deren Überschreitung mit Ausschluss aus der Gemeinschaft quittiert wird und mancherorts sogar mit Mord endet. Denken wir da nur an die Ehrenmorde unter den Muslimen.

6.6. Kulturelle Dimensionen

Kulturen sind komplexe Gebilde. Eine fremde Kultur zu verstehen ist alles andere als einfach. Wie nähert man sich einer Kultur? Wie bringt man die Unterschiede und Akzentuierungen einer Kultur auf den Punkt? Um auf diese Fragen adäquat antworten zu können, hat man in der interkulturellen Forschung die Kategorie der *kulturellen*

Dimensionen[130] oder der *Kulturtypen* eingeführt. Unter einer kulturellen Dimension versteht man ein kulturübergreifendes Querschnitt-Kriterium, das die systematische Analyse verschiedener interkultureller Situationen ermöglicht. Die Grundlagen für die Annahme kultureller Querschnitte sind von mehreren Autoren beschrieben worden.[131] Die Erforschung dieser Dimensionen sowie ihre klare Abgrenzung sind jedoch noch im Gang. Wir orientieren uns hier an den von Dahl beschriebenen Dimensionen. Er fasst in seinem Aufsatz die Erkenntnisse von Hofstede (1991 und 1998), Trompenaar und Hamden-Turner (1997) und Hall (1990) zusammen. Danach sind es die folgenden Dimensionen:

- Individualismus und Kollektivismus,
- Maskulinität und Feminität,
- Risikobereitschaft und Unsicherheitsvermeidung,
- Respekt vor sozialer Distanz,
- Partikularismus und Universalismus,
- Monochronismus und Polychronismus.

Freilich finden sich kaum Kulturen, in denen die genannten Dimensionen in Reinkultur vorhanden wären. Vielmehr werden damit eher Neigungen indiziert. Dazu kommt die Tatsache, dass alle Kulturen einem ständigen Wandel unterworfen sind. Westliche Kulturen haben sich im Laufe der letzten Jahrhunderte beispielsweise von klar kollektivistischen zu deutlich individualistischen Kulturen entwickelt. Ein ähnlicher Wandel kann auch für andere Dimensionen festgestellt werden.

6.6.1. Individualismus und Kollektivismus

In dieser Dimension geht es um die „Prioritätensetzung innerhalb der Gesellschaft auf das Individuum oder auf die Gruppe".[132] In einer individualistischen Kultur steht das Individuum im Vordergrund.

---

130 Dahl 2002:10.
131 siehe: Hofstede 1991/1998; Trompenaar 1997 in Dahl 2002.
132 Dahl 2002:11.

Der Einzelne definiert sich aus den eigenen Fähigkeiten, dem eigenen Besitz und der Stellung etc. Eine Grundhaltung, die vor allem im Westen durch die Aufklärung bestimmend ist. Dagegen sind viele Kulturen in Asien (China, Japan) oder Afrika eher kollektivistisch im Ansatz. Hier definiert sich der Einzelne aus seiner Zugehörigkeit zur Gruppe, so zum Beispiel im afrikanischen Konzept des Umbuntu. „Ich gehöre dazu, deshalb bin ich", würde der Afrikaner sagen.

Viele Erscheinungen und Begriffe der modernen Gesellschaft und Gesellschaftstheorien, die kulturelle Räume in Augenschein nehmen, lassen sich entlang dieser Kategorie besser definieren und verstehen. Ob ein Land nun demokratisch oder eher „zentral" regiert wird, ob die Wirtschaft sich „frei" vom Markt her entwickelt oder eher nach vorgedachtem „Plan", ob man in seiner Entscheidung zur Heirat allein auf eigene Gefühle oder doch auf die Meinung der Familie angewiesen ist, ob man vor allem allein oder eher in einer Großfamilie lebt und entscheidet – all das hängt davon ab, ob man in einer individualistischen oder eher kollektivistischen Kultur beheimatet ist. In ihrem Aufsatz zu den Grundfragen der interkulturellen Kommunikation zeigt Edith Slembeck anschaulich, wie diese Dimension die Kultur durchzieht und das Selbstkonzept wie auch das soziale Verhalten bestimmt.[133]

6.6.2. Maskulinität und Feminität

Diese Dimension wurde von Hofstede eingeführt, der hier geschlechtsspezifische Eigenschaften auf die Kulturen überträgt und diese danach ordnet. Für typisch feminin gelten hierbei folgende Eigenschaften: Mitgefühl, Toleranz, soziale Zuneigung sowie Sympathie für die Schwächeren. In diesen femininen Kulturen herrscht ein hohes Demokratieverständnis sowie ein Grundgefühl für Partnerschaft als Bedingung für effektives Zusammenleben. Maskuline Kulturen dagegen sind durch die „kalte Sachlichkeit" des Mannes bestimmt. Hier zählt Erfolg, Pragmatismus, Sachlichkeit. Maskuline Kulturen bevorzugen straff hierarchisch organisierte Strukturen und sind von einem Höchstmaß an Norm, Gesetz und Taburegeln bestimmt.

In Deutschland ist der Wandel von einer maskulin geprägten

133 Slembeck 1991:31f.

Kultur in Richtung feminin im Laufe der letzten Jahrzehnte augenscheinlich. Ähnliches ist auch in anderen westlichen Kulturen zu beobachten. Dagegen verfestigen sich maskuline Strukturen in islamischen Gesellschaften.

6.6.3. Risikobereitschaft und Unsicherheitsvermeidung

Eine weitere Dimension der Kultur hat mit der Bereitschaft zum Risiko zu tun. Wird das Risiko als Herausforderung oder eher als Bedrohung gesehen und empfunden? Birgt es Chancen oder eher Gefahren? Wie sich eine Kultur in dieser Frage orientiert, kann z. B. aus der Haltung der Kultur zum Neuen und bis dato Unbekannten abgelesen werden. Wird das Neue aufgenommen und wird damit experimentiert oder wird es eher abgelehnt? Ist es eine Herausforderung oder eine Bedrohung des bereits Erreichten?

Eine andere Fragestellung, welche die Bedeutung dieser Dimension deutlich macht, ist die Haltung der Menschen der betreffenden Kultur zu Titeln, offiziellen Titulierungen, akademischen Abschlüssen und Diploma. Wer darf was und wann und warum nicht? In risikobereiten Kulturen ist der Mut zum Experiment die treibende Kraft. Akademische Abschlüsse und offizielle Stellungen spielen hier eine eher untergeordnete Rolle. Dies ist ganz anders in risikoscheuen Kulturen. Hier legt man großen Wert auf die offizielle Anerkennung des Erreichten. Amerikaner sind in diesem Zusammenhang eine ausgesprochen risikoreiche Kultur. Allein der Vergleich im Häuserbau genügt, um ein Beispiel zu geben. Kein Amerikaner würde so bauen, dass sein Haus noch die nächsten 300 Jahre hält. Der Deutsche dagegen legt großen Wert auf sichere und zeitüberdauernde Lösungen.

6.6.4. Respekt vor sozialer Distanz

Diese Dimension beschreibt das Verhältnis zur Hierarchie in der Gesellschaft. Wie hat sich der Einzelne den übergeordneten Autoritäten gegenüber zu verhalten? Welchen Respekt verdient der Vorgeordnete? Die zwei Seiten dieser Haltung können mit folgenden Sätzen umschrieben werden: In den Kulturen mit geringer sozialer Distanz steht der Respekt vor der eigenen Person an erster Stelle. „Be what you want to be" ist hier nicht nur ein Ausdruck individualistischer Ansprüche, sondern auch des relativ niedrigen Respekts vor den gesellschaftlichen Hierarchien. Dies ist ganz anders in den Kulturen mit großer sozialer Distanz. Hier ist die Gesellschaft deutlich geschichtet und es bedarf enormer Anstrengung, diese Schichten zu wechseln. Der Leitsatz hier heißt: „Be what you ought to be."

6.6.5. Partikularismus und Universalismus

In dieser Dimension, von Trompenaar eingeführt, geht es um die Frage, ob kulturelle Werte partikulär, also nur für eine gewisse Situation gültig, oder universal, also allgemeingültig gedacht werden. Ist das, was ich glaube und schaffe, für alle und überall gut und wertvoll oder eben nur für mich und meinen eingegrenzten Kontext? In einer universalistischen Kultur des deutschen Reiches glaubte man noch, dass am deutschen Wesen die Welt genesen würde. Wir haben uns getäuscht. Die Amerikaner sind von nichts mehr überzeugt als von ihrer Art kapitalistischer Demokratie, die sie notfalls auch mit militärischer Gewalt durchzusetzen bereit sind, wie im Irak geschehen. Der Universalismus der Amerikaner ist größtenteils für den amerikanischen Imperialismus verantwortlich.

Andere dagegen beanspruchen eigene Lösungen, die für ihr Land und Volk jetzt und hier von Bedeutung sind, auch wenn diese von der wie auch immer gestalteten Universalnorm abweichen. In multikulturellen Räumen werden universalistisch gestaltete Kulturen immer versuchen, die Leitkultur zu stellen. Das Ergebnis ist jedoch in der Regel eine zunehmende Abneigung der anderen dieser Kultur gegenüber.

6.6.6. Monochronismus und Polychronismus

In dieser Dimension geht es um Zeit, Zeitempfinden und Zeitverständnis. In polychronen Kulturen spielt Zeit eine eher untergeordnete Rolle. Zeit und zeitbedingte Abläufe werden nicht systematisch geordnet. Verabredungen zu einer bestimmten Zeit werden nur selten eingehalten und das Zuspätkommen wird nicht problematisiert.

Ganz anders in monochronen Kulturen. Hier wird Zeit systematisch geordnet. Zeitbedingte Prozesse laufen strikt geordnet ab. Die Einhaltung von Terminen ist Pflicht.

6.7. Vielfalt der kulturellen Modelle

Kulturelle Dimensionen teilen Kulturen nicht in klare abgegrenzte Lager, sondern schaffen eine Vielfalt von unterschiedlichen Modellen. Kulturtypen in „Rein-Kultur" existieren nicht. So kann die amerikanische Kultur als individualistisch, feminin, monochronistisch, risikobereit und universalistisch beschrieben werden. Die Deutschen dagegen gelten ebenso als individualistisch, maskulin-feminin, monochronistisch, aber dafür partikularistisch, risikoscheu und mit einer hohen sozialen Distanz. Schweden dagegen ist wieder mehr feminin und risikobereit. Dazu kommt der ständige Kulturwandel. Gerade in multikulturellen Räumen finden immer wieder Entwicklungen statt, die die eine oder andere Kultur zur Änderung ihrer Postulate zwingt. Solche Prozesse werden nicht bewusst vollzogen. Sie finden über Zeiträume und Generationen hinweg statt. Inwieweit ein Kulturparadigma sich im Wandel befindet, kann man am besten an den innerkulturellen Konflikten und Spannungen ablesen. Nicht selten entfalten sich diese Spannungen entlang der Generationsgrenzen. Wenn die Väter ihre Kinder und die Kinder ihre Väter nur noch bedingt verstehen, dann kündigt sich ein wesentlicher Kulturwandel an.

6.8. Kultur und Gesellschaft

Kultur und Gesellschaft sind nicht das Gleiche. Während Kulturen Strategien zur Daseinsbewältigung darstellen, stellen Gesellschaften Gruppen von interagierenden Organismen dar.[134] Doch so unterschiedlich Kulturen und Gesellschaften sind – sie sind unweigerlich miteinander verknüpft, weil wir Kulturen gesellschaftlich weiterleiten. Kulturen sind niemals Produkte einzelner Individuen, sondern kollektive Ergebnisse. Kulturen entwickeln sich in der Gesellschaft.

134 Lutzbetak 1970:111.

Sie sind von ihrem Wesen her kollektiv angelegt, weil Menschen miteinander aus- und weiterzukommen haben.[135]

Die Unterscheidung von Kultur und Gesellschaft ist insofern hilfreich, weil dadurch über den gesellschaftlichen Wandel auch kulturelle Adaption und interkulturelles Miteinander möglich wird. Eine
Tatsache, die auch für den multikulturellen Gemeindebau nicht unwesentlich ist. Nur so kann die religiöse, multikulturelle Gemeinschaft eine einheitliche soziale und damit gesellschaftliche Gestalt
haben und damit trotz aller kultureller Unterschiede eine universale
Botschaft verkündigen.

6.9. Ethnogenese

Menschen werden in diese Welt ohne Kultur geboren. Kultur wird
angelernt. Dieser Lernprozess wird in der Kulturanthropologie *Enkulturation* genannt. In der Regel ist der Prozess der Enkulturation
ein unbewusster Prozess. Das Kind lernt informell und formell, das
eigene Leben zu meistern. Die vom Kontext, in dem das Kind auf-
wächst, vorgegebenen kulturellen Rahmenbedingungen fallen hier
nicht so ins Gewicht. Der englische Anthropologe Nigel Barley ver-
gleicht unsere kulturelle Sozialisation mit den Füßen. Er schreibt:

> „Wir sehen sie nicht, weil sie genau unter unserem Bierbauch sind
> und wir gewohnt sind, die Welt ohne sie zu betrachten. Wenn wir
> sie überhaupt wahrnehmen, sehen wir sie als Teil der Welt. Die
> Kultur der anderen indes ist, wie die Füße unter ihren Bierbäu-
> chen, offenkundig und bietet sich für unvoreingenommene und
> langwierige Forschungen und Vergleiche an."[136]

Einen Teil des Enkulturationsprozesses nennen wir Sozialisation.
Hier lernt der junge Mensch die vorgegebenen Normen und Regeln
des gesellschaftlichen Zusammenlebens. Jedes Volk hat seine Wege,

135 Vivelo 1981:50ff.
136 Nigel Barley: *Traurige Insulaner. Als Ethnologe bei den Engländern.* Stuttgart
    1999, S. 9.

wie man den Kindern entsprechende Normen nahebringt. John und Beatrice Whiting untersuchten bereits Anfang der 1950er Jahre die Sozialisierungswege in unterschiedlichen Kulturen. Dabei fiel ihnen auf, dass die Sozialisierung innerhalb einer Kultur in der Regel nach dem gleichen und innerhalb verschiedener Kulturen nach unterschiedlichen Mustern verläuft. Sie untersuchten die Gusii in Kenia, die Rajputs in Indien, Einwohner des Dorfes Taira auf Okinawa in Japan, die Tarong auf den Philippinen, die Mixteca in Zentralmexiko und eine Gemeinschaft in Neuengland in den USA, die sie Orchardtown nannten.[137]

Die Ergebnisse dieser Studie sind überaus interessant. Wie unterschiedlich die Sozialisation der Kinder in diesen Kulturen betrieben wurde, zeigt der Vergleich der Ausübung elterlicher Kontrolle über die Kinder. Die Gusii kontrollierten ihre Kinder vor allem durch Androhung körperlicher Strafe. Dagegen benutzten die Taira vor allem Lob und den Verzicht auf Lob, um die Kinder zu kontrollieren. Wiederum die Tarong necken und ängstigen die Kinder, um sie so unter Kontrolle zu halten.

Schreit ein Baby in einer klassischen nordamerikanischen Familie, so wird es auf den Arm genommen. Die Navaho-Indianer dagegen tragen das schreiende Kind aus dem Raum. Es wird erst hereingeholt, wenn es aufgehört hat zu schreien.

Kulturen sind mehrschichtige Erscheinungen. Wir lernen sie von außen nach innen kennen. Beginnend mit den materiellen Objektivationen einer Kultur, über soziale Normen und Verhaltenskonditionen, hin zu der Weltanschauung und schließlich den Glaubensvorstellungen.

Und so lernen auch Kinder. Sie beginnen ihren Prozess der Enkulturation mit der Beobachtung der Dinge, die eine Kultur hat, lernen dann die Verhaltensnormen kennen und übernehmen schließlich ein Denk- und Glaubenssystem. Die letzteren werden selten hinterfragt. Sie gelten einfach.

Unser Denk- und Glaubenssystem entsteht in der Regel im Zusammenspiel zwischen drei wesentlichen Kategorien: in der Erfah-

137 Siehe dazu: http://www.yale.edu/hraf/other.htm.

rung des Menschen (Geschichte), der Erfahrung der Natur (Natur) und der Erfahrung des Unerklärlichen (Transzendenz).

Robert Redfield, der sich seit den 1950er Jahren intensiv mit den Weltanschauungen der Menschen auseinandergesetzt hat, unterscheidet zwischen indogenen und metropolitanen Weltanschauungen. Indogene Weltanschauungen sind viel stärker von der Beziehung des Menschen zu seiner Umwelt, der Natur und dem Unerklärlichen, Übernatürlichen geprägt. Weltanschauungen bestimmen die Werte einer Gesellschaft.

Historisch gesehen war der Mensch immer gezwungen, sich den Gegebenheiten des Lebens anzupassen. Seine Kultur entwickelte sich aus den Bedingungen der Zeit, sicher nicht ohne die Erfahrungen weiter zu tradieren. Kulturen sind im Prinzip kumulativer Natur. Hier verfestigen sich Erfahrungen von Generationen zu jenem kulturellen Gebilde, das nun wesentlich das Denken und Handeln der Menschen im jeweiligen Lebensraum bestimmt.

Es wäre allerdings falsch zu glauben, dass die kumulative Natur der Kultur auch eine genetische Übertragung möglich macht. Alles, was wir heute wissen, spricht dafür, dass Kulturen non-instinktiv, d.h. nicht vordeterminiert sind. Niemand wird in eine gewisse Kultur hineingeboren. Vielmehr werden Kulturen anerzogen. Freilich entsteht bei jeder Erziehung auch immer ein existenzielles Plus an Neuerung, was eine Weiterentwicklung der Kultur ermöglicht. Ethnien entstehen durch politische, soziale und ökonomische Faktoren. Werden einer Gruppe von Menschen Zugang und Mitarbeit in der Gesellschaft auf Dauer verwehrt oder wird ihnen eine bestimmte Rolle zugewiesen, so entwickeln sich mit der Zeit jene Merkmale, die eine Ethnie auszeichnen. Besonders stark hat diesen Prozess der von Europa ausgehende Kolonialismus im 18. bis 19. Jahrhundert gefördert. Die kolonialen Mächte entschieden zum Teil recht willkürlich, wer zu welcher Ethnie dazugehörte. Das Ergebnis sind auf der einen Seite die immer wieder aufflackernden Konflikte in den ehemaligen kolonialen Territorien, auf der anderen aber auch eine zunehmende nationale Identität von Menschen unterschiedlicher Herkunft. Man kann den Prozess der Kulturgenese in manchen Ländern fast mit den Händen greifen.

6.10. Kulturen befinden sich im Wandel

6,5 Milliarden Menschen leben heute auf der Erde. Die Weltbevölke-
rung teilt sich hierbei wie folgt auf:[138]

GEOGRAFISCHE REGION	POPULATION	PROZENT von der Gesamtbevölkerung
Asien	3.518.000.000	56,4%
Afrika	839.000.000	13,5%
Europa	803.000.000	12,9%
Lateinamerika und Karibik	539.000.000	8,7%
Nordamerika	320.000.000	5,1%
Naher Osten	179.000.000	2,9%
Ozeanien	32.000.000	0,5%

Wie viele Ethnien es in der Welt gibt, weiß man nicht genau. Man
geht davon aus, dass heute 5000 – 6000 Sprachen gesprochen werden. Aber unterschiedliche Ethnien können die gleiche Sprache sprechen und doch kulturell zu ganz unterschiedlichen Räumen gehören.
Das sieht man vor allem an der Verbreitung der englischen Sprache.

Die Bewältigung des Lebensalltags im ständigen Vergleich zwischen der anerzogenen Kultur und der Herausforderung des Kontextes führt zu jenem Wandlungsprozess in den Kulturen, der für Veränderung und Erneuerung der Kultur verantwortlich ist. Gerade in
einer globalen Welt, wie sie heute existiert, ist eine völlig isolierte
Kultur kaum noch denkbar. Alle Kulturen verändern sich im Laufe
der Zeit, verursacht durch den sozialen und wirtschaftlichen Fortschritt. Eine wesentliche Rolle spielen auch die äußeren Bedingungen, in denen die Ethnogenese passiert. Sie können politische Ereignisse einer Kultur von Grund auf verändern.

---

138 *Global Population Profile: 2002*, U.S. Census Bureau 2004.

6.10.1. Kulturverändernde Kräfte

Allgemein gesprochen sind es drei Arten von Kräften, die an der Genese einer Kultur arbeiten: (a) Kräfte, die in der Gesellschaft selbst Wandel fördern, (b) Kontakte mit anderen Kulturen, (c) Veränderungen in der geopolitischen Landschaft.

Selbsterneuerungskräfte einer Kultur. Menschen akkumulieren Wissen durch Erfahrung und Weitergabe dieser Erfahrung an die nächste Generation. Neue Erfahrungen verlangen nach einer neuen Sprache und ist diese Sprache einmal gefunden, so legt sie die Erfahrung als Allgemeingut der Kultur fest. Auf diese Weise wird Fortschritt begründet.

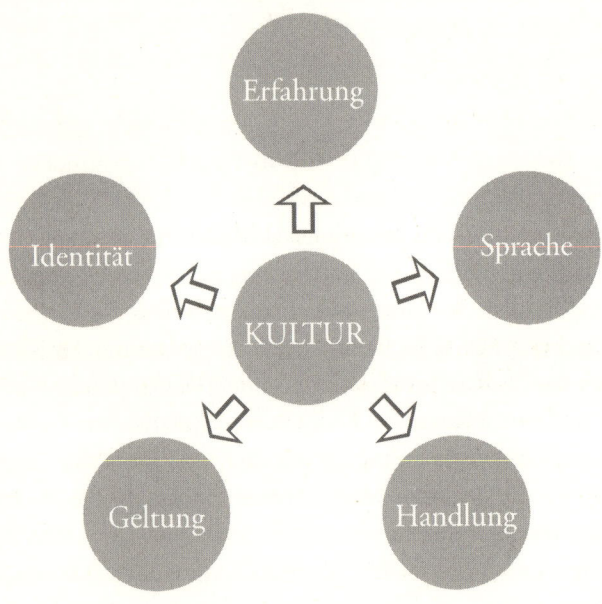

Selbsterneuerungskräfte einer Kultur

Begegnung mit einer anderen Kultur. Die Begegnung zwischen zwei Kulturen resultiert in der Regel in einer fruchtbaren Übernahme kultureller Eigenschaften. Dieser Prozess setzt drei Schritte voraus: (a) Diffusion, (b) Akkulturation, (c) Transkulturation.

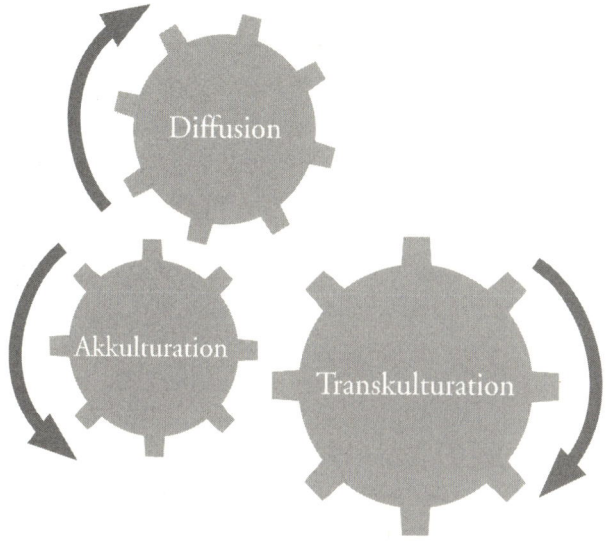

Kulturgestaltung durch interkulturelle Begegnung

Diffusion beschreibt den Transfer kultureller Werte, ohne jedoch die Bedeutung dieser Werte zu übernehmen. So wurden in der Sowjetunion nach der Öffnung des Landes McDonalds-Restaurants gebaut. Die dort angebotene Speise fand reißenden Absatz, aber nicht als Fast Food wie im Westen, sondern als westlicher Luxusartikel.

Erreicht die Diffusion eine kritische Durchdringung der Gastkultur, übernimmt die Kultur nicht nur die Werte, sondern macht sich auch die Bedeutung des Wertes zu eigen. Oft werden damit andere Vorstellungen verdrängt. Klassisch kann man dies z.B. an der Einführung westlicher Kleidung in China beobachten.

Umzug in eine andere Kultur. Kultureller Wandel geschieht auch durch Umzug und Migration. Der Prozess der kulturellen Anpassung wird in diesem Fall Transkulturation genannt. Der Begriff beschreibt die Anpassung eines Individuums an die Gegebenheiten einer Gastgeberkultur. Hierbei unterscheiden wir folgende Phasen:

a. Neugierde und Ablehnung des Fremden. Umzüge werden immer durch Faktoren motiviert, die das Gastland so oder anders interessant und für den Migranten bedeutsam machen. Der eine flieht aus seiner Heimat aus politischen oder wirtschaftlichen Gründen. Der andere zieht um, weil die globale Wirtschaft seinen Umzug erzwingt, der dritte heiratet und entscheidet sich dafür, in das Land seines Partners zu ziehen. Wie auch immer motiviert, der Umzug wird grundsätzlich von Neugierde begleitet werden. Die neue Welt zieht magisch an. Ist der Umzug einmal vollzogen, überwiegt schon bald das Fremde. Die neue Welt entpuppt sich als ganz anders. Vieles in dieser Welt scheint wenig Sinn zu machen und so folgt zunächst eine innere Ablehnung. Man spricht an dieser Stelle auch vom Kulturschock. Wird die Ablehnung zu groß, dann ist der Rückzug aus der neuen Welt unvermeidbar. Wenn aber die Rückkehr in die Heimat nicht möglich ist und der Umzug in ein drittes Land verwehrt bleibt, dann geht der Betroffene in die innere Migration, oft begleitet durch psychische Erkrankung und Depression.

b. Integration und Übernahme öffentlicher Rituale. Gelingt das Einleben in der neuen Welt, dann beginnt ein langsamer Weg der Integration. Und dieser wiederum setzt mit der Übernahme öffentlicher Rituale an. Hat man zu Hause beispielsweise nie in der Gemeinschaft mit Frauen bzw. Männern gegessen, so kann man sich diesen „Luxus" in der öffentlichen Kantine des Betriebs, in dem man Arbeit gefunden hat, nicht auf Dauer leisten. Also setzt man sich früher oder später zu den Kollegen. Hat man in der Heimat keinen Zugang zu den Medien gehabt, so zieht bald Fernsehen und Internet in die gute Stube. Es sind zunächst die materiellen Werte, die übernommen werden. Dann ändern sich die sozialen Normen, dann das Denken und schließlich ziehen auch neue Glaubensvorstellungen ins Leben des Integrationswilligen.

c. Assimilierung in die Leitkultur oder Genese einer Drittkultur.

Jetzt ist der Fremde in der neuen Heimat angekommen. Die Voraussetzungen zur Assimilierung in die Kultur der Einheimischen sind gegeben. Aber genauso gut ist auch die Entstehung einer neuen, einer dritten Kultur möglich, die einen *modus vivendi* für das Zusammenleben mit der Kultur der Einheimischen gefunden hat. In dieser dritten Kultur werden Elemente der Heimat und Elemente der neuen Heimat vorzufinden sein. In diesem Fall spricht man dann von den deutschen Türken oder den Russlanddeutschen. Sie alle sind in Deutschland angekommen, obwohl sie immer noch zu einer gewissen Diaspora gehören, die sich eine neue Parallelwelt zu der Leitkultur des Landes aufgebaut hat.

Kulturwandel setzt also interkulturelle Kommunikation voraus und interkulturelle Kommunikation die Begegnung. Kommunizieren können nur Menschen, die sich auf die Fremden und ihre fremde Kultur einlassen. Interkulturelle Begegnung, die diese Bezeichnung verdient, setzt gewisse Kompetenzen voraus. Als solche sind folgende Haltungen und Grundfertigkeiten zu benennen:

a. Neugierde und Toleranz. Man wird den Fremden und seine Welt grundsätzlich bejahen müssen, wenn das Gespräch mit ihm zustande kommen soll.
b. Soziale Kompetenz. Man wird soziale Umgangsregeln beherzigen müssen, wenn das Gespräch mit dem Fremden nicht abreißen und schließlich zum sinnvollen Miteinander führen soll.
c. Kulturbewusstsein. Man wird Kulturen an sich verstehen, ihre Grenzen und Besonderheiten, ihre Andersartigkeit und Schönheit schätzen lernen, wenn man interkulturell kommunizieren will.
d. Kenntnis interkultureller Kommunikationsprobleme/Sachkompetenz. Man wird sich Fachkenntnis über die Besonderheiten der Kommunikation mit dem Fremden erwerben.
e. Sprachfähigkeit. Und schließlich wird man eine gemeinsame Sprache finden müssen. Das kann eine dritte Sprache sein. Auf jeden Fall muss deutlich werden, dass man sich um eine Verständigung bemüht.

Natürlich wird die interkulturelle Begegnung von Missverständnissen und Fehlinterpretationen geprägt sein. Das ist kaum zu vermeiden. Das schafft Spannungen und Konflikte. Aber auch mit diesen Spannungen lernt man umzugehen.

6.10.2. Akkulturation

Erst durch die Anpassung des Gastes an die kulturellen Gegebenheiten der fremden Kultur kann eine Begegnung stattfinden und die Pathologie kommunikativen Handelns vermieden werden. Eine solche Anpassung nennt man Akkulturation.

Akkulturation verläuft gewöhnlich in Phasen. Unterschiedliche Modelle sind hierzu vorgestellt worden.[139]

Für unseren Zusammenhang nennen wir folgende 6 Schritte:

1. Faszination
2. Distanz
3. Ablehnung
4. Bewusstes Verstehen
5. Integration
6. Anpassung

Der Mensch durchlebt im Laufe des Prozesses der Akkulturation starke Gefühlsschwankungen, die von einer totalen Euphorie bis zu einer totalen Ablehnung der Gastkultur reichen können. Dabei verursacht die erste Begegnung mit einer neuen Kultur oft Freude, ja touristische Euphorie und Neugier. Man findet alles gut und man würde am liebsten auch alles so machen, wie diese neuen Freunde es tun. Doch es dauert nicht lange und es fallen einem immer mehr Merkwürdigkeiten auf. Langsam zieht ein Befremden ein und man geht zunehmend auf Distanz. Am Fuße dieser Talfahrt der Gefühle erlebt man einen regelrechten Schock, den sogenannten Kulturschock. Der Kulturschock wird begleitet von Gefühlen der Angst, Hilflosigkeit und Feindseligkeit. Auch körperliche Beschwerden können auftreten. Nur langsam lernt man, zu differenzieren und unter den neuen Bedingungen zu le-

---

139 Maletzke 1996:161ff.

ben. Erst jetzt erfolgt die Anpassung auf ein stabiles Niveau, welches mehr oder weniger angenehm sein kann.

6.10.3. Kulturschock

Der Kulturschock, eine physische und emotionale Erfahrung des Unbehagens, ist in der interkulturellen Begegnung unausweichlich. Normalerweise setzt ein solches Unbehagen, begleitet vom Gefühl, jegliche Orientierung verloren zu haben, einige Wochen oder Monate nach dem Eintritt in die fremde Kultur ein. Ausgelöst wird der Kulturschock durch den Verlust des in der eigenen Kultur erlernten Orientierungssystems. Dieses System wird von klein auf gelernt und besteht aus kultureigenen Regeln und Normen, die dem einzelnen Menschen helfen, seinen Alltag zu bewältigen. Wenn der Mensch in seiner Heimatkultur „funktioniert", gilt die Sozialisation als geglückt.[140] Wird der Mensch mit einer fremden Kultur konfrontiert, die ein anderes Orientierungssystem aufweist, kommt es unwillkürlich zu Spannungen, Missverständnissen und potenziellen Konflikten. Und je weniger der Betroffene auf diesen Kulturkonflikt vorbereitet ist, desto tiefer fällt er in ein emotionales Loch. Kurz gesagt: Der Kulturschock ist also als „... *das Auftreten beliebiger Anpassungsschwierigkeiten in einer fremden Kultur ...*" zu verstehen. Lewis schreibt dazu: „Der Kulturschock wird ausgelöst durch das Fehlen bestimmter Indikatoren, die dem Betroffenen sagen, wie er sich zu benehmen hat."[141] Ein Kulturschock ist demnach die Folge des eigenen Unvermögens, den Handlungen der anderen Sinn zu verleihen und eigene Handlungen den anderen als sinnvoll erscheinen zu lassen.

Der Erfinder des Begriffes, der amerikanische Anthropologe Kalvero Oberg, verstand unter Kulturschock sowohl den emotionalen Absturz aus der Begeisterung für das Fremde in das Gefühl, in dieser Fremde völlig fehl am Platz zu sein, als auch den gesamten Prozess der Kulturkrise. „Schock" ist dabei nur eine illustrative Sammelbe-

---

140 Siehe die hilfreiche Darstellung in: http://www.munich-business-school.de/
   intercultural/index.php/Kulturschock_Reintegration_und_Re-Entry-Kul-
   turschock.
141 Lewis 1996:197.

zeichnung für eine ganze Reihe psychischer Reaktionen. Wagner listet folgende Reaktionen auf:[142]

1. **Stress** aufgrund der Belastung, die notwendigen psychischen Anpassungsleistungen zu erbringen
2. **Ein Gefühl des Verlustes** in Bezug auf Freunde, Status, Beruf und Besitztümer
3. Ein **Gefühl der Ablehnung,** weil man sich von Mitgliedern der neuen Kultur abgelehnt fühlt oder diese selbst ablehnt
4. **Verwirrung** über die eigene Rolle, über die Rollenerwartungen anderer, über Werte, über die eigenen Gefühle und die eigene Identität
5. **Überraschung, Angst und Empörung**, wenn man sich des vollen Ausmaßes der kulturellen Unterschiede bewusst wird
6. **Ohnmachtsgefühl**, weil man meint, mit der neuen Umgebung nicht zurechtzukommen.

Diese und ähnliche Symptome können zu unterschiedlichen Zeiten der Begegnung zwischen den Kulturen auftreten. Und es sind schmerzliche Erfahrungen. Auf der anderen Seite bieten sie dem Betroffenen auch die Chance, über sein eigenes Leben neu nachzudenken. Menschen im Kulturschock sind offen für eine grundsätzliche Neuorientierung. Eine für den Gemeindebau überaus günstige Situation.

Kulturschocks können unterschiedlich lang dauern. Ist jemand auf diese Erfahrung vorbereitet, dann wird man bereits nach wenigen Wochen wieder normal funktionieren. Aber die Erfahrung kann auch ein Jahr und länger dauern. In manchen Fällen gelingt die Integration in die neue Kultur gar nicht. Die Folge ist die Rückkehr ins Heimatland oder chronische Depression.

Kulturschocks verlaufen in Phasen. Diese können je nach Vorbereitungsstand und Verfassung des Betroffenen von unterschiedlicher Dauer sein. Zu unterscheiden sind fünf solcher Phasen:

---

142 Wagner 1999:13f.

- Inkubation
- Desorientierung
- Studium des Fremden
- Neuorientierung
- Re-Entry-Schock

In der Phase der Inkubation nimmt der Betroffene die Fremdartigkeit der Kultur euphorisch auf. Man hat diese Phase auch die „Honeymoon"-Phase genannt. Alles ist neu, alles interessant, alles zieht an.

Doch schon bald stellen sich erste Probleme ein. Man versteht die anderen nicht und fühlt sich oft missverstanden. Die neue Umgebung, die noch vor Kurzem faszinierte und begeisterte, wirkt auf einmal fremd und bedrohlich. Nichts scheint mehr zu gelingen, man fühlt sich verloren und desorientiert. Die Desorientierung „schlägt auf den Magen" und der Mensch kann krank werden. Das Ergebnis ist Enttäuschung und Frustration. An dieser Stelle wird der Betroffene entweder aus der interkulturellen Begegnung aussteigen oder beginnen, bewusst an seiner Akkulturation zu arbeiten.

Hat man sich für den Einstieg in die Akkulturation entschieden, dann beginnt man mit der intensiven Beobachtung der fremden Kultur. Man will diese verstehen können. Und tatsächlich, langsam beginnt man „einiges zu verstehen". Und damit werden die ersten Elemente eines neuen Orientierungssystems gewonnen. Je intensiver der Betroffene an diesem System arbeitet, desto deutlicher wird ihm die kulturelle Anpassung gelingen.

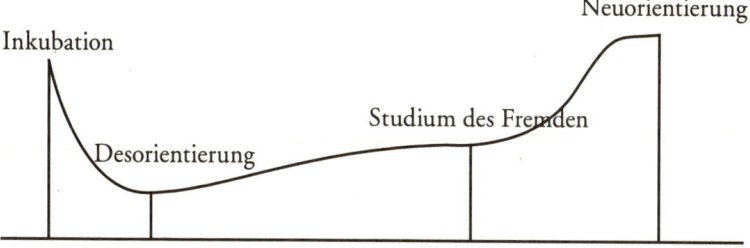

Prozess der Kulturanpassung

Kulturschocks sind in interkulturellen Begegnungen unvermeidbar. Im multikulturellen Gemeindebau sind sie Alltag. Es ist für die Betroffenen wichtig, Strategien zu entwickeln, die ihnen helfen werden, mit den Schockerscheinungen umzugehen. Solche Strategien können folgende Überlegungen und Einstellungen miteinschließen:

1. Kultur-Grenzgänger sollten **über die Schwierigkeiten der kulturellen Anpassung wissen.** Der Prozess der Akkulturation kommt nie ohne Konfusion, Frustration und Desorientierung aus.

2. Kulturelle Anpassung ist ein Lernprozess und man lernt immer nur durch die **Beobachtung der sich so unverständlich darstellenden Zusammenhänge** und des Verhaltens. Will man auf Dauer im neuen Kulturraum bestehen, so wird es wenig helfen, das Neue und Fremde abzulehnen oder sich dagegen zu verschließen. Vielmehr sollte man jedes Gesprächsangebot und jede Verständigungshilfe annehmen. Hier kann eine Gemeinde vor Ort enorme Hilfe leisten.

3. Kulturschocks entstehen in Stresssituationen. Verfügt ein Mensch über keine oder nur geringe **Stressbewältigungsmechanismen**, sind auch Chancen eines schmerzlich verlaufenden Kulturschocks groß. Auch hier kann die Gemeinde den Kulturgrenzgängern Hilfen zum Stressabbau anbieten.

4. Kultur lernt man nicht nur durch Beobachtung, sondern durch das **Erproben der neu gelernten Verhaltensweisen.** Das setzt das Vorhandensein stressfreier Räume zum Experimentieren voraus. Wenn man weiß, dass man Fehler machen darf, dann wird man vor den Fehlern auch nicht zurückschrecken.

5. Kultur setzt Lernen voraus und Lernen verlangt Mühe. Mühe nimmt man dann gerne auf sich, wenn man ein Ziel vor Augen hat. Wer weiß, wozu er die Mühe der kulturellen Anpassung auf sich genommen hat, wer also **zielorientiert lebt**, dem wird es leichterfallen, durch die Mühlen des Kulturschocks zu schreiten. Je weniger das Leben des Menschen an sich Sinn macht, desto schwieriger ist der Prozess der Akkulturation.

6. Lernende brauchen Ermutigung und Lernerfolge. Wer keinen Fortschritt in seinen Bemühungen erkennt, verliert schnell den Mut. Wer aber immer wieder dazu ermutigt wird, auch den nur geringen Fortschritt zu sehen, kommt bald weiter.

Im 21. Jahrhundert sind alle Kulturen den Einflüssen der Globalisierung unterworfen. Veränderung findet heute schneller statt, oft auch ohne Rücksicht auf Verluste. Kulturanalysen im Interesse des multikulturellen Gemeindebaus müssen den Prozess des kulturellen Wandels abbilden. Nur so wird man betroffenen Menschen effektiv helfen können.

6.11. Kulturbewusstsein und kulturelle Kompetenz

Die breite Masse der Menschen ist sich ihrer Kulturabhängigkeit nicht bewusst und kennt die eigene Kultur nicht. Gefragt, warum sie sich in bestimmten Situationen so und nicht anders verhalten, antworten sie in der Regel: „Bei uns macht man das eben so ..." Je weniger man sich der eigenen Kultur bewusst ist, desto stärker neigt man dazu, die Rahmenbedingungen der eigenen Kultur zu verabsolutieren. Eine solche Grundhaltung nennen wir Ethnozentrismus.

Ethnozentrische Bevölkerungsschichten tendieren zu einer eher intoleranten Grundhaltung allem Fremden gegenüber. Alle Kulturen sind aber relativ. Sie sind im Kontext entstanden. Wer multikulturelle Gemeindearbeit betreibt, sollte daher immer die Kulturrelativität der eigenen Anschauungen im Blick haben. In der Kulturanthropologie spricht man an dieser Stelle vom **cultural relativity approach**, einem Ansatz, der zunächst einmal allen Kulturen gleich entgegentritt und jede ethnozentrische Haltung ablegt.[143] Wie sonst würde man beispielsweise als Missionar die Schönheit und zum Teil auch enorme Tiefe der Beziehung zwischen Mann und Frau in einem Massaistamm in Kenia erkennen? Zu fremd- und andersartig erscheint diese einem westlichen Betrachter. Das Prinzip der Kulturre-

143 Käser 1997:259.

lativität ermöglicht es dem Missionar und Gemeindebauer jedoch, vorurteilsfrei in die Fremdartigkeit einer Kultur zu blicken.

Freilich nutzt ein solcher Ansatz nur dann, wenn man sich seiner eigenen Kultur bewusst ist. Man kann die fremde Kultur nicht wirklich kritisch bewerten, wenn man die eigene nicht kennt. Ein Zugang, die eigene Kultur näher kennenzulernen und beschreiben zu können, bietet der Versuch, sich einmal über die Dinge Gedanken zu machen, die in der eigenen Kultur erlaubt und anderswo verboten sind. Kulturen definieren ja Regeln, Benimm- und Verhaltensregeln. Sie machen klar, was man als Mann oder Frau, Jugendlicher oder Erwachsener, Gebildeter oder Ungebildeter darf oder auch nicht darf. Kennt man diese Regeln nicht, so steht man in der Gefahr, sich inadäquat zu verhalten, was gegebenenfalls zu enormen Problemen – und in der missionarischen Situation zu notorischem Misserfolg führen kann.

7 Kulturen studieren

7.1. Ohne Kulturanalyse kein multikultureller Gemeindebau

Kulturen sind komplexe Erscheinungen. Entsprechend komplex erweist sich auch die Kulturanalyse. Manch ein Gemeindebauer mag allein deshalb von der Möglichkeit des multikulturellen Gemeindebaus absehen, weil er oder sie sich davor scheut, sich Zugang zu den Menschen anderer Kulturen zu verschaffen. Und in der Tat, multikultureller Gemeindebau kommt ohne eine solche Analyse nicht aus. Multikultureller Gemeindebau ist kontextueller Gemeindebau und dieser setzt eine möglichst genaue Kenntnis des Kontextes voraus. Es macht deshalb Sinn, sich mit der Methodik der Erfassung eines bestimmten kulturellen Raumes näher zu beschäftigen. Wie werden Kulturen studiert? Kann eine solche Aufgabe auch von relativ ungeübten Gemeindeleuten geleistet werden? Und wenn ja, wie? Im folgenden Kapitel wird diesen Fragen nachgegangen.

7.2. Wie können wir Kulturen studieren?

7.2.1. Die Methode – Teilnehmende Beobachtung

In der Kulturanthropologie werden Kulturen empirisch im Kontext der jeweiligen Kultur studiert. Man spricht in diesem Zusammenhang auch von Ethnografie. Um Kulturen besser zu verstehen, werden unterschiedliche Kulturen miteinander verglichen und entsprechende Gemeinsamkeiten bzw. Divergenzen festgestellt. Ein solches Verfahren nennen wir Ethnologie. Die Ethnologie baut somit auf der Arbeit der Ethnografie auf.[144] Und in der Missiologie bedienen wir uns dieser Instrumente, um die Kultur zu verstehen. Das wichtigste dieser Verfahren ist die *Teilnehmende Beobachtung.*[145]

---

144 Zum Begriff und zur Arbeitsweise der Ethnologie sowie der Unterscheidung zwischen Ethnologie und anverwandten Disziplinen siehe Thiel 1983:2-16.
145 Zur Methode und ihren Vorteilen und Grenzen siehe Käser 1997:288-302.

Teilnehmende Beobachtung (TB) ist eine Methode der Datenerfassung. Sie findet immer im unmittelbar zu untersuchenden Kontext statt, sie ist praxisnah und kann relativ einfach in den Alltag integriert werden. Bei dieser Methode nimmt der Beobachter direkt am zu beobachtenden Akt teil. Seine Wahrnehmungen werden schriftlich festgehalten und entsprechend kommentiert. Die bewusste Selektion der zu beobachtenden Situationen und die anschließende kritische Auswertung machen das Besondere der *Teilnehmenden Beobachtung* aus. Ohne ein solches Verfahren wäre die Alltagsbeobachtung wissenschaftlich nur bedingt verwertbar. Mittels der *Teilnehmenden Beobachtung* können die Besonderheiten einer Kultur erfasst und die besonderen Schwächen und Stärken in der kulturellen Gruppe benannt werden.

Welche Voraussetzungen sollte der Beobachter mitbringen, wenn er sich der *Teilnehmenden Beobachtung* als Instrument der Kulturanalyse bedienen will? Zwei Voraussetzungen spielen eine entscheidende Bedeutung:

1. Genügend Zeit für die Vorbereitung, Durchführung und Auswertung der Beobachtung.
2. Bei Einsatz der Methode in privaten oder semi-öffentlichen Räumen muss ggf. vorher die Genehmigung eingeholt werden. Die Menschen sollten wissen, dass wir sie kennenlernen wollen. Und man sollte möglichst als Gruppe an die Erforschung gehen. Mehrere Beobachter werden die Situation aus unterschiedlichen Blickwinkeln beobachten und so kann ein recht umfassendes Bild entstehen.

Damit erweist sich das Instrument der *Teilnehmenden Beobachtung* auch für den recht ungeübten Gemeindegründer oder das Gemeindeaufbauteam als ein überaus probates Mittel, sich der Kultur der Zielgruppe zu nähern.

Wie wird eine *Teilnehmende Beobachtung* (TB) durchgeführt? Vier Schritte sind wichtig:

1. Wer eine Gruppe teilnehmend beobachten will, der sollte sich gut auf diese Gruppe vorbereiten. Fast alle auf der Erde lebenden Ethnien sind längst beschrieben worden. Die entsprechende Literatur gibt dem interessierten Beobachter einen guten Einblick in die Kultur und Gesellschaft des Heimatlandes der Gruppe. Möglicherweise existieren aber auch schon Studien. Hierbei bietet das Internet eine hervorragende Quelle. Bevor wir die *Teilnehmende Beobachtung* als Instrument der Erfassung lokaler Migrantengruppen einsetzen, sollten wir uns gut über diese Menschen, ihre Kultur und Religion informieren.

2. Die TB muss gut **vorbereitet** werden. Jeder Teilnehmer soll verstehen, was und mit welchem Ziel hier gemacht wird. Da es sich in unserem Fall um eine missionarische Durchdringung der Gruppe handelt, wollen wir zum einen die Gruppe selbst besser verstehen und ihre Bedürfnisse und Sehnsüchte erfassen. Es geht uns ggf. auch um die religiöse Rezeptivität der Gruppe.

   Zum anderen muss geklärt werden, wie die Beobachtung durchgeführt werden soll. An welchen Aktionen der zu untersuchenden Gruppe nehmen die Beobachter teil, welche Aktionen sollten für die Gruppe angeboten werden? Und wie werden die Daten erfasst? Die TB sollte so natürlich wie möglich in das Geschehen integriert werden. Alle Elemente der TB, die als störende Eingriffe in das Leben der Gruppe verstanden werden, müssen unterbleiben. So können Fotos und Videoaufnahmen von großer Hilfe sein. Wird aber das Fotografieren zum Problem, so muss es unterlassen werden. Wenn man sich in der Vorbereitung für die eine oder andere Art der Datenerfassung entschieden hat und sich diese für das Setting als problematisch erweist, muss neu entschieden werden. Der Beobachter muss auf jeden Fall Teilnehmer bleiben und alles, was seine Teilnahme gefährdet, ist auszuschließen.

3. Je besser die Vorbereitung, desto sicherer die **Durchführung** der TB. Man sollte bei der Durchführung immer eine Probephase einbauen, um die Erfahrungen auszuwerten und eventuell am Verfahren Korrekturen vorzunehmen. In der Regel wird man

während der Beobachtung nur stichwortartig Eindrücke notieren, die dann später detailliert festgehalten werden. Dabei ist es wichtig, dass man Zeit, Raum und die Perspektive der Beobachtung mitvermerkt.

4. Die verschrifteten Eindrücke und Beobachtungen sind letztendlich die Grundlage für die **Auswertung**. Die Texte werden miteinander verglichen und entsprechende Schlüsse gezogen. Gleiche und voneinander abweichende Eindrücke werden festgehalten und interpretiert. So entsteht ein Bild von der untersuchten Gruppe und dem Setting, in dem die Gruppe lebt.

Bei der Wahrnehmung kultureller Besonderheiten ist es wichtig, zwischen dem idealen, gelebten und geglaubten Verhalten zu unterscheiden. Ideale Verhaltensweisen werden in der Regel weitergegeben, tradiert. Sie folgen den festgelegten Normen einer Gesellschaft. Der Grundsatz hier lautet: „Bei uns macht man das so!"

Wenn die Praxis von solchen Idealen abweicht, dann spricht man vom gelebten Verhalten. Dieses Verhalten kann situationsbedingt wesentlich anders ausfallen, als das die Norm vorschreibt. Man kann demnach nicht einfach von der Beobachtung auf Normen der Gesellschaft schließen. So wird man bei der Beobachtung türkischer Männer oft feststellen, dass viele von ihnen rauchen. Der Rückschluss, im Islam sei das Rauchen erlaubt, wäre aber nicht korrekt.

Und schließlich unterscheiden wir noch das geglaubte Verhalten. Hierbei geht es um die interpretative Einordnung eines bestimmten Verhaltens. Es geht darum, Absicht und Zweck des Verhaltens festzuhalten. Am Beispiel der Liebe zum Ehepartner wird das deutlich: Die Grundnorm unter den nomadischen Stämmen Zentralasiens besagt: Du sollst deine Ehefrau lieben. In der Praxis schlägt der Ehemann aber seine Frau oft. Er glaubt dabei, „wer seine Frau nicht schlägt, der liebt sie auch nicht". Ein westlicher Beobachter würde also die Situation völlig verkennen, wenn er von der Tatsache, dass Männer ihre Frauen schlagen, auf das Fehlen einer Liebesvorstellung in der betroffenen Kultur schließen würde.

7.2.2. Der Prozess – von außen nach innen

Kulturen sind mehrschichtig. Wer eine Kultur kennenlernen will, der wird sich ihr von außen, über die materielle, soziale, kognitive bis hin zur religiösen Ebene nähern müssen. Der teilnehmende Beobachter wird sich in diesem Prozess von einem um sich gaffenden Touristen zum Freund wandeln müssen, wenn er in das Verborgene einer Kultur Einsicht erhalten möchte. Ein solcher Prozess braucht Zeit. Man sollte sich daher von dem Gedanken, schnell eine Kultur verstehen zu wollen, radikal verabschieden.

Bei der Gestaltung der Beobachtung helfen uns die oben beschriebenen Kategorien und Dimensionen der Kultur. Entlang dieser Marker kann man sowohl die jeweilige Ebene (Kategorien) als auch die Gestaltungskräfte einer Kultur (Dimensionen) erfassen. Anhand ausgewählter Beispiele kann das verdeutlicht werden.

7.3. Materielle Konditionen – Sprache und Kommunikation

Eine entscheidende Kategorie der Kultur ist die Sprache. Wie können wir das Sprachverhalten im Setting beobachten? Jede Sprache wird von Kultur beeinflusst und beeinflusst ihrerseits die Kultur. In der Tat ist es so, dass die Sprache die Kultur schafft. Ob sich eine Kultur bewegt, bzw. sich verändert, kann man auch an der Übernahme von Sprachelementen der Gastkultur in die eigene Muttersprache schließen. Bei der Untersuchung von Einwanderergruppen in Deutschland wird es deshalb wichtig sein, den Grad der „Germanisierung" der Sprache festzustellen. Der Beobachter kann beispielsweise beobachten, wann und in welcher Angelegenheit die Sprecher Deutsch benutzen oder deutsche Begriffe in ihre Sprache einfügen.

Wir beobachten also die Kommunikation der Menschen, schließlich kommt darin im Wesentlichen die Art zum Ausdruck, wie sich der Einzelne selbst und seine Umwelt wahrnimmt. Aber Menschen kommunizieren miteinander nicht nur verbal. Ein Großteil der zwischenmenschlichen Kommunikation verläuft paralingual. Die besondere Disziplin der Paralinguistik beschäftigt sich mit dieser Art von Kommunikation. Und die bekannteste Form der paralingualen

Kommunikation ist die Körpersprache oder Kinesik. Das ist die Sprache der Gesten, Ausdrücke und Posen. Ob man jemandem zuwinkt, ihn umarmt oder ihm einen entsprechenden Finger zeigt, kann das zwischenmenschliche Miteinander wesentlich beeinflussen. Die Körpersprache kann sich von Kultur zu Kultur enorm unterscheiden und nicht selten das Gegenteil meinen. So bejahen Inder eine Aussage, indem sie mit dem Kopf von rechts nach links wackeln. Das wäre in Euroamerika ein Zeichen der Ablehnung oder zumindest der Unsicherheit. Jemanden anzuspucken wäre im Westen ein deutliches Ablehnungszeichen, während unter den Massai in Kenia ein solches Verhalten sogar als Zeichen des Segnens gedeutet werden kann. Neben der Körpersprache regulieren Menschen ihre Beziehung auch über die Frage, wie viel körperliche Nähe sie zulassen. Mit dieser Frage nach Nähe und Distanz in den Kulturen beschäftigt sich die Proxemik. Während in einigen Kulturen eher eine deutliche körperliche Distanz die Regel ist, zeichnen sich andere durch viel Nähe aus. Japaner vermeiden beispielsweise den bewussten Augenkontakt in der Masse, weil das eine ungewollte Nähe vermuten lassen würde.

Die Wahl des körperlichen Abstands deutet in der Regel auch die beabsichtigte Kommunikation bzw. Beziehung an. Im Fall der Nordamerikaner könnten folgende Regeln abgeleitet werden.

DISTANZ ZWISCHEN DEN GESICHTERN	TON DER STIMME	TYP DER BOTSCHAFT
sehr nahe (7 cm – 15 cm)	Geflüster	Top secret/intim
nahe (20 cm – 30 cm)	Hörbares Flüstern	Sehr vertraulich
neutral (50 cm – 90 cm)	Sanfte Stimme, leiser Ton	Persönliche Angelegenheit
neutral (1,30 m – 1,50 m)	Volle Stimme	Unpersönliche Information

quer durch den Raum (2,50 m – 6 m)	Laute Stimme	Gespräch mit einer Gruppe
über größere Distanz (60 m – 70 m)	Laut schallende Stimme	Abfahrt oder Ankunft

Die nonverbale Sprache findet ihren Ausdruck auch in der Art und Weise, wie sich die Menschen kleiden. Kleider machen Leute – das gilt prinzipiell für alle Kulturräume. Menschen haben schon immer Status und Ereignis durch ihre besondere Kleidung auszudrücken versucht. Ein Beispiel hierfür sind Uniformen. Sie drücken die hervorgehobene Position des Uniformierten aus. Kleider unterstreichen aber auch gewisse Erfolge, so die Roben bei Galas oder Absolvierungsfeiern oder ein Banner für die „Miss Germany". Sie können auch die Zugehörigkeit zu einer sozialen Gruppe markieren, Freude und Trauer, Zuneigung und Ablehnung zum Ausdruck bringen. Die Beobachtung, wie sich ein Mensch kleidet, ist also wesentlich.

7.4. Soziale Konditionen – Verhaltensnormen

7.4.1. Ehe und Familie

Eine weitere Kategorie stellen die sozialen Konditionen dar, denen sich die Menschen im Kulturraum unterwerfen. Gemeint sind die sozialen Institutionen und Beziehungen. Wer sich einem Kulturraum nähern will, wird nicht umhin können, die sozialen Konditionen zu beobachten, um sie so besser zu verstehen. In der TB sind die Beobachtung und die Fixierung der sozialen Rahmenbedingungen eines der wichtigsten Ziele.

So stellt die Familie die Basiseinheit in allen menschlichen Kulturen dar. Versteht man nicht, wie diese Zelle der Kultur funktioniert, wird man kaum kulturübergreifend arbeiten können. Denn in der Familie liegt das Fundament für die wichtigste Gestaltungskraft einer Kultur.[146] Welche Bedeutung haben Familien für das Zusam-

---

146 Sherwood Lingenfelder spricht von der „domestic authority" in der Familie,

menleben der jeweiligen Ethnie? Diese Frage wird man sich bei der Untersuchung stellen müssen.

Partnerwahl – wie wird man Familie?

Familien setzen eine heterosexuelle Beziehung zwischen zwei Menschen voraus. Sie sind einem bestimmten ethnokulturellen Kode unterworfen.[147] Darin wird zum Beispiel die Auswahl des Ehepartners entschieden. In vielen Kulturen der Welt finden die potenziellen Partner freiwillig zueinander. In der Regel entscheiden bestimmte Vorlieben über die Auswahl des Partners, z. B. „Schönheit". Allerdings ist der Geschmack starken, kulturellen Schwankungen unterworfen. Was in einer Kultur als schön gilt, kann in einer anderen genau das Gegenteil bedeuten.

In manchen Kulturen werden Ehen arrangiert. Mitunter werden wie z. B. in Pakistan arrangierte Ehen sogar vom geltenden Gesetz unterstützt. Soziale und ökonomische Interessen spielen dabei die ausschlaggebende Rolle.

In anderen Völkern wird die Heirat erst durch die Zahlung eines Brautpreises oder einer Brautmitgift möglich. Die Mitgift wird von der Familie der Braut bezahlt und stellt in vielen Ländern ein großes Problem dar. In Indien z. B. werden jährlich Tausende von Frauen umgebracht, weil ihre Familien sich als unfähig erweisen, den vereinbarten Preis zu bezahlen.

Neben der Partnerwahl ist auch die Anzahl der zulässigen Partner eine wichtige Frage des ethnokulturellen Ehekodes.[148]

Christlicher Gemeindebau kann niemals an der Familie als sozialer Basiseinheit der menschlichen Kultur vorbei gebaut werden. Die TB im Interesse des multikulturellen Gemeindebaus wird deshalb das Augenmerk auf die Familien-Struktur der zu untersuchenden Kultur werfen. Dabei geht es niemals um eine Beurteilung und erst

---

die allein die Kraft besitzt, kulturelle Werte an die Mitglieder der Gruppe weiterzuleiten (Lingenfelder 1992:123). In seinem Buch „Transforming Culture" (1992) zeigt er am Beispiel unterschiedlicher Kulturen, wie diese konstituierende Rolle der Familie funktioniert (1992:122ff).

147 Siehe weitere Ausführungen zum Thema Heirat in den unterschiedlichen Kulturen in Käser 1997:98-108; Thiel 1983:103-118.

148 Käser 1997:109-111.

recht nicht um die Verurteilung solcher Strukturen, sondern zunächst einfach ums Verstehen. Wer verändern will, der sollte in der Lage sein, einer anderen Kultur vorteilsfrei zu begegnen und sie positiv zu würdigen.

7.4.2. Politische Organisation und soziale Kontrolle

In allen menschlichen Gesellschaften herrschen Normen, deren Einhaltung gewährleistet sein muss. Damit stellt sich die Frage nach der politischen Organisation des Lebensraumes[149] und den Mechanismen der sozialen Kontrolle.[150]

a. Politische Organisation

Politik wird hier als System der Machtorganisation verstanden. Man kann den kulturellen Raum nur dann adäquat beschreiben, wenn man sich auch den Machtstrukturen der betroffenen Ethnie nähert. Und das ist am einfachsten getan, indem man sich die Rollen und Ämter der Führer der Gruppe genauer ansieht.

Jede politische Organisation setzt die Existenz bestimmter Rollen und Ämter voraus. Organisationen müssen geleitet und verwaltet werden. Eine politische Organisation zieht in der Regel eine politische Verwaltung, die Bürokratie oder Nomenklatur mit sich. Dabei ist entscheidend, wie die Organisation aufgebaut ist und wer auf welche Weise in das jeweilige Amt gelangt. Sehr oft werden Kulturen von politischen Eliteklassen geprägt, in die man nicht ohne Weiteres vorstoßen kann.

Die nach Deutschland eingewanderten Migranten leben zwar nicht mehr direkt unter der politischen Kontrolle ihrer Heimatkultur, und dennoch können Familien- und Stammesbande weit reichen. Nicht selten weiß der Migrant sich doppelter Kontrolle unterworfen, der aus der alten und der in der neuen Heimat.

---

149 Zu den politischen Organisationsformen in den unterschiedlichen Kulturen, siehe Thiel 1983:131-145; Vivelo 1981:193-211. Grunlan 1980:213-232. Folgende Ausführung lehnen sich an diese Autoren an.
150 Siehe dazu Beispiele der politischen Organisation bei unterschiedlichen Völkern in Lingenfelder 1992:137-148.

b. Soziale Kontrolle

Eine Kultur definiert sich in der Regel aus der sozialen Gestalt eines Volkes. Der soziale Raum ist immer ein geregelter Raum. Hier gelten Normen und Gesetze. Das soziale Leben eines Volkes obliegt damit der sozialen Kontrolle. Dabei unterscheiden wir zwischen sozialer und legaler Kontrolle.

Normen setzen ideales Verhalten, Traditionen und Gesetze akzeptiertes Verhalten in einer Kultur fest. Alles, was von den Normen, Traditionen und Gesetzen abweicht, gilt als falsches, sündiges, strafbares und kriminelles Verhalten.

Im Rahmen von Normtradition und Gesetz hat jedes Mitglied der Gruppe Rechte und Pflichten. Um den Einhalt der von der Kultur gesetzten Normen zu gewährleisten, werden Autoritäten eingesetzt. Die Rechte der jeweiligen Ordnungsgestalt werden auf den Kompetenzbereich eingeschränkt und sie sind mit der Amtsdauer zeitlich begrenzt. Den bestellten Autoritäten obliegt auch die Aufgabe, in strittigen Rechtsfragen zwischen den Parteien zu vermitteln.

Je einfacher das politische System des Volkes, desto direkter wird Kontrolle ausgeübt. Auf der Ebene der Sippe werden Rechtsfragen in der Regel als Familienangelegenheiten gehandhabt. Hier werden Streitigkeiten informell gelöst. Oft nimmt die ganze Gemeinschaft daran teil. Das wichtigste Ziel einer solchen Kontrolle ist der Erhalt der Funktionsfähigkeit der Gemeinschaft. Oft ist der Bann aus der Gemeinschaft dann auch die höchste Strafe. In der Regel aber muss der entstandene Verlust gutgemacht werden.

In entwickelten Gesellschaften existieren juristische Vorgaben wie z. B. Grundgesetztexte, an denen sich die Kontrolle orientiert. Oft leben die Systeme nebeneinander. So wird Ehrenmord in westlichen Gesellschaften per Gesetz verboten, in manchen religiösen Minderheiten jedoch trotzdem praktiziert.

Auch in Fragen sozialer Kontrolle gilt das weiter oben Gesagte. Der Migrant unterliegt sowohl den Konditionen seiner Heimatkultur als auch der Kultur, in die er immigriert ist. Und je größer die Gruppe seiner Landsleute, desto größer der Druck der sozialen Konditionen der alten Heimat. Die daraus resultierenden Spannungen können sowohl zu Konflikten mit der gastgebenden Gesellschaft als auch mit den eigenen Landsleuten führen. In der TB müssen solche Spannungen erfasst werden.

7.5. Kognitive Konditionen – Weltanschauung

Soziales Verhalten und soziale Normen liegen in der Regel im kulturspezifischen Denken begründet.[151] Weiter oben habe ich die unterschiedlichen Denkarten vorgestellt. Dabei ist deutlich geworden, dass die meisten Mitglieder einer Kulturgruppe sich ihrer Denkeigenart nicht bewusst sind. Oft reagieren die Menschen erstaunt, wenn man sie fragt, was sie sich denn bei dem entsprechenden Verhalten gedacht haben. „Bei uns tut man das halt so", lautet dann oft die erstaunte Antwort. Natürlich tut man, was man tut, weil eine weltanschauliche Prägung vorliegt. Kulturen sind nach Lothar Käser „Strategien zur Daseinsbewältigung".[152] Kulturspezifisches Denken verdankt seine Existenz der besonderen Situation, dem Kontext, aus dem der betroffene Mensch stammt. Kulturbedingte Wertesysteme sind daher immer kontextuell festgelegt. Mit dem veränderten Kontext geraten diese Systeme nicht selten ins Wanken, wie ich das oben beschrieben habe. In der TB wird man sich bemühen, vor allem diese Brüche zwischen dem Denken der Heimat und der neuen Heimat festzustellen. Entlang dieser Brüche entstehen Spannungen und Konflikte, die wiederum der christlichen Gemeinde ermöglichen, ihren Dienst der Versöhnung anzubringen. Besonders wichtig dabei ist die Unterscheidung zwischen schuld- und schamorientierten Kulturen. Schuld- bzw. Schamgefühle beschreiben die Funktion des menschlichen Gewissens. Dieses wiederum unterliegt einer entsprechenden weltanschaulichen Prägung. Ob ein Mensch auf tatsächliches oder empfundenes Fehlverhalten oder Versagen mit Schuldgefühlen oder eher mit Scham reagiert, verrät viel über die Denkstruktur der Kultur. Während im ersten Fall individuell-normatives Denken Schuld verursacht, ist es die verletzte Ehre des Kol-

---

151 Käser 1997:169ff.
152 Käser 1991:37.

lektivs, die Schamgefühle erzwingt. Entsprechend gestalten sich dann die unterschiedlichen Dimensionen einer Kultur. Lothar Käser spricht daher auch von „Grundformen menschlicher Gewissensorientierung"[153]. Er schreibt:

> „Gesellschaften mit eher schuldorientierten Individuen sind generell weniger eng strukturiert und normiert. Sie lassen Pluralismus der Meinungen zu und neigen zur Vielfalt ihrer Wertmaßstäbe und Handlungsmuster. Weil *Freiheit des Individuums* als hoher Wert gilt, sind sie eher vom Zerfall bedroht, denn es wird den Individuen zugestanden, sich selbst ihre Meinungen und Bedürfnisse für wichtiger halten zu dürfen als die ,der anderen'. ... Gesellschaften mit eher schamorientierten Individuen sind enger strukturiert, oft sogar streng hierarchisch. Sie neigen zur Vereinheitlichung der Meinungen, Wertmaßstäbe und der Handlungsmuster. Ihre Mitglieder sehen sich eher gezwungen, ihre individuelle Freiheit, ihre Meinungen und Bedürfnisse den Interessen der Gruppe unterzuordnen. Sie sind weniger wichtig als ,die anderen'."[154]

In der TB wird man darauf achten, die weltanschauliche Orientierung der Gruppe deutlich herauszuspüren. Dabei darf nicht übersehen werden, dass alle Weltanschauungen religiös unterfüttert sind.

7.6. Religiöse Konditionen – Glaubensüberzeugungen

Religion bildet das Herz einer Kultur. Der interreligiöse Dialog, bei dem es darum geht, Menschen anderer Kulturen mit dem Evangelium zu erreichen, verlangt nach einer besseren Kenntnis der Religion. Das Gemeindeaufbauteam im multikulturellen Gemeindebau wird sich daher unbedingt so weit wie möglich schulen lassen, um so jene Religionskompetenz zu erwerben, die eine sinnvolle Beobachtung und damit auch ein Gespräch möglich macht.

---

153 Käser 1991:139.
154 Käser 1991:139-140.

Religionen erfüllen eine enorme soziale Rolle. Sie definieren den Menschen all jene Grenzerfahrungen des Lebens, die nach Erklärungen ringen, wie z.B. Geburt, Tod oder die Existenz außersinnlicher Wahrnehmungen und Phänomene; darüber hinaus halten sie die Menschen in der Gruppe zusammen. Sie erklären und verstärken die kulturellen Normen des Gemeinwesens und definieren Grundlagen für soziale Solidarität.[155]

Glaubensvorstellungen bilden also das Herz eines Kultursystems. Werden Glaubensvorstellungen systematisch geordnet, so reden wir von einer Religion. Religionen stellen damit Systeme dar, die danach suchen, Fragen nach dem Sinn des Seins und die Beziehung zur Transzendenz zu klären. Religionen bilden das Herz jeder Weltanschauung. Die meisten Religionen definieren sich über tradierte Glaubensinhalte, Mythen und Rituale. In der TB werden die Mitarbeiter daher Glaubensbekenntnisse erfragen, sich Mythen erzählen lassen und Rituale beobachten und verschriften. Das Ziel einer solchen Untersuchung ist es, die religiösen Überzeugungen der Ethnie weitestgehend zu verstehen und Wege zum kreativen Dialog über den Glauben aufzuspüren. Hierbei ist es allerdings wichtig, dass der TB-Teilnehmer über ein entsprechendes Religionsverständnis verfügt, das ihm einen vorurteilsfreien Zugang ermöglicht.

7.6.1. Was ist Religion?

Alle sinnvolle, zumal akademische Beschäftigung mit einem Gegenstand bedarf einer deutlichen Abgrenzung dieses Gegenstandes. Wer Gemeindebau im religiösen Kontext betreiben will, der sollte sich mit dem Phänomen Religion beschäftigt haben. Wie sonst will man kontextrelevant bauen wollen? Und wir können uns nur dann verantwortlich mit dem Phänomen Weltreligion beschäftigen, wenn wir wissen, was wir uns darunter vorzustellen haben. Gerade das erweist sich jedoch als eher schwierig. Nahezu jede wissenschaftliche Disziplin hat eine eigene, disziplingerechte Definition der Religion vorgelegt. Zwischen den Vorstellungen eines Psychologen, eines Soziolo-

---

155 Zur Bedeutung der Religion als kulturkonstituierende Größe siehe Thiel 1984:10-13; Käser 1997:191ff; Grunlan 1980:233-246; u.a.

gen und eines Theologen liegen oft Welten. Es ist alles andere als einfach, zu einer umfassenden Definition der Religion zu gelangen, ohne zugleich der Gefahr des Reduktionismus zu verfallen.[156] Und eine solche wittert man überall da, wo man die Religion als Außenbetrachter zu erfassen, zu verstehen und schließlich zu definieren glaubt. Der Wissenschaftler als objektiver Betrachter, der aus sicherer Distanz – sozusagen von außen – die Religion studiert, kann sie nie in der Tiefe erfassen. Nur wo man sich in das System selbst hineinbegibt, eine Binnenperspektive sucht, kann man die Komplexität des Phänomens ausgewogen darstellen.

Der Heidelberger Missionswissenschaftler Theo Sundermeier schlägt daher mit Recht vor, eine ausbalancierte Definition der Religion zu suchen, die die Religion als das wahrnimmt, was sie ist, und nicht, was sie von außen betrachtet darstellt.[157] Nach Sundermeier ist eine Religion „die gemeinschaftliche Antwort des Menschen auf Transzendenzerfahrung, die sich in Ritus und Ethik Gestalt gibt".[158]

Eine solche Definition ermöglicht ein Vierfaches:

a. Sie nimmt die Religion als Phänomen *sui generis* ernst. Sie ist, was sie ist, und nicht, wie sie beim Betrachter ankommt. Die Binnenperspektive macht eine solche Festlegung möglich.

b. Sie definiert die Transzendenz nicht, bleibt somit berechtigterweise vage und ermöglicht somit das für den jeweiligen Menschen Undefinierbare, Außersinnliche als solches auch stehen zu lassen.

c. Sie beschreibt die Religion als gemeinschaftliches Phänomen. Der Glaube des Einzelnen wird in seiner Individualität nicht missachtet, sondern in seiner Sozialität gesehen. Und es ist „der Ritus, der die Gemeinschaft sucht".[159] Die Rituale der Religion machen die Religion sichtbar und zugänglich. Sie beschreiben ihre Inhalte und legen ihre äußere Architektur fest. Religionen kommen ohne solche symbolischen Zeichen und Handlungen nicht aus.

d. Die Definition Sundermeiers beschreibt die Religion als Gestal-

---

156 Siehe hierzu die Ausführungen von Sundermeier 1999:25ff.
157 Ibd:26-27.
158 Ibd:27.
159 Sundermeier 1999:27.

tungskraft und Handlungsmotor im Lebensgefüge des Menschen. Sundermeier nutzt hierfür den Begriff Ethik. Alle Religionen benennen Gut und Böse, Richtig und Falsch, und setzen somit Parameter für gesellschaftliches Verhalten und Gestalten. Ethik ist ein essenzieller Bestandteil jeder Religion.

Wie wir später sehen werden, ermöglicht uns eine so formulierte Definition, gerade im Bezug auf den Gemeindebau aktiv Akzente zu setzen, während eine eher enge rein theologische Definition dies nicht ermöglichen würde.

7.6.2. Was macht eine Religion aus?

Welche Elemente konstituieren eine Religion? Was gehört unabdingbar zur Religion? Wo muss man hin, was sollte man sich ansehen, wenn man eine Religion wirklich verstehen will? Religionswissenschaftler verweisen darauf, dass man folgende Religions-Konstitutiva unbedingt ins Visier nehmen muss, wenn man Religionen verstehen will:

Der Heilige Ort. Alle praktizierten Religionen „finden an besonderen Orten statt". Gemeint sind sowohl sogenannte heilige Städte wie Jerusalem, Mekka oder jene vielen Pilgerstätten, zu denen praktizierende Gläubige gehen, blicken, sich hinwenden, um gehört zu werden, als auch die vielen Bethäuser, Tempel, Gebetsstätten, Altäre etc., die der Religion jenen würdigen Platz geben, an dem sie stattfinden kann. Am Ort der religiösen Praxis kann die Religion materiell erfasst werden.

Die Heilige Zeit. Alle Religionen setzen besondere Zeiten fest, die allein der religiösen Praxis vorbehalten sind. Es gibt Zeiten für Meditation, Gebet, Fasten, Feiern. Es sind bestimmte Zeiten im Ablauf des Tages oder des Jahres. Solche Zeiten sind nicht beliebig und sie können auch nicht beliebig ausgetauscht werden. Ihre Einhaltung wird in der Regel strikt befolgt. Heilige Zeiten ordnen das Leben der Gläubigen in die Rahmenbedingungen einer Religion ein. Sie ordnen den Alltag und üben daher enormen Einfluss auf die Lebensgestaltung des Menschen aus. Solche gemeinsamen Zeiten religiöser Praxis verraten die Intensität der religiösen Bindung einer Kultur.

Rituale und Symbole. Rituale gehören fest zur religiösen Praxis. Dabei handelt es sich um standardisierte Akte religiöser Verehrung, die in festgesetzter Form zu bestimmten Zeiten und an festen Orten regelmäßig wiederholt werden. Zum Ritual gehören sakrale Sprache, Symbole und Gegenstände. In der Regel dürfen nur besonders geweihte Personen das entsprechende Ritual vollziehen. Die Profanisierung des Rituals oder der entsprechenden Instrumente des rituellen Aktes zieht entsprechende Konsequenzen nach sich.

Die meisten religiösen Akte werden an besonders für diesen Zweck erbauten oder hergerichteten Räumen und unter besonderen Voraussetzungen abgehalten. Dabei wird die sakrale und die profane Welt deutlich voneinander getrennt. Das geht bis in die äußere Erscheinung und Bekleidung der Teilnehmer oder die Weihe der ansonsten profanen Utensilien, die zur Durchführung des Rituals notwendig sind.

Religiöse Rituale unterstützen die Basis-Glaubensvorstellungen einer Religion. Sie erinnern an die heiligen Wahrheiten dieser Religion und erneuern die Beziehung des/der Glaubenden zu seinem/ihrem Glaubensgebäude.

Manche Rituale in einer von der bestimmten Religion geprägten Kultur sind nicht religiöser Natur. Doch gerade die nicht religiösen Rituale stiften oft den sozialen Zusammenhalt in einer religiösen Gruppe, der den Erfolg der Religion nachhaltig garantiert.

Gemeinschaft der Gläubigen. Religionen erfüllen eine enorme soziale Rolle. Zum einen definieren sie für den Menschen all jene Grenzerfahrungen des Lebens, die nach Erklärungen drängen, wie Geburt, Tod oder die Existenz außersinnlicher Wahrnehmungen und Phänomene. Dann wiederum halten sie die Menschen in der Gruppe zusammen. Sie erklären und verstärken die kulturellen Normen des Gemeinwesens und definieren Grundlagen für soziale Solidarität. In den meisten Gesellschaften bestimmen die Religionen über Gut und Böse. Hier werden Kriterien für soziale Kontrolle gelegt und gerechtfertigt. Man denke nur einmal an die gesetzstiftende Rolle des Koran im Islam.

Transzendenzerfahrung. Religionen haben wesentliche Elemente gemeinsam. Alle Religionen gehen von der Existenz supranaturaler Wesen und Kräfte aus. Man unterscheidet hierbei verschiedene Glaubensvorstellungen, die eher animatistisch, animistisch oder gottbezogen orientiert sind.

Animismus (lat. *anima* = Seele) wurde von Robert Ranulph Marett (1866–1943) zur Bezeichnung von Glaubensvorstellungen gebraucht, die davon ausgehen, dass ansonsten unbelebte Gegenstände und Dinge über eine Seele, sprich Leben,[160] verfügen. Man hat den Animismus auch Präanimismus genannt. Animatistische Vorstellungen sind im südlichen Pazifik heute noch weit verbreitet, so z.B. unter den polynesischen Stämmen. Animatisten glauben allerdings nicht daran, dass die beseelten Dinge über eine Persönlichkeit verfügen. Das tun die Animisten. Für sie besitzen alle Dinge eine Seele und damit auch eine Persönlichkeit, ja sogar ein Geschlecht. Nicht selten trifft man in diesen Kulturen auch den Glauben an die verstorbenen Geister der Verwandten, die nach dem Tod unter den Lebenden weiter existieren und diesen sowohl Segen als auch Fluch zufügen können.

Von den animistischen Vorstellungen unterscheiden sich solche Religionen, die an die Existenz einer Götterwelt glauben, welche unmittelbar in die reale Welt der Menschen einwirkt und mit der sich der Mensch deshalb auch „gut stellen" muss. Wir unterscheiden zwischen polytheistischen, theistischen und monotheistischen Glaubensvorstellungen. Nicht selten werden diese Vorstellungen durch die Existenz untergeordneter, übernatürlicher Wesen ergänzt, so im Christentum durch den Glauben an Engel und Dämonen.

Religiöse Führer. Religionen sind geführte Phänomene. Menschen werden in ihrer religiösen Praxis angeleitet. Hierfür stehen im Grun-

160 Käser 2004:20; siehe auch: http://de.academic.ru/dic.nsf/dewiki/80789.

de drei Typen von Leitern zur Verfügung: Schamane, Priester oder Propheten. Die Schamanen findet man in stark spiritualisierten Religionen. Sie „verfügen" über Mittel und Wege, sich mit Geistern in Verbindung zu setzen, sie zu beschwichtigen oder von ihnen die erwünschte Hilfe zu bekommen. Schamanen erhalten ihr Wissen in der Regel von anderen Schamanen.

Priester dagegen verwalten die betreffende Religion. Sie kennen ihre Grundlagen und helfen den Menschen, im Rahmen der religiösen Forderungen zu bleiben und ihre religiöse Praxis recht zu gestalten. Priester werden von einer höheren religiösen Instanz eingesetzt/ ordiniert.

Propheten schließlich sind Träger göttlicher Offenbarungen. Sie „erscheinen" in der betreffenden Religion als charismatische Leiter und führen ihre religiöse Autorität auf die Offenbarung der Gottheit selbst zurück. Oft sind die Propheten religionskritische Gestalten, die eine Erneuerung der Religion und der Gesellschaft anmahnen.

Okkultismus. Die große Mehrheit der Religionen kennt Wege des Kontakts und der Beziehung mit der übernatürlichen Welt. Nicht selten sind diese okkulter Natur. Eine der beliebtesten Methoden des Kontaktes stellt die Trance dar – Mystiker und Schamanen dieser Welt haben eine Fülle von Methoden entwickelt, um sich selbst in Trance zu versetzen. Solche Trance wird über Dauerfasten, Selbst-Kasteiung (Flagellation), Gefühlsisolation, über Atemtechniken, Meditation, Drogen oder rituellen Tanz erreicht.

Mediale Erfahrungen werden natürlich nicht nur über Trance gesucht und gefunden. Religionen verfügen nicht selten über ein ganzes Arsenal entsprechender mystischer und magischer Zugänge. Magie (grie. *mageía* für Zauberei, Gaukelei, Blendwerk) bezeichnet die Fähigkeit, Ereignisse, Menschen und Gegenstände auf übernatürliche Art und Weise zu beeinflussen. Magisch tätige Personen versuchen dabei durch Rituale und Beschwörungsformeln die übernatürlichen Kräfte von Geistern und Dämonen freizusetzen. In der Praxis unterscheidet man zwischen Schwarzer und Weißer Magie. Unter Weißer

Magie versteht man eine Praxis, die auf die Wiederherstellung des Menschen zielt. Sie soll Schutz und Heilung bewirken und das Leben zum Besseren wenden. Dagegen bemüht sich die Schwarze Magie um den Schadenzauber und versucht den Menschen zu verwünschen und zu verfluchen.

7.6.3. Wie nähern wir uns einer Religion?

Die Notwendigkeit der Beschäftigung mit den Religionen verlangt aber auch nach einem definierten Zugang zu den Religionen. Wie nähern wir uns einer Religion so, dass wir der oben zitierten Definition gerecht bleiben?

Die Antwort ist: empirisch-theologisch. Oder mit anderen Worten – wir nähern uns der Religion durch sorgfältig reflektierte Erfahrung. Wer nach einer Binnenperspektive eines Denk- und Erfahrungssystems fragt, wird nicht anders können, als in ein solches System einzusteigen. Man kommt also bei der Erfassung des Phänomens einer Religion nicht ohne partizipierende Beobachtung aus. Natürlich muss eine solche *Beobachtung von innen* in den Diskurs mit anderen *Beobachtungen von außen* gestellt werden. Theo Sundermeier unterscheidet daher auch zwischen „primärer und sekundärer Religionserfahrung".[161] Nur so erhalten wir ein weitgehend umfassendes Bild des Phänomens.

Sowohl die Innen- als auch die Außenerfahrung ist aber immer auch bestimmt von der Perspektive, die ein Beobachter mitbringt. Wir studieren die religiöse Gruppe im Interesse des missionarischen Gemeindebaus. Dabei bemühen wir uns so umfassend wie möglich, die Kultur und ihre Glaubensvorstellungen zu erfassen. Entscheidend hierfür ist der richtige Ansatz und dieser wiederum hängt von unserem Religionsverständnis ab.

7.6.4. Wie gehen wir Christen mit den Weltreligionen um?

Wie gehen Christen mit den nichtchristlichen Religionen um? Diese einfache Frage wird auf recht unterschiedliche Art und Weise beantwortet. Während die einen uns aufrufen, die Vielfalt der Religionen

---

161 Sundermeier 1999:34ff.

zu feiern, lehnen andere jede Begegnung mit den Weltreligionen ab. Für sie sind die nichtchristlichen Religionen dämonische Erscheinungen und jeder Versuch, mit ihnen in einen Dialog zu treten, wird daher als potenziell gefährlich eingestuft. Diese ablehnende Haltung nennt man in der Theologie Exklusivismus und die weitgehende Akzeptanz Pluralismus. Manche Theologen versuchen zwischen diesen beiden Polen zu vermitteln und vertreten ein inklusivistisches Religionsverständnis.[162] Eine solche Haltung ist besonders in der römisch-katholischen Theologie verbreitet.

Gemeindebau im religiösen Kontext kann nur dann wirklich verantwortlich geschehen, wenn man das eigene Verhältnis zu diesem Kontext definiert hat. Wie Christen ihr Verhältnis zu der sie umgebenden nicht-christlichen Religion bestimmen, davon hängt im Wesentlichen sowohl die inhaltliche als auch formale Gestaltung der im betroffenen Kontext zu gründenden Gemeinde ab. Um zu einer eigenen Position in der Frage zu gelangen, sehen wir uns die drei Grundhaltungen einmal genauer an.[163]

Exklusivismus. Unter Exklusivismus verstehen wir jene Vorstellung, die den eigenen Glauben als allein wahr versteht und damit den anderen Religionen jeden Anteil an einer Heilsvermittlung abspricht. Die berühmte Sentenz des Kirchenvaters Cyprian *Extra ecclesiam nulla salus* (außerhalb der Kirche kein Heil) bringt diese Haltung auf den Punkt. Diese Formel wurde 1442 vom Konzil zu Florenz in dessen Jakobiner-Dekret übernommen und galt bis in die zweite Hälfte des zwanzigsten Jahrhunderts als offizielle Position der RKK. Das Konzil konstatierte:

> „Die Kirche glaubt fest, bekennt und verkündigt, dass niemand, der sich außerhalb der katholischen Kirche befindet, nicht nur keine Heiden, sondern auch keine Juden und Häretiker und Schismatiker des ewigen Lebens teilhaft werden können, sondern

---

162 Siehe die Darstellung dieser Positionen bei Bernhard 2006.
163 Zum weiteren Studium am Thema siehe den ausführlichen Literaturbericht des Schweizer Theologen Reinhold Bernhard (Bernhard 2007).

dass sie in das ewige Feuer wandern werden, ‚das dem Teufel und seinen Engeln bereitet ist' (Mt. 25,41), wenn sie sich nicht vor dem Lebensende ihr angeschlossen haben, und dass die Einheit mit dem Leib der Kirche eine solche große Bedeutung hat, dass nur denen, die in ihr verharren, die Sakramente der Kirche zum Heil gereichen und Fasten, Almosen und die übrigen Werke der Frömmigkeit und Übungen des christlichen Kriegsdienstes ewige Belohnung zeitigen. Und niemand kann, wenn er auch noch so viele Almosen gibt und für den Namen Christi sein Blut vergießt, gerettet werden, wenn er nicht im Schoß und in der Einheit der katholischen Kirche bleibt.“[164]

Die Entscheidung des Konzils zu Florenz spiegelt sich auch in den Worten von Papst Pius IX (1846–1878), der in der zweiten Hälfte des 19. Jahrhunderts formuliert: „... diese frevelhafte und schädliche Vorstellung: der Weg des ewigen Heils lasse sich in jedweder Religion finden. Ohne jeden Zweifel müssen wir daran festhalten, dass es zum Glauben gehört, dass niemand außerhalb der römisch-apostolischen Kirche das Heil erlangen kann. Sie ist die einzige Arche des Heils und wer nicht in sie eintritt, wird in der Sintflut umkommen.“[165]

Der römisch-katholische Exklusivismus ist damit eindeutig ekklesiozentrisch. Im Protestantismus konzentriert sich die Frage nach dem rechten Heilsempfang dagegen auf die reformatorischen Grundsätze, die in den berühmten Sola-Sprüchen zum Ausdruck kamen (*sola fides*, *sola gratia*, *sola scriptura* und *solus Christus*). So begründet beispielsweise Karl Barth (1886–1968) seine radikale Ablehnung der Heilsmöglichkeit in den Religionen aus seinem Verständnis der Religion als der Suche des Menschen nach Gott. Dieser Suche stellt er Gottes Offenbarung entgegen, die allein Gnade in Jesus Christus anbietet. Und nur Gnade vermag Glauben zu wirken. Die Abwesenheit der Gnade in der Religion resultiert für Barth in der Abwesenheit des Glaubens und damit auch des Heils. Damit kann es für Barth außer-

---

164 Denzinger 1999:1351.
165 Pio IX, Singulari Quadam, Acta Pio IX, III, S. 626.

halb des Christentums auch kein Heil geben, denn es ist der eine Name, durch den alle Menschen gerettet werden (Apg. 4,12) und das ist der Name des Christus.

Im Exklusivismus wird damit Heil und Heilsvermittlung in den nichtchristlichen Glaubensvorstellungen abgelehnt. Allerdings gibt es auch in exklusivistischen Kreisen unterschiedliche Meinungsschattierungen. Während der fundamentalistische Exklusivismus die nichtchristlichen Religionen als Konstrukte des Teufels versteht, vertreten viele Evangelikale eine eher moderate Haltung und beschränken ihre Ablehnung auf Fragen des Heils. Exklusivistische Positionen werden von der Mehrheit der Evangelikalen vertreten.

Inklusivismus. Im Unterschied zum Exklusivismus billigt man im Inklusivismus anderen Religionen einen gewissen Anteil an Heilsbedeutsamkeit zu. Das in den Religionen vorhandene Heil kommt, so diese Position, erst zu seiner ganzen Entfaltung im Christentum. Diese Position wurde in der vom Vaticanum II. herausgegebenen Erklärung *Nostra Aetate* vertreten und ist wesentlich vom deutschen Theologen Karl Rahner (1904–1984) geprägt worden. Rahner nahm die von Hans Urs von Balthasar und die vertretene, positive Haltung anderer zu den nichtchristlichen Religionen auf.[166] Diese betrachteten die Religionen als Werk des nach Gott suchenden Menschen und sprachen von „Naturreligionen", die kein Heil kennen, ganz im Unterschied zum Evangelium, in welchem Gott selbst dem Menschen entgegenkommt und in Jesus Christus Heil anbietet. Das Christentum kann deshalb auch als übernatürliche Religion gesehen werden. Die Naturreligionen bereiten den Menschen auf das Heil vor. Sie sind eine Art „Altes Testament" für den suchenden Menschen, eine „Vorgeschichte des Heils". Das Heil selbst kann der Mensch aber nur durch die Begegnung mit Jesus Christus erfahren. Im Christentum finden alle Religionen ihre eigentliche Erfüllung. Mit seiner Theorie der Erfüllung ermöglichte Balthasar eine positive Verortung der Religionen.

Rahner nahm diese positive Grundhaltung auf und ging noch

166 Von Balthasar 1988.

einen Schritt weiter, indem er auch in den nichtchristlichen Religionen einen positiven Heilswert erblickte. Seine Theorie geht von der Annahme aus, dass die allgemeine Geschichte der Menschheit prinzipiell als Heilsgeschichte zu deuten ist. Für ihn gibt es keine zwei Geschichten, sondern das Heilshandeln Gottes umfasst sowohl die Profan-, als auch die Kirchengeschichte. Und weil Gott in Christus in der Welt wirkt, können Menschen auch außerhalb der Kirche Gotteserfahrungen machen. Alle Gotteserfahrungen in der Welt werden somit als Erfahrung der Gnade des einen, wahren Gottes und damit als Christuserfahrung qualifiziert. So können Menschen in ihren Religionen Christus begegnen, ohne zu wissen, dass es Christus ist, der ihnen da begegnet. Rahner unterscheidet hier zwischen einem vorläufigen Heilsweg für die nichtchristlichen Religionen und einem legitimen Heilsweg des Christentums. Dies bedeutet, dass Christen und Nichtchristen sich nicht mehr als Erlöste und Verworfene gegenüberstehen, sondern als gemeinsame Glieder der Menschheit, die dieselbe Gnade Gottes in Anspruch nehmen können. Rahner nennt diese Menschen „anonyme Christen" und ihren Glauben „implizites Christentum".[167]

Rahner vertritt einen christozentrischen Inklusivismus. Seine Position legte das Fundament für die Erklärungen des Vaticanum II. Das Konzil bekräftigte, dass alles Gute und Heilige in den nichtchristlichen Religionen vom Geist Gottes gewirkt sei und daher von den Christen geachtet und geschätzt werden müsse.[168] Gott rettet die Menschen auf Wegen, „die Er allein kennt".[169] Und diese Wege führen nicht immer über die Kirche. Das Christentum ist zwar allen anderen Religionen wesentlich überlegen, weil hier Christus bewusst, explizit, erfahren wird, aber ein exklusiver Heilsanspruch kann aus dieser Tatsache nicht abgeleitet werden.[170]

Die positive Annahme der Theorie Rahners auf dem Zweiten Vatikanischen Konzil bedeutet nicht, dass der Ansatz ohne Kritik blieb. Namhafte Theologen wie Hans Küng kritisierten den Ansatz, weil

---

167 Rahner 1970:498-515.
168 Nostra Aetate 2, Lumen Gentium 13.
169 Gaudium et Spes 22.
170 Siehe dazu: Bernhard 2006.

138

dieser versuche, einen Nicht-Christen „durch Umarmung zu er-
obern". Paul Knitter warnte, dass der Inklusivismus die Nichtchristen
durch die Hintertür in die Kirche hineinführe. Der Inklusivismus sei
in Wahrheit nur ein „abgeschwächter Exklusivismus".[171]

Pluralismus. Im Unterschied zu den beiden oben vorgestellten Positionen vertreten Anhänger des Pluralismus die Meinung, dass auch
andere Religionen legitime und gleichwertige Wege zum Heil beschreiben und anbieten. Das bedeutet allerdings nicht, dass man hier
alle Religionen und alle religiösen Praktiken als gleichwertig ansieht.
Einige Religionen, Kulte und Rituale werden durchaus als destruktiv
eingestuft. Man darf demnach den Pluralismus nicht als Relativis-
mus verstehen.

Als Leitfigur des theologischen Pluralismus gilt der britische
Theologe John Hick.[172] 1973 lancierte Hick seinen Appell, eine pa-
radigmatische Wende in Fragen des Verhältnisses zu den nichtchristlichen Religionen einzuleiten. Er will eine Art „kopernikani-
sche Revolution", eine totale Wende, in dieser Frage. Und diese sei
nur zu erreichen, wenn man sich sowohl vom Ekklesiozentrismus
als auch vom Christozentrismus verabschiedete. Hick ruft auf, konsequent theozentrisch zu denken.[173] Nur wenn man Gott zum eigentlichen Zentrum jeder theologischen Auseinandersetzung mit
den Religionen macht, lassen sich die Engführungen sowohl exklusivistischer als auch inklusivistischer Positionen überwinden, so
Hick. Neben Hick hat sich vor allem Paul F. Knitter mit seinem
umfassenden Werk zur Frage der Korrelation zwischen dem Christentum und den nichtchristlichen Religionen als theologischer Plu-
ralist profiliert.[174]

Hick, Knitter und mit ihnen eine Reihe weiterer Theologen lehnen den Absolutheitsanspruch Jesu Christi in Fragen des Heils radikal ab. Damit erübrigt sich auch die Frage nach der hervorragenden
Stellung des Christentums. Die christliche Religion habe sich einfach

171 Ibd.
172 John Hick unterhält eine eigene Web-Seite: http://www.johnhick.org.uk.
173 Hick 1973:131.
174 Knitter 1988, 1991, 1992, 1994, 1997, 1998.

in den Chor der vielen Wege Gottes zum Heil einzureihen. Was sind nun die Hauptgedanken einer pluralistischen Position? Am Beispiel Knitters können diese gut verdeutlicht werden.

Paul Knitter geht in seiner Theorie vom Gebot der Nächstenliebe und von der gegenwärtigen Lage der Welt oder wie er es formuliert, dem „hermeneutischen kairos" aus. Wie kein anderer Begriff des Neuen Testaments stellt das Gebot der Nächstenliebe (Mt. 7,12) für Knitter das Proprium des Evangeliums dar.[175] Nicht der Missionsbefehl, sondern das Gebot der Nächstenliebe bildet das Herz des Evangeliums.[176] Wie wir Christen uns dem anderen gegenüber zu verhalten haben, ist in diesem Gebot Jesu festgelegt, nämlich „eine andere Person zu respektieren, zu ehren, in einfühlsamer Offenheit zuzuhören, was das Gegenüber sagt".[177] Wenn Christen dem Andersgläubigen mit Hochmut und geistlicher Überlegenheit gegenübertreten, dann verletzen sie das Gebot der Liebe. Nicht die Mission, sondern die Nächstenliebe muss das Verhältnis zum Andersgläubigen bestimmen. Diese Forderung ist gerade angesichts der gegenwärtigen weltpolitischen Lage von Bedeutung, so Knitter. Im Zuge der Globalisierung und einer wachsenden Toleranz sollte auch das Christentum den „hermeneutischen Kairos" erkennen und das Verhältnis zu den anderen Religionen im Geiste der Toleranz und der gegenseitigen Wertschätzung aufbauen.[178] Das sei auch allein deshalb angebracht, weil die Welt unterschiedlichen sozio-ökonomischen, politischen und ökologischen Gefahren ausgesetzt ist, denen es gemeinsam zu begegnen gilt.[179] Für Knitter ist ein solches gemeinsames Vorgehen aller Menschen nur im Geiste des offenen Dialogs möglich, der jede Superiorität einer Religion über die andere ablehnt. Da das Christentum aber genau das mit dem Absolutheitsanspruch Jesu tut, müsse die christologische Frage neu gestellt und im Sinne einer pluralistischen Akzeptanz der Religionen beantwortet werden.

Knitter bedient sich Gadamers bei der Lösung der christologi-

---

175 Knitter, 1992:14.
176 Ibd.
177 Ibd.
178 Knitter 1991:205.
179 Knitter 1991:205-206.

schen Engführung der Hermeneutik. Danach ist der biblische Text nur im gegenwärtigen historischen Kontext richtig zu verstehen. Ändert sich der Kontext, so muss sich automatisch auch das Textverständnis ändern.[180] Der heutige Kontext verlangt nach einem Konzept der Welterneuerung. Dieses findet Knitter in der Konzentration der Verkündigung Jesu auf das Reich Gottes. Jesus geht es letztendlich um Gott und sein Reich. Von hier aus seien seine Theologie und seine Bedeutung zu interpretieren. Die messianischen Texte dürften nicht einseitig soteriologisch ausgelegt werden, was laut Knitter aber immer wieder geschah und hauptsächlich für die exklusivistische Verengung der Christologie verantwortlich ist.[181] Freilich weiß auch Knitter, dass es im NT entscheidende Stellen gibt, die den Heilsanspruch Jesu deutlich unterstreichen. Er wischt sie mit dem Hinweis weg, dass es Bekenntnisse sind, die auf dem Hintergrund eines bestimmten historischen Kontextes zu interpretieren sind.[182] So entsteht aus der Feder Knitters ein theozentrischer Christus. Er ist einzigartig, aber nicht der Einzige. Er ist göttlich, aber nicht der einzig Göttliche. Sein Heilsweg ist nicht normativ und exklusiv, sondern universal und relevant. Knitter schreibt dazu wohlwollend: „Christen können weiterhin der Welt verkünden, dass Jesus *wahrhaft* göttlich und der *Erlöser* ist, aber sie brauchen nicht mehr darauf zu beharren, dass er *allein* göttlich und der Erlöser ist. Wahrhaft, aber nicht allein."[183]

Diese Relativierung des Heils in Christus, so Knitter, ist unbedingt notwendig, wenn man einen offenen Dialog auf gleicher Augenhöhe mit den anderen Religionen führen möchte. Knitter begründet seine Ablehnung des Absolutheitsanspruchs Jesu mit seinen vier Integritäten.

a. **Intellektuelle Integrität.** Knitter verweist auf die heute in der Wissenschaft weitgehend akzeptierte Annahme, dass es keine absolute und letztgültige Wahrheit geben kann. Die Theologen sollen endlich „theologisch akzeptieren, was sie kulturell schon längst

180 Knitter 1988:104-105.
181 Knitter 1988:108.
182 Knitter 1988:119-125.
183 Knitter 1998:76.

aufgenommen haben".[184] Die Aufgabe einer absoluten Wahrheit ist wissenschaftlich unumgänglich. Das aber kann nur meinen, dass eine solche Wahrheit auch nicht in Christus angenommen werden kann. Diese Folgerung sei nur konsequent und redlich, auch wenn sie einigen Theologen wie eine Ohrfeige vorkommen müsse.[185]

b. Theologische Integrität. Dem intellektuellen Argument fügt Knitter sein theologisches Argument hinzu. Jedes religiöse Bewusstsein, so Knitter, „sagt uns als Frucht der religiösen Erfahrung [...] mit noch größerer Gewissheit, dass die göttliche Wirklichkeit und Wahrheit ihrer Natur gemäß immer mehr ist, als irgendein Mensch begreifen oder irgendeine Religion ausdrücken kann."[186] Gott ist und bleibt dem Menschen ein Mysterium. Niemand kann sich anmaßen, Gott und seinen Heilswillen letztgültig erfasst zu haben. Knitter schreibt: „Die Anerkennung des Mysteriums Gottes, das von keiner Religion, keiner Offenbarung und keinem Erlöser festgehalten werden kann, wird umso überwältigender und beziehungsreicher, wenn man mit vielen pluralistischen Theologen bedenkt, dass das Mysterium nicht etwas Ein-, sondern Vielfältiges, etwas Plurales ist!"[187] (1997:160) Jesus kann somit, bildlich gesprochen, nur *ein* Fenster in die Heilsökonomie Gottes sein, nie *das* Fenster!

c. Ethische Integrität. Die dritte Argumentationslinie gewinnt Knitter aus seinem dialogischen Imperativ. Die Situation in der Welt verlangt nach einem gemeinsamen Vorgehen aller Menschen. Die Christen sind ethisch und moralisch verpflichtet, das Gespräch mit den anderen zu suchen, wenn unsere Lebensräume lebenswürdig bleiben sollen.[188] Die Verweigerung eines solchen offenen Dialogs seitens der Christen müsste zu einem Reuebekenntnis der Christen führen. Und eine zentrale Entscheidung in diesem Reuebekenntnis müsste, so Knitter, die Aufgabe des Absolutheitsanspruchs sein. Er schreibt: „[...] So kann wohl kaum einer etwas

---

184 Knitter 1997:158.
185 Knitter 1994:89.
186 Knitter 1997:160.
187 Ibd.
188 Knitter 1997:161-163.

vom anderen Partner lernen oder wirklich auf ihn hören, wenn er mit der Überzeugung in den Dialog geht, dass er Gottes letztes Wort oder das umfassende Kriterium aller Wahrheit besitzt."[189]

d. Biblische Integrität. Und schließlich verweist Knitter darauf, dass seine Ablehnung des Absolutheitsanspruchs Jesu auch biblisch integer sei. Allerdings verlange das nach einem pluralistischen Bibelverständnis, das weniger nach einer literarischen Interpretation des Textes fragt, sondern vielmehr den Sinn des Textes zu erfassen sucht. Und dieser sei gerade auf die Frage nach der Rolle Jesu im Rahmen einer theozentrischen Christologie vorzunehmen, die in der johanneischen Logos-Christologie ihren wichtigsten Ausdruck findet.[190]

Paul Knitter lehnt somit den Absolutheitsanspruch Christi ab. Nur so kann er sein Verhältnis zu den Religionen pluralistisch bestimmen. Das bedeutet nicht, dass alle Religionen damit gleich wären. Knitter nivelliert nicht, sondern konstatiert nur die Tatsache, dass jede Religion ihr eigenes Recht auf die Wahrheit über Gott habe, auch wenn diese Jesus Christus nicht kenne. Das Christentum behält auch im pluralistischen Modell seine Bedeutung. Knitter schreibt: „Im pluralistischen Modell behalten Jesus und sein Evangelium universale Bedeutung. Der Missionsbefehl bleibt bestehen. Pluralistische Theologen stellen also nicht die Frage, ob Jesus Christus universaler Erlöser ist. Sie fragen nur, ob er *allein* der universale Erlöser ist."[191] „Es ist ein Modell, das nach meinem Eindruck beides ist, ehrlich gegenüber dem Zeugnis des Evangeliums und ehrlich gegenüber den brennenden Fragen unserer Zeit. Ob ich damit recht habe, wird die theologische Diskussion der nächsten Jahre zeigen."[192]

---

189 Knitter 1994:94.
190 Knitter 1994:97.
191 Knitter 1992:16.
192 Knitter 1997:166.

7.6.5. Wie kommen wir zu einer ausgewogenen Haltung in Bezug auf nichtchristliche Religionen?

Was machen wir Christen nun? Lassen wir uns von Hans Küng, dem bekannten katholischen Tübinger Theologen, einladen, uns auf eine „Spurensuche nach Gott und dem Göttlichen" in den Weltreligionen zu begeben,[193] um so jenes Projekt Weltethos zu verwirklichen, welches uns nicht nur eine weltweite Einheitsethik, sondern auch das schlichte Überleben zu garantieren verspricht?[194] Feiern wir gar mit theologischen Pluralisten wie Paul F. Knitter eine weitgehende Akzeptanz der anderen religiösen Erkenntniswege als legitim und gleichberechtigt?[195] Gibt es nur einen Gott, der lediglich viele Namen hat?[196] Oder schließen wir uns all jenen an, die vor den Weltreligionen nichtchristlicher Prägung warnen?

Wie kommen wir zu einem ausgewogenen Verständnis der Weltreligionen?

7.6.5.1. Tripolares Religionsverständnis

Peter Beyerhaus hat vorgeschlagen, alle Religionen aus drei Perspektiven zu sehen.[197] Erstens finden sich in den Religionen Spuren göttlichen Wirkens – das fordert vom Betrachter eine theonome Sichtweise. Zweitens stellen alle Religionen das Bemühen der Menschen dar, sich dem Außersinnlichen und Transzendenten zu nähern. Beyerhaus spricht hier von der anthropologischen Sichtweise. Und schließlich sind alle Religionen auch einer dämonischen Korruption unterworfen. Sie müssen daher auch aus der Perspektive der dämonischen Verdrehung angesehen werden. Beyerhaus nennt sein Verständnis „tripolare Schau der Religionen". Religionen entstehen und entwickeln sich im Koordinatensystem zwischen Gott, Mensch und Satan.

193 Zu diesem Thema ist sowohl eine mehrteilige Fernsehsendung des SWR als auch ein Buch erschienen – siehe Küng 1999.
194 Küng 2006.
195 Knitter 1997.
196 Has God many Names?, fragt Dewi Arwel Hughes in seiner Einleitung zu Religionsstudien (Hughes 1996). Seine Antwort stellt eine deutliche Abfuhr des Pluralismus dar.
197 Das Konzept ist in mehreren Publikationen vorgestellt worden. Siehe z.B.: Beyerhaus 2009.

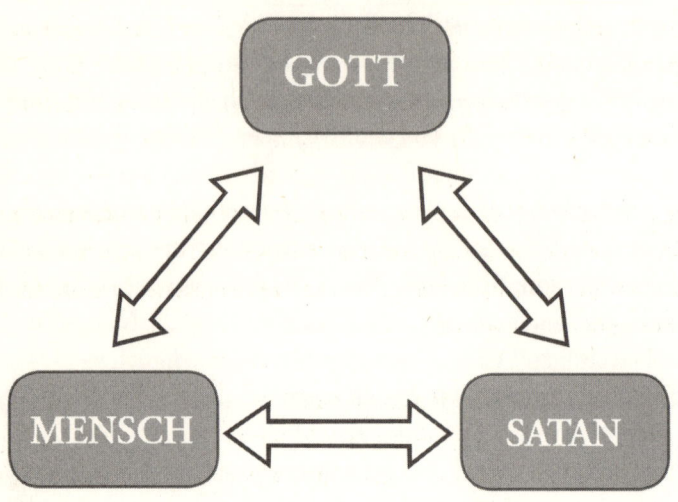

Koordinaten eines tripolaren Religionsverständnisses

7.6.5.2. Die theonome Dimension der Religion
a. Gott der Erhalter wirkt auch in den Religionen der Menschen
Die Menschheit hat eine gemeinsame Urgeschichte (Gen. 1-11) und
dieser Urgeschichte liegt eine gemeinsame Urreligion zugrunde. Diese Urreligion ist im Wesentlichen monotheistisch gewesen. Man denke an dieser Stelle nur an Melchisedek, den geheimnisvollen König
von Salem. Er wird als „Priester des höchsten Gottes" bezeichnet
(Gen. 14,18). Paulus findet im heidnischen Athen die Verehrung eines unbekannten Gottes. Wir finden heute noch Spuren des Glaubens an einen Urhebergott oder Hochgott in den Mythen der meisten Kulturen dieser Welt. Die Menschheit kann sich offensichtlich
erinnern. Und diese Erinnerung wird nicht zuletzt von Gott selbst
gefördert. Wird doch die Welt seit dem Bundesschluss Gottes mit
Noah (Gen. 8,21) von Gott selbst erhalten (Apg. 14,16f) und zwar
auf die künftige Erlösung in Jesus Christus hin (2Petr. 3,9). Menschen können Gott in seiner Schöpfung erkennen (Röm. 1,21).

Als Schöpfer und Erhalter hat Gott dem Menschen das Gewissen verliehen, jene Instanz des menschlichen Seins, die über Sitte und Moral, Gut und Böse, Richtig und Falsch entscheidet. Der Apostel Paulus schreibt in Röm. 2,14-16: Freilich gibt es Menschen, die Gottes Gebote gar nicht kennen und doch danach leben, weil ihr Gewissen ihnen das vorschreibt. Durch ihr Handeln beweisen sie, dass Gott ihnen seinen Willen in ihr Herz geschrieben hat, denn ihr Gewissen und ihre Gedanken klagen sie entweder an oder sprechen sie frei. Was heute noch in den Menschen verborgen ist, wird einmal sichtbar und offenkundig werden, und zwar an dem Tag. an dem Gott die Menschen durch Jesus Christus richten wird.

Den Menschen ohne sittlich-moralische Richtwerte oder den Menschen ohne irgendeine ethische Vorstellung gibt es nicht. Gott wird einmal am Jüngsten Gericht die Heiden nach der Einhaltung dieser Werte richten (Röm. 2,16). Religionen erhalten in dieser Welt die ethischen Forderungen Gottes und es erstaunt, wie nahe ihre Normen den in der Bibel offenbarten Geboten Gottes sind (Röm. 2,14). Es wäre daher nur folgerichtig anzunehmen, dass Gott sich der Religion bedient, um in dieser Welt als Schöpfer und Erhalter seine grundlegende Ordnung aufrechtzuerhalten.

b. Gott der Erlöser erleuchtet auch Menschen in den Religionen

Gott kann in den Religionen als Schöpfer und Erhalter gesehen werden. Kann er in den Religionen auch als Erlöser erkannt werden? Die Vertreter der inklusivistischen Position verweisen an dieser Stelle auf den Johannes-Prolog (Joh. 1,10). Hier wird über den präexistenten Logos, der in Jesus Christus Mensch wurde, gesagt, er sei „das wahre Licht, das alle Menschen erleuchtet, die in diese Welt kommen" (1,9). Damit wird deutlich, dass alle Erkenntnis von Gott letztlich auf Gottes Wort zurückgeht. Was immer in den Religionen als wahr und richtig erkannt wird, kommt letztendlich von Gott dem Erlöser. Ist Christus in den Religionen aktiv? Von Johannes her kommend können wir das nur bejahen. Sind damit auch die Religionen Heilsbringer im Sinne des Evangeliums? Wohl kaum. Der Johannes-Prolog macht deutlich, dass das Licht des Logos in der Finsternis scheint

(1,5) und „die Welt hat es nicht begriffen". Nein, die Religionen bieten kein Heil an, aber in den Religionen wirkt Christus als der *logos spermaticus,* eine Erleuchtung, die die Annahme der Heilsbotschaft in Jesus Christus möglich macht. In diesem Sinne finden wir in den Religionen Mythen, Vorstellungen und Rituale, die den biblischen erstaunlich nahe sind und eine weitgehende Kontextualisierung des Evangeliums ermöglichen.

In diesem Zusammenhang sind besonders die unterschiedlichen Erfahrungen von Nichtchristen mit den Jesus-Offenbarungen zu nennen. Es folgen einige Beispiele:

c. Der Geist weht, wo er will

Spätestens seit der Vollversammlung des ÖRK in Canberra 1991 beherrscht die ökumenische Diskussion die Frage nach der Rolle des Heiligen Geistes in den nichtchristlichen Religionen.

In der Tat spricht die Heilige Schrift in mehrfacher Hinsicht vom Wirken des Heiligen Geistes in der Welt. Gottes Welthandeln ist auch ein Handeln von Gottes Geist in der Welt! Niemand macht das so klar und deutlich wie Jesus selbst. In Joh. 16,8 sagt er über den Geist, den er seinen Jüngern verspricht: „Und ist er erst gekommen, so wird er den Menschen die Augen für ihre Sünden öffnen, aber auch für Gottes Gerechtigkeit und sein Gericht. Denn ihre Sünde ist, dass sie nicht an mich glauben. Gottes Gerechtigkeit zeigt sich darin, dass er sich zu mir bekennt und ich zum Vater gehe, wenn ihr mich dann auch nicht mehr sehen werdet. Und Gottes Gericht werden die Menschen daran erkennen, dass der Herrscher dieser Welt bereits abgeurteilt ist."[198]

Nach Jesus ist es der Heilige Geist, der den Menschen ihre Sünde des Unglaubens vor Augen führt und sie über die Gerechtigkeit Gottes und das Gericht belehrt. Deutlich wird diese Aktivität des Geistes, die auf die Offenbarung des Erlösers selbst ausgerichtet ist. Der Geist Gottes führt zu Jesus!

Und er tut es, indem er zur Wahrheit führt. Jesus nennt ihn den „Geist der Wahrheit" (Joh. 14,17). Und da Jesus selbst die personifi-

198 Zit. nach „Hoffnung für alle".

zierte Wahrheit ist (Joh. 14,6), kann er die Menschen auch nur zu einer vollen Erkenntnis Jesu führen. Ein wie auch immer definiertes Wirken von Gottes Geist, das nicht auf die Jesus-Offenbarung ausgerichtet ist, scheint mir biblisch-theologisch gesehen problematisch.

Sicher haben diejenigen recht, die darauf verweisen, dass der Geist Gottes der prinzipielle Lebensspender sei, und der Schöpfer bediene sich seiner, um dem Menschen den Odem zu geben (Gen. 3). Und sicher ist es der Geist Gottes, der den menschlichen Geist wesentlich zu dem werden lässt, was er am Ende ist. Kann man daraus ableiten, dass alle Geistesbewegungen in dieser Welt und auch die in den Religionen Bewegungen des einen Geistes Gottes sind? Wohl kaum. Die schöpferische Kraft des Geistes findet bestimmt auch in den Religionen der Menschen ihren Ausdruck, aber erkennen und instrumentalisieren können diese den Geist Gottes nicht. Ausdrücklich sagt Jesus: Die Welt kann ihn nicht erkennen (Joh. 14,17).

d. Die theonome Dimension in den Weltreligionen

Wir fassen zusammen:

a. Gott wirkt auch in den nichtchristlichen Religionen. Und auch in den nichtchristlichen Religionen wird Gutes und Richtiges erkannt. Allem voran gestaltet Gott durch die Religionen jene Ordnungen und Normen, die das Zusammenleben der Menschen miteinander garantieren. Man kann über Heil in den nichtchristlichen Religionen nur im Sinne von Wohl reden.

b. Das Wirken Gottes in der Welt bereitet die Welt und damit auch die Vertreter unterschiedlicher Religionen auf die Begegnung mit dem Heil Gottes in Jesus Christus vor. Das Licht des Christus erleuchtet sie und der Geist Gottes überführt sie und führt sie zu dem Einen, der allein Heil zu geben vermag – Jesus Christus!

c. Weil Gott in den Religionen wirkt, kann das Evangelium an ihre Vorstellungen und Riten anknüpfen und das Heil Gottes in Jesus Christus deutlich machen!

7.6.5.3. Die anthropologische Dimension der Religion

Gott wirkt auch in den Religionen der Menschen, vor allem auch deshalb, weil der Mensch von ihm nach seinem Ebenbild geschaffen worden ist und der Mensch unaufhörlich nach Gott sucht. In der Theologie hat man an dieser Stelle vom *sensus divinitatis* gesprochen. Der Kirchenvater Augustinus brachte diese Tatsache in folgenden Gebetsworten zum Ausdruck: „Du hast uns auf dich hin geschaffen, und unruhig ist unser *Herz*, bis es *Ruhe* findet in dir." Religionen der Menschen sind also auch Versuche des Menschen, diesem Gott näherzukommen. Daraus folgern wir:

a. Religionen helfen Menschen, zu einer tieferen Gotteserkenntnis zu gelangen. Eine positive Bewertung ist möglich.

b. Religionen sind autonome Versuche des Menschen, Gott und Göttliches zu erreichen, zu verstehen und zu beherrschen, und als solche immer gefährdet, aus der gesuchten Beziehung mit Gott herauszufallen.

a. Der Mensch als religiöses Wesen

Alle Theorien über die Korrelation zwischen dem Christentum und den anderen Religionen gehen davon aus, dass der Mensch ein zutiefst religiöses Wesen ist. Dieses „transzendentale Existenzial" im Menschen, wie es Karl Rahner einmal nannte, treibt Menschen immer wieder auf die Suche nach Erklärungen für das Außersinnliche, ohne je eine erschöpfende Antwort zu finden. Diese Suche ist dem Menschen von seiner Geburt an von Gott selbst gegeben. Der Apostel Paulus erklärt den heidnischen Athenern, dass es Gott ist, der „will, dass Menschen ihn suchen, ob sie ihn wohl wahrnehmen und ihn finden möchten" (Apg. 17,27).

Auf dieser Suche wird dem Menschen beides deutlich: seine Unzulänglichkeit, Gott letztendlich verstehen zu können, und seine Fähigkeit, ihn doch immer wieder begreifen zu können. Auf der Suche nach Gott formiert er eine Haltung, die auch den wesentlichen Unterschied zwischen ihm, dem geschaffenen Menschen, und dem Schöpfer zum Ausdruck bringt. In allen Religionen wird diese Haltung durch Formen der Spiritualität unterstrichen, die Verehrung, Anbetung und Dienst andeuten. Alle Religionen sprechen von Gebet, Opfer, Fasten, Meditation, ritueller Reinigung und Ähnlichem. Auf der Suche nach Gott formt der Mensch sein ethisches Bewusstsein, erkennt Normen und Formen rechten Verhaltens und formuliert Sanktionen gegen Fehlverhalten. Die religiöse Suche ist begleitet durch ein ausgeprägtes Rechtsempfinden. Religiösen Menschen muss man nicht erst grundsätzlich erklären, was Sünde ist. Sie tragen dieses Wissen in sich.

Folglich ist alles Suchen des Menschen letztendlich Stückwerk. Der Mensch erkennt Gott nur teilweise. Gebunden an Zeit und Raum kann er die Transzendenz nur erahnen. Zu den Athenern kann Paulus lobend sagen, dass sie den ihnen unbekannten Gott bereits verehren (Apg. 17,16-34), aber ihn nicht kennen. „Was ihr verehrt, ohne es zu kennen, das verkündigen wir euch", sagt Paulus (Apg. 17,23).

b. Religion als Selbsterlösung

Die religiöse Suche des Menschen ist aber auch immer wieder der Versuch, sich dem Göttlichen zu nähern. Zu werden wie Gott, bedeutet, nicht zugleich eine Beziehung mit Gott aufrechterhalten zu müssen – mit diesem Traum hat die alte Schlange bereits Eva im Garten Eden geködert. Der Mensch kann seinen Schöpfer erkennen, aber indem er das tut, sucht er zugleich nach Wegen, sein Wissen über Gott zu instrumentalisieren. Er betet beispielsweise, um dann das von Gott Erhaltene „in seiner Wolllust zu verzehren", wie Jakobus in Jak. 4,13 (Luther) schreibt. Er empfängt die guten Gaben, und im Handumdrehen überkommt ihn die Lust, damit Geld zu machen. Man erinnere sich nur an den Zauberer Simon aus Samarien (Apg. 8,9-25). Und die Jünger Jesu – begehrten sie nicht auch, im Reich Gottes möglichst nahe an ihren Meister heranzurücken? Der Mensch hat immer wieder seine religiöse Kenntnis in Macht umzuwandeln gesucht. Davon ist die blutige Geschichte aller Religionen das beste Zeugnis.

Natürlich lässt Gott sich nicht von Menschen vereinnahmen. Er verwirrt ihre Sprachen, als er die Dummheit ihres Vorhabens beim Turmbau zu Babel sieht (Gen. 11) und überlässt sie sich selbst (Röm. 1,18ff). Was daraus folgt, ist Religion als Götzendienst, Religion als Selbsterlösung; voller Entwürdigung und Aufruhr gegen Gott.

7.6.5.4. Die dämonische Dimension in den Religionen

Religionen sind allerdings nie rein menschliche Versuche, die Transzendenz zu erklären oder sie gar in den Griff zu bekommen. Die Bibel lehrt uns, dass das Schicksal des Menschen auf der Erde von Anfang an mit der Tatsache der Existenz des Bösen in dieser Welt verknüpft ist. Die Rebellion des Menschen gegen Gott wird ausgelöst durch die Begegnung des Menschen mit dem Verführer, dem Durcheinanderbringer, der uralten Schlange (Gen. 3). Ähnlich wird auch die religiöse Autonomie des Menschen von der Heiligen Schrift beurteilt. An mehreren Stellen im AT (Dtn. 32,17; Ps. 106,37) und im NT (1Kor. 10,20) werden heidnische Götzen mit Dämonen gleichgesetzt und das Heidentum an sich dem Bereich der Finsternis und des Dämonischen zugeordnet (Apg. 26,18; 2Kor. 6,14-18; Eph. 2,2; Kol. 1,13; u.a.).

Es ist Satanas, der den Menschen verführt, verwirrt und seine Vorstellungen von Gott und der Welt korrumpiert. Die dämonische Dimension in den Religionen zu übersehen, kann fatale Folgen haben.

7.6.5.5. Tripolarer Ansatz – eine Zusammenfassung

Religionen sind komplexe Gebilde. Getreu der anfangs vorgelegten Definition von Sundermeier, welche die Religion als „die gemeinschaftliche Antwort des Menschen auf Transzendenzerfahrung, die sich in Ritus und Ethik Gestalt gibt", ansieht, sind Religionen nicht oberflächlich platt, sondern differenziert zu beurteilen. Das gelingt, so glaube ich, mit dem tripolaren Ansatz vorzüglich. Hier wird nicht, wie in rein exklusivistischer Manier, jede nichtchristliche Religion als inadäquates und dämonisches Konstrukt zur Seite geschoben, zugleich aber auch nicht naiv eine Heilstauglichkeit der Religion postuliert, ohne entsprechend biblisch-theologisch argumentieren zu können. Dieser Ansatz erlaubt uns, die Religion als Phänomen an sich ernst zu nehmen und nach einem positiven Beitrag der Religion zur Lebensgestaltung des Menschen zu fragen und dabei doch die notwendigen theologischen Kriterien zur Beurteilung anzuwenden. Es ist ein überaus sachlicher, wissenschaftlicher Ansatz.

Nach dem tripolaren Verständnis der Religion ist in jeder Religion Gott, Mensch und der Satan am Werk. Ein solches tripolares Denken lässt sich anschaulich darstellen. Im Falle des Christentums wäre der wahre Kern die Offenbarung Gottes im Herzen der Religion. Menschliche oder gar satanische Einflüsse sind an den Rand gedrängt, ohne jedoch ganz zu verschwinden (was die allgegenwärtigen Unterschiede in Glaubensvorstellungen auch im Christentum erklärt).

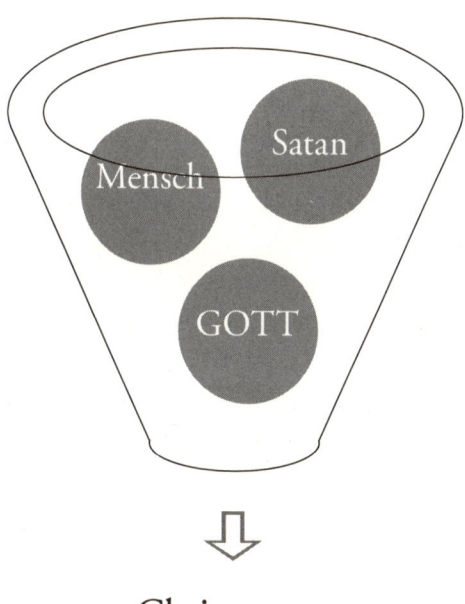

Christentum

Gehört aber das menschliche Konstrukt ins Zentrum einer Religion, so entwickeln sich humanistisch-religiöse Vorstellungen, die ggf. atheistische Ausprägungen erhalten können.

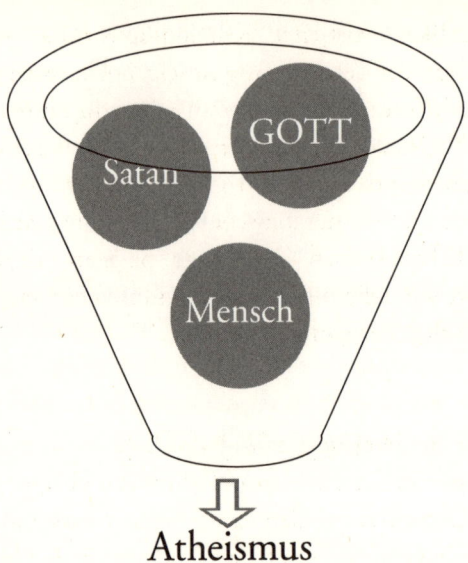

Atheismus

Im extremsten Fall besetzt Satan den Kern religiöser Überzeugungen. Als Resultat entstehen antigöttliche, antichristliche und satanistische Glaubensvorstellungen.

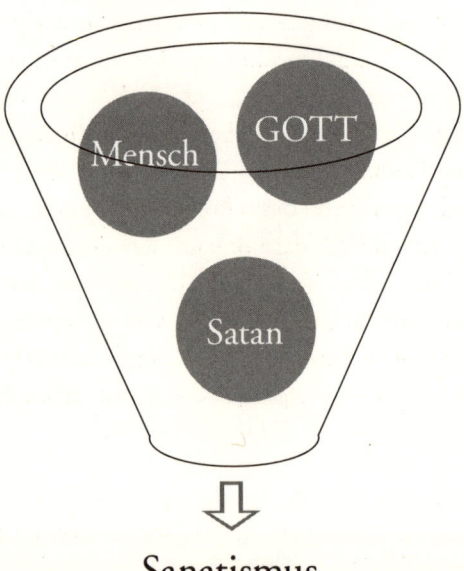

Sanatismus

Selbstverständlich existieren Religionskonstrukte in Reinkultur nicht. Der Grad der Vermischung ist sehr hoch. Auch die christliche Kirche ist ein „Corpus Permixtum", wie Martin Luther es so treffend ausdrückte.[199] Deshalb ist es enorm wichtig zu verstehen, wo die jeweilige Glaubensvorstellung göttlicher Offenbarungen, wo menschliche Weisheit und wo dämonische Verstrickung transportiert wird. Von diesen Erkenntnissen hängt es ab, ob man mit den Menschen aus dem gewissen, religiösen Umfeld zusammenarbeiten, diskutieren oder eher für ihre Befreiung beten wird.[200]

7. 7. Von der Beobachtung zum Protokoll

Beobachtungen in der anvisierten kulturellen Gruppe sollten diskutiert und verschriftet werden. Das hieraus entstandene Protokoll dient dem jeweiligen Beobachter als Leitfaden beim Umgang mit den Vertretern der Gruppe und in der Kontextanalyse auch als Grundlage für die strategische Planung des missionarischen Vorgehens und für den Gemeindebau. Das TB Protokoll darf allerdings nicht zu einem festgeschriebenen Verhaltensregularium im Bezug auf die Gruppe werden. Alle Beobachtungen sind potenziell einseitig. Es bedarf weiterer Beobachtungen, um die anfänglichen Ergebnisse zu überprüfen und wo nötig zu verbessern.

Das TB Protokoll bietet darüber hinaus auch eine Grundlage für das Gebet des Gemeindeaufbauteams. Je mehr man über die Menschen der Zielkultur weiß, desto konkreter wird das Gebet sein können. Und wiederum stellt das hörende Gebet ein wichtiges Korrektiv der TB Ergebnisse dar. In einer tripolaren Sicht der Kultur ist die Existenz von transzendenten Kräften Gottes und auch des Satans und seiner Dämonen Tatsache. Man wird daher auch und vor allem auf Gott hören müssen, wenn man die Kultur adäquat verstehen lernen will.

---

199 Siehe zum Gemeindeverständnis Luthers: Reimer 2009:111-112.
200 Siehe Näheres in Reimer 2009:183-189.

Teil III

Praxis des multikulturellen Gemeindebaus

8 Interkulturelles Zusammenleben

8.1. Kulturen im gemeinsamen Lebensraum

Multikultureller Gemeindebau findet in konkreten geografischen und sozialen Räumen statt, in denen Menschen ihre sozialen und kulturellen Beziehungen pflegen und gestalten. Der Raum, der alle Wege und Handlungen der Menschen erfasst, wird auch Sozialraum genannt.[201] Wenn in einem Sozialraum Menschen verschiedener Kulturen leben, so sprechen wir von einem multikulturellen Sozialraum. Multikultureller Gemeindebau geschieht in solchen Räumen.

Seine Funktionsfähigkeit hängt deutlich vom Grad der Verortung in dem Kontext ab. Und dieser Kontext ist überaus komplex. Aber wie schwierig das Gelände auch sein mag – es ist der Lebensraum, den die Menschen bewohnen. Es ist ihr gemeinsamer Lebensraum. Freilich beschreibt „gemeinsam" zunächst nur den geopolitischen Raum. Menschen verschiedener Kulturen und Religionen, die sich auf engem Lebensraum wiederfinden, müssen lernen, miteinander auszukommen. Was für den einen stinkt, stellt für den anderen geradezu den Genuss an sich dar. Wo es dem einen schmeckt, muss sich der andere überwinden, im Raum zu bleiben. Womit der eine in die Öffentlichkeit geht, das versucht der andere auf jeden Fall zu verschweigen. Dinge, für die man in der einen Kultur alles geben würde, sind anderswo wertlos.

Kulturen haben ihre Geschmäcker und Vorlieben. Bringt man sie zusammen, so entstehen unwillkürlich Konflikte. Multikultureller Gemeindebau findet somit in einem konfliktträchtigen Raum statt. Die Konfliktfelder nicht zu kennen, kann deshalb fatal sein. Nur wer das Konfliktpotenzial kennt, kann letztendlich erfolgreich vermitteln und findet entsprechend das Gehör des jeweils anderen. Zur kulturellen Kompetenz muss daher die transsoziale Kompetenz dazukommen. Sie zeichnet sich dadurch aus, dass man weiß, was Menschen wo und warum voneinander trennt und was sie wiederum zusammenbringt.

201 Schnee 2004.

8.2. Der gemeinsame Lebensraum

8.2.1. Lebensraum und Identität

Menschen unterschiedlicher Kulturen leben auf engstem Raum zusammen, weil dieser Raum ihnen etwas bietet. Die Gründe, warum man hierhergezogen ist, mögen ganz unterschiedlich sein, aber die Motivation zu bleiben, ist oft ähnlich. Der Lebensraum setzt also bestimmte Marker, die ihn für seine Bewohner lebenswert machen. Da wird ein Deutscher sich in einem Arbeiterviertel mit hohem Ausländeranteil vielleicht nur deshalb niederlassen, weil hier die Mieten niedrig sind, er arbeitslos ist und sich keine andere Miete leisten kann. Der libanesische Flüchtling dagegen ist dankbar, dass er überhaupt eine Wohnung beziehen kann, und der Türke auf Nachbarschaft spart das Geld für ein Haus in Anatolien und deshalb sind ihm die günstigen Mieten gerade recht. Es ist die günstige Miete, die sie alle in den Stadtteil gebracht hat.

Zugleich definieren aber auch die günstigen Mieten das gemeinsame Problem der Menschen. Die Wohnungen sind deshalb so günstig, weil man hier seit Jahren nichts mehr renoviert und instand setzt. Sie sind im Winter kalt und im Sommer heiß, die Umgebung ist heruntergekommen und bietet allerlei kriminellem Gesindel Unterschlupf. Der Lebensraum wird dadurch unsicher. Oft traut sich nicht einmal die Polizei in solche billigen Absteigen mehr hinein. Und sicher haben sich auch die praktizierenden Ärzte aus dem Viertel zurückgezogen. Die medizinische Versorgung ist schlecht, wenn sie überhaupt vorhanden ist. Und ganz ähnlich sieht dann die Lage für Kinderbetreuung aus. Der Stadtteil ist sozial unterversorgt, Kindergärten sind kaum vorhanden und die Kinder wachsen auf der Straße auf. Die Schulen sind schlecht, und kaum einer schafft mehr als die Hauptschule.

Der gemeinsame Lebensraum ist bei allen Unterschieden in Kultur und Lebensstil doch immer auch gespickt mit gemeinsamen Markern, die gemeinsame Problemfelder definieren. Diese sind sowohl im Bereich materieller als auch sozialer Kultur wiederzufinden.

Dabei muss dieser Raum nicht unbedingt auf der untersten Skala der sozialen Leiter angesiedelt sein. Auch in mittleren und oberen Schichten der Gesellschaft gibt es Marker, die das Gemeinsame unterstreichen. Das liegt an den globalen Identitätsmerkmalen, die jede Kultur auszeichnet. In der Kulturanthropologie unterscheiden wir, wie oben gesehen, zehn solcher kultureller Universalien, die bei allen Menschen auf der Erde gleich sind. In gewisser Hinsicht sind das die Grundelemente, aus denen sich menschliche Kulturen bilden. Wo immer Menschen leben, sie werden ihren gemeinsamen Lebensraum entlang solcher universaler Marker entwickeln. Als solche gelten:

1. **Sprache.** Menschen kommunizieren miteinander dank der Fähigkeit, ihre Gedanken verbal zum Ausdruck zu bringen. Das Fehlen einer Sprache führt unweigerlich zu Konflikten. In multikulturellen Räumen ist es daher von enormer Bedeutung, dass man zu einer gemeinsamen Sprache gelangt und lernt, miteinander zu reden und zu kommunizieren.

2. **Alter und Geschlecht.** Menschen ordnen ihren Lebensraum, indem sie Alter und Geschlecht als deutliche Grundmarker ansehen und einsetzen. Dabei führen die in der jeweiligen Kultur vorherrschenden Vorstellungen, wie man zu Menschen des anderen Geschlechts und einer anderen Altersgruppe tendiert, unweigerlich zu Konflikten. Beispielsweise erwarten ältere Menschen aus dem asiatischen Raum Respekt und Gehorsam, der aber in der individualistischen Kultur des Westens nur noch selten gezollt wird. Frauen aus dem emanzipierten Westen beanspruchen dagegen Gleichberechtigung, was von vielen asiatischen Kulturen entschieden abgelehnt wird.

3. **Ehe und Abstammung.** Menschen ordnen ihr Zusammenleben entsprechend ihrer Abstammungsmerkmale. In allen Kulturen spricht man von Vater, Mutter, Verwandtschaft, auch wenn die Bedeutung der verwandtschaftlichen Beziehungen unterschiedlich geregelt werden kann. Und auch hier lauern im multikulturellen Lebensraum große Spannungen. „Wenn ich gewusst hätte, dass ich mit der Heirat meines türkischen Mannes gleich eine riesige Verwandtschaft mitgeheiratet habe, dann hätte ich es mir

sicher noch einmal überlegt", sagte mir neulich eine deutsche Frau. In der Tat kann eine multikulturelle Ehe eine recht spannungsgeladene Lebensreise sein.

4. **Familie und Erziehung.** In allen Kulturen findet der Sozialisierungs- und Enkulturationsprozess in der Familie statt. In Monokulturen sind diese Prozesse harmonisch und selbstverständlich. Ganz anders aber in multikulturellen Räumen. Hier erzieht man in der Regel gegen eine Menge von Miterziehern, die in wesentlichen Fragen völlig andere Einstellungen haben. Somit wird die Tendenz, die eigene Familie nonkonformistisch und eskapistisch im Verhältnis zur Gesellschaft zu erziehen, zu einer realen Bedrohung des gemeinsamen Lebensraumes.

5. **Sex und Geschlecht.** Alle Kulturen regeln das sexuelle Verhalten der Menschen. In allen Kulturen stellt das sexuelle Verlangen eine Herausforderung dar. Aber die jeweilige Kultur unterstützt oder sanktioniert sexuelles Verhalten entsprechend der eigenen Vorstellungen. Diese weichen in der Regel wesentlich von den Vorstellungen anderer Kulturen ab, wie wir gesehen haben. Spannungen und Konflikte sind somit unvermeidbar.

6. **Privater Lebensraum.** In allen Kulturen existieren Vorstellungen von privaten und öffentlichen Räumen und Regeln, die das Verhalten in solchen Räumen regeln. Und auch diese unterscheiden sich oft extrem voneinander. Während in südeuropäischen Kulturen z.B. der öffentliche Raum für die private Feier selbstverständlich beansprucht wird, feiert der Nordeuropäer eher hinter verschlossenen Türen und fühlt sich durch das laute Getümmel ausgelassener, privater Freude auf der Straße belästigt. Lebt man dann eng nebeneinander, kommt es schnell zu Konflikten.

7. **Moral und Ethik.** In allen Kulturen existieren Kategorien für Gut und Böse, gutes und schlechtes Verhalten und Regeln, die das Gute belohnen und das Schlechte bestrafen. Nur müssen diese Vorstellungen nicht unbedingt übereinstimmen. Sehr oft gehen sie auseinander. Das verursacht folglich Irritationen.

8. **Ausdruck und Ästhetik.** In allen menschlichen Kulturen werden Formen des kreativen Kunstausdrucks gefunden und gepflegt,

ob in der Musik, im Gesang, in der Malerei oder in der Gestaltung des Lebensraumes. Aber was für den einen eine geschmackvolle Gestaltung ist, kann für den anderen absoluten Kitsch bedeuten. Was dem einen ein Ohrenschmaus ist, ist dem anderen lautes Geplärr. So kommt es schnell zum Streit und zur Ausgrenzung.

9. **Führung und Kontrolle.** Alle Kulturen verfügen über Vorstellungen, wie der Lebensraum sozial und politisch erhalten und gepflegt werden kann. In allen Kulturen gibt es Führer und Geführte. Wie wir oben gesehen haben, sind solche Führer nicht notwendigerweise die in der Öffentlichkeit aktiven. Nicht selten lebt die eigentliche Autorität im Hinterhof eines heruntergekommenen Hauses. Auf wen man letztendlich hört, entscheidet in der Regel weniger der Status Quo, sondern die von der Kultur festgelegte Größe.

10. **Arbeit und Freizeit.** In allen Kulturen arbeiten Menschen, um ihren Lebensunterhalt zu verdienen und gestalten ihre Freizeit in Spaß und Spiel. Und auch hier sind den Gestaltungsmöglichkeiten der Menschen keine Grenzen gesetzt.

Diese und ähnliche Universalien stellen jenen Stoff dar, aus dem menschliche Lebensräume gestaltet werden. Freilich bringt jeder seine spezifischen Vorstellungen in den gemeinsamen multikulturellen Lebensraum ein. So entstehen Konflikte und Spannungen, aber auch Chancen. Die kulturellen Universalien sind dafür verantwortlich, dass sich Kulturen wandeln und durch Anpassung neue Formen bilden.

8.2.2. Konflikte und Chancen im multikulturellen Lebensraum

Gemeinsames Leben unter den Bedingungen unterschiedlicher Kulturen ist konfliktbeladen. Diese Konflikte entstehen einerseits in der Auseinandersetzung mit der Kultur der anderen, andererseits aber auch im Versuch, in der Fremde zu bestehen. Der kulturell Andersartige lebt ja im gegebenen sozialen Raum, weil er sich für diesen Raum entschieden hat. Jedem Menschen ist klar, dass man in der Fremde nicht auf seine Andersartigkeit pochen kann. Auch in einer Demokratie sind der Andersartigkeit durch das Gemeinwesen Grenzen gesetzt. Deshalb liegen in den Konflikten große Gestaltungschancen für multikulturelle Lebensräume.

Niemand lebt gerne in Konflikten. Erst recht nicht, wenn man in die Fremde gekommen ist, weil man in der Heimat Konflikten aus dem Weg gehen wollte. Entstehen Konflikte, so zeigen sie den Bedarf an Versöhnung und öffnen Räume für den Gemeindebau. Konflikte sind Chancen, Gemeinsamkeiten auszuloten und einen gemeinsamen Lebensraum aufzubauen. So kann eine neue gemeinsame Identität im Lebensraum entstehen, die alle Bewohner ernst nehmen und die dann entsprechend in Krisenzeiten trägt.

8.3. Gestaltungskräfte im Lebensraum

Gemeinsames Leben will organisiert werden. Und ob bewusst gewollt oder unbewusst geschehen – es wird organisiert. In jedem Gemeinwesen wirken Kräfte, die den Lebensraum gestalten oder auch ggf. verunstalten. Hinter diesen Kräften stehen Autoritäten, denen man willig oder unwillig folgt. Werden Lebensräume nicht von einer bestimmten Kultur oder übergeordneten Instanz organisiert, so bemächtigen sich u. U. korrupte und kriminelle Kräfte der ordnenden Gewalt vor Ort. Diese sind dann in der Regel wenig interessiert, ein blühendes Gemeinwesen aufzubauen. Schattengewächse bevorzugen die Nacht.

Die Gestaltungskräfte eines Gemeinwesens lassen sich in vier Bereichen festmachen, die jeweils ein Koordinatensystem der Macht vor Ort darstellen:

a. Staat/Politik,
b. Ökonomie/Geld,
c. NPO-Soziale Einrichtungen/Wissen,
d. Medien/Kommunikation.

Unter Politik verstehen wir dabei die politische Administration und den Staat, der die Organisation des Gemeinwesens verantwortet. Mit der Ökonomie ist der Markt gemeint, der die materielle Absicherung des Lebens im Gemeinwesen garantiert. Medien/Kommunikation beschreibt im Gemeinwesen vorhandene Instrumente zur Selbstdarstellung und Entwicklung, und die sozialen Institute, die Non-Profit-Organisationen, ermöglichen das sozio-kulturelle Innenleben eines Gemeinwesens. Diese vier Ebenen beeinflussen einander und sind in der Regel für sich allein genommen kaum zu betrachten. Die politische Administration kann nur im Rahmen ihrer finanziellen Möglichkeiten eine entsprechende Infrastruktur im Gemeinwesen einrichten. Freilich kann sie aber auch über die Medien und entsprechende Kommunikationsmittel, bzw. über soziale Einrichtungen, zu mehr Engagement gezwungen werden. Andersherum gesprochen: Weise Entscheidungen in der Politik werden die Entwicklung des Marktes möglich machen. Und soziale Institute des Lebensraumes können sich sowohl für eine gewisse Kontextnähe der Politik als auch für einen menschenwürdigen Markt einsetzen.

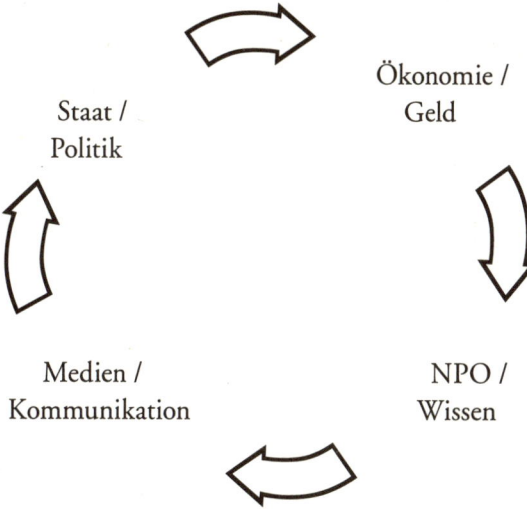

Multikultureller Gemeindebau findet somit im umkämpften Lebensraum statt. Hier sind Kräfte am Wirken, die sowohl positiv als auch
negativ das Geschehen im sozialen Raum beeinflussen. Gemeindebau wird sich diesen Kräften stellen müssen und diese für sich nutzen, um somit eine Chance darzustellen, den Lebensraum sinnvoll so
zu ordnen, dass alle Einwohner im Frieden miteinander leben können. Damit ist jeder multikulturelle Gemeindebau zugleich auch eine
soziopolitische Aktion. Denn wo das Reich Gottes durch den Gemeindebau an Gestalt gewinnt, da kommt Licht in den Stadtteil und
die Hölle verlässt die Pforten der Stadt. Jesus selbst hat uns beauf-
tragt, so Gemeinde zu bauen. Er sagte: „Ich will bauen meine Gemeinde und die Hölle wird die Pforte nicht überwinden" (Mt. 16,17).

Jede politische Aktion wird aber nur dann Aussicht auf Erfolg
haben, wenn sie das Vertrauen der Menschen gewinnt. Der amerikanische Missionswissenschaftler Marvin Mayers spricht an dieser Stelle von der Frage nach dem Basisvertrauen.[202]

8.4. PQT – die Frage nach dem Basisvertrauen

Marvin Mayers macht in seinem viel beachteten Buch „Christianity
Confronts Culture" aus dem Jahr 1987 deutlich, dass kulturübergreifende Kommunikation des Evangeliums nur gelingen kann, wenn
diese mit dem Basisvertrauen zwischen dem Verkündiger und seinen
Zuhörern rechnen kann. Er spricht an dieser Stelle von der „Prior
Question of Trust" (PQT), der Frage nach dem Basisvertrauen.[203]
Nur da, wo man ein solches Vertrauen bei den Menschen genießt,
können Aktionen mit dem Ziel der Evangelisation und des Gemeindebaus Frucht bringen.

Wie entsteht ein solches Vertrauen? Vertrauen setzt Beziehung voraus. Beziehungen leben von gemeinsamen Interessen. Deshalb wird
sich der Gemeindebau im multikulturellen Kontext intensiv um Themen bemühen, die die Themen der Menschen vor Ort sind. Sie be-

---

202 Mayers 1987:7f.
203 Mayers 1987:7.

stimmen die Tagesordnung des Gemeindebaus. Denn multikultureller Gemeindebau ist nicht eine Aktion *für* die Menschen vor Ort, sondern vor allem eine Aktion *mit* den Menschen in ihrem Lebensraum.

Vertrauen setzt auch vorhandene Hoffnung voraus, dass die Verhältnisse verändert werden können. In manch einem Lebensraum herrscht in gewissen Fragen absolute Hoffnungslosigkeit. Wer solche Themen aufgreift, wird einen langen Weg vor sich haben, um den Menschen erst einmal Hoffnung zu machen, dass die Dinge nicht immer so bleiben müssen, wie sie sind. Einfacher ist es, da einzusteigen, wo man mit einer minimalen Veränderungsbereitschaft der Betroffenen rechnen kann. Ein Langzeitarbeitsloser, zum Beispiel, wird nur noch wenig Hoffnung haben, einen Job zu finden. Er hat sich in der Regel mit seinem Dasein als Arbeitsloser abgefunden. Ihn dazu zu ermutigen, sich einer Arbeitsbeschaffungsmaßnahme anzuschließen, wird in der Regel kein Basisvertrauen schaffen. Hat aber dieser Arbeitslose Kinder und gibt es im Viertel keine Spielplätze für Kinder, so kann es möglicherweise schnell gelingen, ihn dafür zu gewinnen, einen Kinderspielplatz durchzusetzen und mit aufzubauen. Der Erfolg der gemeinsamen Aktion wird Vertrauen schaffen und weitere Aktionen ermöglichen. Schließlich kann es sogar gelingen, die Person zu einer aktiveren Suche nach Arbeit zu bewegen.

Basisvertrauen entsteht immer in der gemeinsamen Aktion. Und gemeinsame Aktionen werden durch die Gemeinwesenarbeit formuliert und durchgeführt. Hier liegen die größten Chancen für den kulturübergreifenden Gemeindebau.

9 Praxis multikulturellen Gemeindebaus – der Ansatz

9.1. Der Dienst der Versöhnung – bei der Kernkompetenz ansetzen

In welchem Rahmen kann man Gemeinde für alle denken? Und wie kann eine solche Gemeinde verortet, kontextrelevant gebaut werden? Auf die Antwort auf diese und ähnliche Fragen wird es ankommen, wenn Gemeinde erfolgreich in multikulturellen Räumen gebaut werden soll. Wo setzt man nun an? Ich schlage vor, da zu beginnen, wo die Bibel die Gemeinde in ihrer Kernkompetenz beschreibt. Gemeinde ist ja am besten da Gemeinde, wo sie im Sinne Gottes Gemeinde ist. Was ist also die Kernkompetenz der Gemeinde Jesu? Wozu gibt es sie? Was ist ihre eigentliche Botschaft?

Der Apostel Paulus nennt die Gemeinde Botschafter an Christi statt. Und die Botschaft, mit der sie in der Gesellschaft aktiv werden soll, ist die Botschaft von der Versöhnung. In 2Kor. 5,18-21 heißt es:

> „Aber das alles von Gott, der uns mit sich selbst versöhnt hat durch Christus und uns das Amt gegeben, das die Versöhnung predigt. Denn Gott war in Christus und versöhnte die Welt mit sich selber und rechnete ihnen ihre Sünden nicht zu und hat unter uns aufgerichtet das Wort von der Versöhnung. So sind wir nun Botschafter an Christi statt, denn Gott ermahnt durch uns; so bitten wir nun an Christi statt: Lasst euch versöhnen mit Gott! Denn er hat den, der von keiner Sünde wusste, für uns zur Sünde gemacht, damit wir in Ihm die Gerechtigkeit würden, die vor Gott gilt."

Die mit Gott versöhnte Gemeinde hat den Auftrag, Botschafterin der Versöhnung in der Welt zu sein. In ihr wird die Gerechtigkeit sichtbar, die vor Gott gilt. An keiner anderen Stelle bewegt sich die missionarische Gemeinde so deutlich im Rahmen ihres gottgegebenen Auftrags, wie wenn sie sich der Versöhnung annimmt. Sie ist *die* Botschafterin der Versöhnung. Von Christus, dem Versöhner, in die Welt gesandt, soll sie der Welt Versöhnung predigen. Wie er, der Mittler Gottes,[204] soll auch sie zu einem Mediator zwischen Mensch und Gott werden. Ihr Auftrag in der Welt kann nur als Auftrag zur Versöhnung der Welt mit Gott recht begriffen werden.[205] Versöhnungsdienst gehört somit zu den zentralen Anliegen der Mission Gottes und damit auch der Gemeinde in der Welt. Hier liegt ihre Kernkompetenz.

Es scheint daher selbstverständlich, dass sich die christliche Gemeinde als Institut der Versöhnung in der Gesellschaft versteht. Gerade in einer sich rapide verändernden pluriformen Gesellschaft kann der Dienst der Versöhnung der Mission neue Dimensionen aufzeigen.

Doch was so selbstverständlich scheint, ist sowohl in Theorie als auch Praxis eher schwierig. Klaus Schäfer bemerkt mit Recht:

„Es scheint, dass die westliche Theologie wenig Kontakt mit der Realität menschlichen Leidens und der Suche des Menschen nach Versöhnung hat, und es mag deshalb keine Überraschung sein, dass politische und soziale Diskurse zur Versöhnung – wie wir sie etwa im Bereich der Konfliktmediation finden – sich ihrerseits wenig auf theologische Ressourcen beziehen.“[206]

Erst seit Mitte der 90er Jahre beginnt in der westlichen Theologie ein Nachdenken über die missionarische Bedeutung des Dienstes der Versöhnung.[207] Ein solches Nachdenken scheint dringend nötig. Un-

---

204 Emil Brunner hat in seiner immer noch lesenswerten Arbeit zu Jesus dem Mittler (1927) deutlich klargemacht, dass es allem anderen voran die Versöhnung ist, die das eigentliche Proprium des Christusglaubens ausmacht.
205 Hirsch 2006:41. Siehe hierzu auch die Arbeiten von Robert Schreiter zu der Korrelation zwischen Versöhnung und Mission. Schreiter spricht mit Recht von der Versöhnung als Modell für die christliche Mission (Schreiter 1996a:243-250), ja gar das eigentliche Paradigma der Mission (Schreiter 2005:74-83).
206 Schäfer 2003:66f.
207 Schäfer 2003:67. Der wichtigste Impuls geht hierbei von David J. Bosch aus, der in seinem monumentalen Werk, „Transforming Mission“ (1991), explizit

sere global gewordene Welt ist wie nie zuvor konfliktbeladen. Noch
nie war der Bedarf an Konfliktlösung größer, noch nie hat man nach
Mediation und Versöhnung so laut gerufen wie heute. Noch nie war
der Ruf nach einer Mission, die Heil ganzheitlich vermittelt, wie
Bosch es ausdrückt,[208] größer als heute.

Multikultureller Gemeindebau geschieht in konfliktbeladenen
Räumen. Wenn sich die Gemeinde in solchen Räumen bewähren
will, dann vor allem als Botschafterin der Versöhnung. Nirgendwo
sonst wird sie so sehr gebraucht wie hier. Freilich wird man an dieser
Stelle Versöhnung nicht nur auf der Vertikale sehen dürfen, als Versöhnung zwischen Gott und Mensch. Versöhnung mit Gott resultiert
immer in der Versöhnung zwischen den Menschen.[209] Die Liebe zu
Gott gibt es nicht ohne die Liebe zum Nächsten. Unmissverständlich
deutlich wird dieser Grundsatz im Doppelgebot der Liebe, wie es
Jesus selbst in Mt. 22,37-39 aufstellt. Wer Gott liebt, der wird die
Menschen lieben, wer sich mit Gott versöhnt, wird sich mit seinem
Nächsten versöhnen, und wer sich für die Versöhnung der Menschen
mit Gott einsetzt, wird nicht umhinkönnen, sich auch für die Versöhnung der Menschen untereinander einzusetzen. Eine wie auch
immer geartete Priorititisierung der Vermittlung des Heils erscheint
nach diesem Gebot Jesu unmöglich. Jesus sagt zu dem Gebot der
Nächstenliebe, dass es der Liebe zu Gott gleich ist (Mt. 22,39a).
Wenn man überhaupt von einer Priorititisierung reden kann, dann
nur praktisch. In der Praxis werden die Menschen erst die guten Werke der Versöhnung sehen, und dann werden sie lernen, Gott im Himmel zu preisen (Mt. 5,16). Versöhnungsarbeit im zwischenmenschlichen Bereich wird somit zum Einstieg für die Betroffenen, über Gott
nachzudenken.

Versöhnungsarbeit auf sozialer Ebene wird heute, soweit sie im

die Mission auch als Versöhnung versteht (1991:393-399). Ganz besonders ist
in diesem Zusammenhang die Arbeit des amerikanischen Katholiken Robert
Schreiter zu erwähnen. Robert Schreiter nimmt zu dieser Frage Stellung in seinem 1992 erschienenen Buch zur Mission der Versöhnung in einer sich ändern-
den sozialen Ordnung. 1996 folgte dann sein nächstes Werk, in dem er mögliche Strategien der missionarischen Versöhnungsarbeit bespricht (Schreiter
1996b). Siehe auch weitere Veröffentlichungen von Schreiter: (1996a; 2005).
208 Bosch 1991:393f.
209 Bosch 1991:399.

Kontext geschieht, auch Gemeinwesenmediation genannt. Eine Gemeinde, die sich bewusst als Agent der Versöhnung versteht, kann und sollte zum Agenten der Gemeinwesenmediation werden. In ihr können Menschen jenen Hort des Friedens, jenen Agenten der Konfliktlösung finden, der das menschliche Zusammenleben sinnvoll erscheinen lässt. Im gemeindlichen Angebot der Gemeinwesenmediation liegt jene natürliche Kraft des von Jesus veränderten Lebens, die Vertrauen schafft. Und haben Menschen erst einmal Vertrauen gefasst, so werden sie auch ein genuines Interesse für das Evangelium entwickeln. Hier liegt die Forderung Krauses, Evangelisation habe heute vor allem durch Konvivenz zu geschehen, begründet.[210] Eine Gemeinde, die sich der vielfältigen Lebenskonflikte der Menschen in ihrem Einzugsbereich stellt und Wege aufweisen kann, wie diese Konflikte zu lösen sind – eine solche Gemeinde wird sich um den Erfolg ihrer missionarischen Arbeit keine Sorgen machen müssen.

Ich schlage daher vor, Gemeinwesenmediation als eine bedeutende Kategorie des multikulturellen Gemeindebaus zu begreifen und zu betreiben. Im Rahmen eines solchen Konzepts kann die Gemeinde ihrem Auftrag, Botschafterin der Versöhnung zu sein, gerecht werden. So kann sie die wichtigsten Dimensionen ihres Seins in der Welt leben. Jürgen Moltmann sprach von der prophetischen, priesterlichen und messianischen Dimension des Volkes Gottes in der Welt.[211] Als Botschafterin der Versöhnung kann die Gemeinde sowohl prophetische Stimme und priesterliche Mittlerin, als auch messianische Heilsüberbringerin Gottes an die Welt sein.

Als Botschafterin der Versöhnung lebt die Gemeinde „die Gerechtigkeit, die vor Gott gilt" (2Kor. 5,21). An ihr kann das konfliktbeladene Umfeld Gottes Angebot einer Kontrastgesellschaft erkennen. In ihr werden Konflikte gelöst. In ihr herrscht Frieden, weil sie vom Friedefürst geleitet wird. Sie lässt sich nicht von den einzelnen Konfliktparteien vereinnahmen, sondern ergreift konsequent die Position Gottes, der auf der Seite des Schwachen und des Benachteiligten steht. Der deutsche Missionswissenschaftler Arens formuliert deutlich:

---

210 Krause 2000:58.
211 Moltmann 1975:328.

„Prophetisches Bezeugen geschieht, wo Menschen im Namen Jesu und des Gottes Jesu Christi Einspruch gegen die herrschenden Verhältnisse erheben, wo sie in Gottes „Rechtsstreit" mit der Welt bzw. den „Götzen" eingreifen und für ihn Partei ergreifen."[212]

So gesehen, ist eine im multikulturellen Raum verortete Gemeinde, die Licht und Salz für die Menschen vor Ort sein möchte, Gottes prophetische Stimme. In der christlichen Gemeinwesenmediation kann diese Stimme laut und vernehmbar erhoben werden!

Darüber hinaus ist die Gemeinde Gottes königliche Priesterschaft (1Petr. 2,9). Sie hat wie Christus für die Menschen in dieser Welt priesterlich einzutreten.[213] Arens spricht an dieser Stelle vom diakonischen Bezeugen. Er schreibt:

„Diakonisches Bezeugen findet statt, wo Menschen sich anderen zuwenden, für sie entscheiden, ihnen in ihrer Not beistehen und Hilfe leisten."[214]

Ein solches diakonisches Bezeugen ist grundsätzlich priesterlicher Natur und wird zu Recht als „Handlungsweise im Mediationsprozess"[215] identifiziert. Christliche Gemeinwesenmediation ist priesterliches Handeln der Gemeinde im Lebenskontext der Menschen.

Und schließlich beschreibt Moltmann die Gemeinde als messianisches Volk, das der Welt jene Alternative vorlebt, die Gottes Bestimmung für die Menschheit darstellt.[216] Arens spricht an dieser Stelle vom „kerygmatisch-missionarischen Bezeugen"[217]. In einer solchen Kirche finden Menschen nicht nur Vorbild und Hilfe in ihrer Lebensbewältigung, an ihr können sie nicht nur Strategien zur Daseinsbewältigung studieren, sondern selbst verwandelt werden. So wird aus der Mediation in der Horizontale Versöhnung in der Verti-

---

212 Arens 1992:134.
213 Moltmann 1975:328.
214 Arens 1992:133.
215 Sebastian 2010:149.
216 Moltmann 1975:328.
217 Arens 1992:131.

kale, und aus dem Dienst der Konfliktbewältigung Evangelisation! Menschen finden erst zusammen und eröffnen den Raum, in dem sich Mensch und Gott begegnen. Das versöhnende Geschehen in der Welt führt zu der Versöhnung der Welt mit Gott.

Wir haben also jeden Grund, die Kirche als intermediäre Institution zu sehen, die sowohl zwischen einzelnen Menschen als auch zwischen ihren sozialen Institutionen vermitteln kann.[218] Sie ist eine Mittlerin des in Christus angebotenen Heils.[219] Der evangelische Bischof Huber schreibt über die Kirche, wie sie ihm in der Zukunft vorschwebt:

„Sie vermittelt zwischen den einzelnen und ihren gesellschaftlichen Zusammenhängen; sie vermittelt aber vor allem zwischen den einzelnen und der geglaubten Wirklichkeit Gottes. In diesem doppelten und zugleich spezifischen Sinn ist die Kirche eine intermediäre Institution."[220]

Als solche hat die Kirche nach Huber eine besondere öffentlich-missionarische Verantwortung, die er sowohl auf der Ebene des Bildungswesens,[221] des Einsatzes für Gerechtigkeit und Menschenrechte, des Friedens und der Bewahrung der Schöpfung[222] und einer gesellschaftlichen Kultur des Helfens[223] sieht, als auch in der Glaubensvermittlung, weil der Mensch „… den Sinn und die Erfüllung seines Lebens gerade dann findet, wenn er der Wirklichkeit Gottes im eigenen Leben Raum gibt".[224]

Multikultureller Gemeindebau kann, ja sollte, somit als Projekt einer bewusst betriebenen Gemeinwesenarbeit (GWA), vor allem im Bereich der Gemeinwesenmediation (GWM), betrieben werden. So

218 Zum Begriff siehe Sebastian 2010:151ff. Fingerle (2001) hat sich mit der Kirche als intermediäre Gesellschaft wissenschaftlich beschäftigt und Huber (1998) machte sich im Rahmen dieser Vorstellung Gedanken über die Zukunft der evangelischen Kirche in Deutschland.
219 Bosch 1991:193.
220 Huber 1998:269.
221 Ibd:293-305.
222 Ibd:305-319.
223 Ibd: 320-328.
224 Ibd:227.

kann sie ihre „Mission der Vermittlung inmitten der Gesellschaft"
wahrnehmen.[225] Das setzt allerdings voraus, dass man die Bedingungen und die Methoden der GWA als Prinzip der Gesellschaftsgestaltung versteht[226] und bewusst „hinter die Kulissen der GWM"[227]
blickt. Nur dann kann man die GWA als Methode des Gemeindebaus nutzen und nur so wird die Gemeinde zu jener intermediären
Institution der Gesellschaft, die diese entscheidend im Sinne des Reiches Gottes prägt und verändern kann.

9.2. GWA – Chancen und Grenzen für den Gemeindebau

9.2.1. Was ist GWA?

Gemeinwesenarbeit ist eine Kategorie der Gesellschaftsgestaltung.
Sie konzentriert sich bewusst auf die Veränderung und Transformation im deutlich eingegrenzten sozialen Raum, in dem Menschen
und Systeme gemeinsame Merkmale haben und in Interaktion zueinander stehen.[228] Ein Gemeinwesen kann sowohl ein Stadt- oder
Ortsteil als auch eine Gruppe von Menschen mit einem gemeinsamen sozialen Nenner sein. Das Gemeinwesen grenzt den sozialen
Raum geografisch ein.

Gemeinwesenarbeit (GWA) wird von den Vereinigten Nationen
wie folgt definiert:

„Gemeinwesenarbeit bezeichnet einen Komplex von Initiativen
und methodischen Schritten, die … veranlasst wurden, um Benachteiligung und Ohnmacht von Bevölkerungsgruppen zu überwinden. Dazu bedient sie sich der Situationsanalyse, der Förderung von Problembewusstsein, der Mobilisierung, Politisierung
und Solidarisierung der Betroffenen zur Durchsetzung ihrer

---

225 Berger 1998:731-733.
226 Zum Thema GWA liegen mehrere Veröffentlichungen vor. Siehe: Alinsky
   1973; Odierna 2004; Gillich 2002; Gillich 2007.
227 Sinner 2005: im Buchtitel. Zur Mediation im Gemeinwesen siehe Bahr 1974;
   Deutsch 1976; Breidenbach 1995; Kraybill 2001; Marx 2003; Duss-von
   Werdt 2005; Bush 2005; Duss-von Werdt 2008; Götz 2008a.
228 Schnee 2004; siehe ähnlich Boulet 1980.

Rechte und Ausschöpfung aller Hilfsquellen. Sie zielt kurzfristig auf die Beseitigung akuter Notstände und intendiert langfristig die Ursachen der Benachteiligung, Unterdrückung und verhinderter Selbstbestimmung abzuschaffen. Die Möglichkeiten und Grenzen der Gemeinwesenarbeit werden jeweils determiniert von der durch Organisation und Koalition erreichbaren Macht und der Macht der ihr entgegenstehenden Interessen."[229]

Gemeinwesenarbeit ist „das Arbeitsprinzip der Sozialarbeit", wie Renate Schnee mit Recht feststellt.[230] Sie richtet sich demnach an die Gestaltung sozialer Räume, wobei die Beteiligung und Ermächtigung der Bürger im sozialen Raum von herausragender Bedeutung ist. Man spricht in diesem Zusammenhang auch von der Demokratisierung der Gestaltung sozialer Räume oder, wie Bush und Folger es fassen, von „Empowerment und Recognition", der Bevollmächtigung und Anerkennung der Bürger in ihrem Lebensraum.[231] Ein solches bürgerliches Engagement ist nur durch enge Zusammenarbeit aller in der Gesellschaft aktiver Individuen, Initiativen und Institutionen, d. h. aller lokalen Akteure im Sozialraum zu erreichen. Sie setzt also weitgehende Vernetzung der Bürger voraus. Und eine solche Vernetzung ist nur unter Einsatz enormer mediativer Energie möglich. Damit sind die drei wichtigsten Begriffe der GWA auf den Punkt gebracht:

a. Aktivierung der Bürger,
b. Vernetzung im Sinne einer Veränderung,
c. Mediation und Versöhnung divergierender Positionen der im Sozialraum aktiven Kräfte.

Obwohl Projekte der Gemeinwesenarbeit seit Längerem bekannt sind,[232] begann erst in den Fünfzigerjahren des vorigen Jahrhunderts

---

229 zit. nach Lingscheid 1990:51-52.
230 Schnee 2004:17.
231 Bush 1994.
232 Gemeinwesenarbeit (GWA) hat sich im 20. Jahrhundert entwickelt und geht unmittelbar auf die sozialen Missstände infolge der industriellen Revolution

eine wissenschaftliche Auseinandersetzung mit dem Thema. M.G. Ross veröffentlichte 1955 sein bekannt gewordenes Buch „Community Organizations. Theory and Principles", welches eine Reihe von weiteren Publikationen nach sich zog.[233] Seit den 90er-Jahren erlebt die Gemeinwesenarbeit auch in Deutschland eine Art „Renaissance", nachdem sie sich selbst seit den 80er-Jahren zu Grabe getragen hat.[234]

Hinter vielen Modebegriffen in der gegenwärtigen sozialen Diskussion stehen Konzepte der GWA. Der Grund für diese Erneuerung der GWA ist vor allem in der finanziellen Situation in den meisten deutschen Kommunen zu suchen. Das fehlende Geld im kommunalen Haushalt zwingt die politischen Gemeinden, nach gesellschaftlichen Alternativen zu suchen. So wird die GWA erneut zu jenem „kommunalpolitischen Instrument",[235] das gerade Anfang des 20. Jahrhunderts eine entscheidende Rolle in der Gestaltung von sozialen Räumen in Deutschland gespielt hat.

Die Bedeutung der GWA ist längst auch für die Arbeit mit Migranten und Einwanderern entdeckt worden.[236] Wie wir bereits oben gesehen haben, gestalten sich multikulturelle Sozialräume nicht ohne erhebliches Konfliktpotenzial. Da, wo Menschen zusammenleben,

---

und des Frühkapitalismus des 19. Jahrhunderts zurück. Als hervorragende Beispiele dieser ersten Anfänge können Toynbee-Hall in England und das Hull House in Chicago gelten: Das anglikanische Pastorenehepaar Barnett gründete 1884 in London die erste „Settlement-Niederlassung" mit Wohnbereich, die sie „Toynbee-Hall" nannten. Sie ermutigten vor allem Studenten und Absolventen von Universitäten, unter den Armen des berüchtigten Whitechapel-Viertels zu wohnen. Die Idee war denkbar einfach: Man beabsichtigte, durch die Ansiedlung Angehöriger höher gestellter sozialer Klassen inmitten von Armutsvierteln die Lage der Armen zu verbessern. Heute gibt es Tausende von solchen Nachbarschaftszentren in der ganzen Welt, die in der „International Federation of Settlements & Neighborhood Centres" (IFS) zusammengeschlossen sind. Jane Addams, eine christliche Humanistin und Wissenschaftlerin von der Chicagoer Universität, gründete zusammen mit einigen Kollegen das Projekt „Hull House" im Jahre 1889, um Hilfe und Dienstleistungen an viele Flüchtlinge und Einwanderer der wachsenden Industriemetropole zu leisten. Hull House war das erste soziale Projekt der Stadt und hat eine Reihe von Verbesserungen für die Arbeiterfamilien erreicht.

233 Ross 1955, Das erste Lehrbuch zum Thema stammt allerdings von F. Steiner (1925). Es fand jedoch wenig Gehör. Erst mit der Erscheinung des Werkes von Ross wurde das Thema weiter aufgenommen.

234 Müller 1999:131. Lüttringhaus (2004:16) spricht von einem „Randgruppendasein", das die GWA bis Anfang der 1990er-Jahre gefristet hat.

235 Buck 1982:153.

236 Albert 2006:27-38; Frenzke-Kulbach 2005:249-256.

wird es immer divergierende Vorstellungen geben. Konflikte gehören zu den Konstanten menschlichen Zusammenlebens, erst recht dort, wo man es über kulturelle Grenzen hinweg versucht. Und es sind Konflikte, die Risse im sozialen Gefüge der Menschen verursachen. Diese zu beheben, ist eine der wichtigsten Aufgaben der GWA und wird hier als Gemeinwesenmediation verstanden. Sie eignet sich hervorragend dazu, multikulturelle Räume für ein sinnvolles Miteinander von Einwohnern mit unterschiedlichem kulturellem Hintergrund zu gestalten. Multikultureller Gemeindebau kann sich der GWA als Methode der missionarischen Durchdringung hervorragend bedienen.

9.2.2. Wie funktioniert GWA?

Die Gemeinwesenarbeit ist immer an dem Gemeinwohl der Menschen interessiert. Sie orientiert sich an den sozialen Bedürfnissen und an den Interessen der im Gemeinwesen lebenden Menschen und aktiviert, nutzt und stärkt die bereits vorhandenen Ressourcen.[237] Dabei wird in der Praxis zwischen zwei Formen der GWA unterschieden, der territorialen und der kategorialen GWA.[238]

Unter territorialer GWA wird eine Gemeinwesenarbeit verstanden, die sich an Menschen in abgesteckten, geografischen Räumen richtet. Hier geht es um das Dorf, das Stadtviertel oder auch die Nachbarschaftsverbände. Das Arbeitsfeld der territorialen GWA ist somit der soziogeografische Raum.[239] Das erklärte Ziel der territorialen GWA ist es, soziale Netzwerke aufzubauen, um die Lebensverhältnisse im Sozialraum zu verbessern, sie entsprechend auszurüsten und für die erklärten Ziele zu aktivieren. Dabei werden keine Bereiche des öffentlichen Lebens ausgespart. Wo immer im geografischen Lebensraum Bedarf zur Verbesserung herrscht, kann die GWA zum entscheidenden Mittel werden, das Abhilfe schafft.

Dagegen richtet sich die kategoriale GWA an Gruppen von Men-

---

237 Schnee 2004:17.
238 Vgl. Ütermann 1970:169; Ross 1971:59; Boulet 1980:309.
239 Boulet 1980:293f.

schen mit spezifischen Merkmalen. Das können gewisse Berufsgruppen, soziale Gruppen oder auch Gruppen mit besonderen Interessen und Bedürfnissen sein. So können Migranten eine solche besondere Gruppe von Menschen sein.[240] Ziel der kategorialen GWA ist das Herstellen von sozialen Netzwerken, um Notlagen der Gruppe zu verbessern und gemeinsame Bedürfnisse zu befriedigen. Letztendlich geht es um die Verbesserung der Lebensumstände.

Jede GWA erkennt die sozialen Probleme der Menschen und versucht, die Einwohner zu aktivieren, diese Lage durch gemeinsame Anstrengung zu beheben. Man unterscheidet dabei drei typische Ansätze in der GWA: den integrativen, aggressiven und katalytisch-aktivierenden Ansatz.

Der integrative Ansatz bemüht sich um starke Kooperation im Arbeitsfeld mit dem Ziel einer harmonischen Anpassung aller Interessen in das Gemeinwohl. Es geht darum, nicht nur die Bedürfnisse des Lebensraumes insgesamt festzustellen, sondern vor allem die gemeinsamen Bedürfnisse der Menschen im Gemeinwesen. Alle Bewohner des Lebensraumes sollen für die Lösung dieser gemeinsamen Probleme gewonnen und organisiert werden, um damit die Probleme dauerhaft zu beheben.[241] Sie setzt notwendigerweise einen Prozess voraus, der nach Ross aus folgenden Schritten besteht: „1. vermehrte Identifizierung mit dem Gemeinwesen, 2. erhöhtes Interesse und Teilhabe an den gemeinschaftlichen Angelegenheiten, 3. gemeinsame Wertvorstellungen und Möglichkeiten, sie zu verwirklichen."[242] Durch diesen Prozess wächst unter den Menschen das Gefühl der Zusammengehörigkeit und der Verantwortung für das Gemeinwohl. Dabei werden die Gemeinsamkeiten betont. Die Interessen des Einzelnen oder von Minderheiten fallen dagegen nicht ins Gewicht. Ross stellt deutlich fest: „Gemeinwesenarbeit ist keine Minderheitenbewegung und kann nicht von den Bedürfnissen und Beanstandungen ausgehen, die nur einer kleinen Gruppe im Gemeinwesen wichtig

---

240 Ibd:295-298.
241 Ross 1971:58.
242 Ibd:66.

sind."[243] Kritiker warfen deshalb den Vertretern der integrativen GWA vor, auf Kosten von Minderheiten eine Harmonisierung der Interessen im Lebensraum zu betreiben.[244]

Die aggressive GWA wird zum Instrument politischer Intervention genutzt.[245] Hier will man das Denken der Menschen bewusst in eine bestimmte Richtung prägen. Man nimmt weniger die Anliegen aus der Bevölkerung auf, sondern versucht stattdessen, die Bevölkerung für ein bestimmtes Anliegen zu gewinnen.[246] In der Regel resultiert eine solche GWA zunächst einmal in einer Gemeinschafts-Desorganisation, wie Saul Alinsky es nannte,[247] und zwar mit dem Ziel über eine entsprechende Besinnung neue Organisations-Strukturen zu schaffen.[248] Die aggressive GWA entwickelt sich nach Szynka nach dem Schema „Konflikt – Erkenntnis – Verhandlung – Kompromiss".[249] Dabei sind die Folgen des Konflikts nicht immer leicht abzuschätzen und die Gefahr des gesellschaftlichen Diktats ist nicht von der Hand zu weisen. Ob die von außen vorgetragene Anregung zur Erkenntnis oder eher zur Aggression und Ablehnung führt, kann nicht immer leicht vorausgesagt werden. Entlang dieser Überlegungen setzt auch die Kritik dieses Ansatzes ein.[250]

Und schließlich sucht die *katalytisch-aktivierende GWA* Hilfe zur Selbsthilfe. Aktivierung statt Fürsorge; Empowering ermöglichen. Hinte und Karas definieren sie wie folgt: „Gemeinwesenarbeit ist eine Methode, die einen Komplex von Initiativen auslöst, durch die die Bevölkerung einer räumlichen gemeinsamen Einheit gemeinsame Probleme erkennt, alte Ohnmachtserfahrungen überwindet und eigene Kräfte entwickelt, um sich zu solidarisieren und Betroffenheit

---

243 Ibd:143.
244 So schreibt Bahr (1974:19): Die Unterordnung unter ein so entpolitisiertes Gemeinwohl bedeutet für einzelne Gruppen Benachteiligter gerade die Unterordnung ihrer Bedürfnisse und Rechtsansprüche."
245 Szynka 2005:11.
246 Müller 1997:116.
247 Alinsky 1971:186.
248 Ibd.
249 Szynka 2005:236.
250 Ibd:265-267.

konstruktiv anzugehen. Menschen lernen daher, persönliche Defizite zu bearbeiten und individuelle Stabilität zu entwickeln und arbeiten gleichzeitig an der Beseitigung akuter Notstände (kurzfristig) und an der Beseitigung von Ursachen von Benachteiligung und Unterdrückung."[251] Es geht also darum, Menschen zur Selbsthilfe zu aktivieren und zu befähigen. Die GWA versteht sich in diesem Konzept als Katalysator zum selbstständigen Handeln der Menschen im Gemeinwesen. Noack schlug vor, diese GWA als Netzwerk zu betreiben, d.h. „möglichst viele und pluriforme Gruppen zu bilden, um mehrfache und verschiedenartige Zugänge zum Gemeinwesen zu finden".[252] So kann ein Netzwerk entstehen, das sowohl die Interessen Einzelner als auch der Mehrheit abbildet und für ein lebenswertes gemeinsames Leben im Gemeinwesen sorgt.

9.2.3. Sozialräume – wo kann die GWA ansetzen?

Wir leben längst in einer „Risikogesellschaft", wie sie der Soziologe Ulrich Beck Ende der 80er-Jahre des 20. Jahrhunderts prophetisch voraussagte.[253] Die Gesellschaft ist einer tiefen Erosion sozialer Werte unterworfen, welcher der Staat mit seinen sozialen Sicherungsmechanismen nicht mehr beikommt. Dazu kommt der Strom der Einwanderer, die die Konflikte in den angespannten Lebensräumen noch verschärfen. Heute sind die Menschen vielerorts aufgefordert, ihren sozialen Raum selbst menschenwürdig zu gestalten. Damit sind Räume für die GWA entstanden, die sinnvoll gefüllt werden wollen.

Wie werden diese Chancen erkannt? Die Antwort bietet eine entsprechende Kontextanalyse, die mittels sozialwissenschaftlicher Messverfahren vorgenommen wird. Informationen werden durch partizipierende Beobachtung im sozialen Raum, Befragung, aktivierende Befragung,[254] Gespräche mit „Meinungsträgern" im Raum, Bewohnerversammlungen und Initiativgruppen beschafft. Enorm

---

251 Karas 1978:30f.
252 Noack 1999:21.
253 Beck 2007.
254 Aktivierende Befragungen meint eine Befragung im GW mit dem Ziel, durch die Fragen selbst das Gespräch über soziale Brennpunkte zu suchen und somit aktive Beteiligung an der GWA anzuregen. So werden Beteiligungspotenziale unter den Mitmenschen im GW erschlossen und motiviert.

wichtig ist hier die Rolle des Mediators, der die Konflikte erkennt und nach kreativen Wegen zur Lösung Ausschau hält. In der Literatur spricht man an dieser Stelle von der „community mediation", der transformativen Mediation oder auch einfach der Gemeinwesenmediation.[255]

Gemeinwesenarbeit gestaltet sich zwischen und im Dialog mit den vier wichtigen Machtfaktoren der Gesellschaft: der Wirtschaft, den Wissensträgern in der Gestalt der NPOs, den Medien und dem Staat, wie ich sie weiter oben beschrieben habe.

9.3. GWA als kirchliche Arbeit

9.3.1. Auf der Seite der Armen und Benachteiligten

Die Kirche war von Anfang an diakonisch aktiv. Sie hat sich um Arme und gesellschaftlich Benachteiligte gekümmert. Was in der Urgemeinde in Jerusalem mit der Speisung der Witwen und Armen begann, setzte sich über die Jahrhunderte der Kirchengeschichte fort. Kirchenfürsten, Ordensleute und einfache Gemeindeglieder setzten Zeit, Kraft, Geld und sogar Leben für das Gemeinwohl ihrer Nächsten ein.

Eine systematische Diakonie, die mit dem Ziel gesellschaftlicher Transformation betrieben wird, ist dagegen jüngeren Datums. In Deutschland steht diese Entwicklung der Kirche als diakonische Dienstleistung für die Gesellschaft vor allem im Zusammenhang mit dem Namen Johann Hinrich Wichern (1808–1881).[256] In seiner Denkschrift aus dem Jahre 1849 formuliert er: „Die Innere Mission ist nicht eine Lebensäußerung außer oder neben der Kirche, sie will auch weder jetzt noch einst die Kirche selbst sein ..., sondern sie will eine Seite der Kirche selbst offenbaren, und zwar das Leben des Geistes der gläubigen Liebe, welche die verlorenen, verlassenen, verwahrlosten Massen sucht ..."[257]

---

255 Siehe unter anderem Bush 2005.
256 Zu Biografie und seiner Sozialtheologie siehe Sturm 2007.
257 Wichern. Zit. nach Dittmann 2003.

Freilich war der Weg von der inneren Mission eines Wichern bis zu der modernen kirchlichen Gemeinwesenarbeit ein langer. Erst in den 1950er-Jahren wird die GWA als Instrument kirchlicher Arbeit bewusst eingesetzt.[258] Die kirchliche GWA erlebte in Deutschland eine besondere Blüte in den Jahren des Wiederaufbaus des Landes in der jungen Bundesrepublik. Damals verband man mit der GWA große Hoffnungen nicht nur für den Wiederaufbau kirchlich-diakonischer Strukturen, sondern auch mit Blick auf die Erneuerung der Kirche selbst.[259]

Diese Erwartungen haben sich nur selten erfüllt,[260] sodass der Ansatz selbst gegen Ende der 70er-Jahre des letzten Jahrhunderts in den Hintergrund gedrängt wurde. Reiner Lingscheid, der diese Entwicklung reflektiert, glaubt das Problem vor allem in der mangelhaften theologischen Reflexion der GWA und deren gesellschaftlichen Funktionen auf der einen, und der Unfähigkeit der Kirche selbst, sich den sozialen Belangen der Gesellschaft zu öffnen, auf der anderen Seite, auszumachen.[261] In der Tat lassen sowohl die Offenheit der Kirche gegenüber der Gesellschaft als auch die entsprechende Begründung des gesellschaftlichen Engagements zu wünschen übrig. Eine Begründung, die sich in eklektischer Art und Weise bestimmter biblischer Motive bedient, vermag nicht zu überzeugen. In der Regel wird sie auf die Stufe der Illustration von Glaubenspraxis gestellt und somit eines eigenständigen Rechts auf eine Mission der Kirche beraubt.

Anfang der 70er-Jahre verzeichnete Lyle Schaller vor allem in den USA ein wachsendes Interesse an der GWA im Raum der Kirche.[262] Während man sich in Deutschland weitgehend aus der GWA zurückzog, begann in den USA eine Bewegung, die Jahre später auch in Deutschland zur Erneuerung des Ansatzes beitragen sollte. Die Gründe hierfür sind recht unterschiedlich und Schaller benennt sie

258 Schaller 1972:3.
259 Ein hervorragendes Beispiel aus dieser Zeit stellt die kirchliche GWA der Evangelischen Kirchengemeinde in Freiburg-Landwasser dar. Siehe dazu Reimer 2009:256-258.
260 Lingscheid 1990:49.
261 Ibd.
262 Schaller 1972:4ff.

für die USA recht genau.[263] Für ihn ist die kirchliche „Gemeinwesenarbeit … eine Methode der Entwicklung menschlicher Reserven, ein
Mittel, durch das die Kirche dem Individuum helfen kann, intensiver
das Potenzial aufzudecken, das der Schöpfer in jedes menschliche
Wesen gelegt hat."[264] Als solches ist die GWA ein herausragendes Instrument zur Aktivierung der eigenen Gemeindeglieder. Darüber hinaus bietet sie den christlichen Gemeinden die Möglichkeit, aktiv am
Leben der Gesellschaft, an ihren Entscheidungen und ihren Bedürfnissen teilzunehmen. Nirgendwo ist sie so nahe bei den Menschen
wie hier. In ihren *Trierer Thesen zur gemeinwesenorientierten sozialen
Arbeit* unterstreichen die Autoren die besondere Rolle, die ihrer Ansicht nach den Kirchen in der sozialen Gestaltung der Gesellschaft
zukommt. Die Kirchen „haben die Funktion, Zusammenhänge zwischen den unterschiedlichen Akteuren und Akteurinnen des koope-
rativen Veränderungsprozesses herzustellen".[265] Gerade da, wo die
Kirche sich „nahe bei den Menschen hält", wird sie am besten geeignet sein, Prozesse und „Entwicklungen von unten"[266] anzustoßen.
Bruckdorfer schreibt: „Die Kirchengemeinden können im Rahmen
einer gemeinwesenorientierten Strategie als zivilgesellschaftliche Akteure eine wichtige Stellung einnehmen. Voraussetzung ist allerdings,
dass sie sich als zivilgesellschaftliche Akteure unter anderem im Rahmen einer bunten und vielfältigen Plattform von Menschen, Gruppen und Organisationen definieren."[267] Tun sie es aber, so sind ihre
Chancen groß, an der Seite der Armen und Benachteiligten wesentliche Impulse für die Transformation der Gesellschaft zu setzen.

9.3.2. Zur theologischen Begründung der GWA im Rahmen ei-
ner kirchlichen Gemeindearbeit

Moderne kirchliche GWA hat sich vor allem aus der Bemühung der
Kirche um soziale Transformation entwickelt.[268] Begründet wird der

---

263 Ibd.
264 Ibd:8.
265 Ries 1997:22.
266 Ibd.
267 Bruckdorfer 2007:9.
268 Zur Reflexion siehe: Lingscheid 1990:48ff.

Einsatz der GWA als Instrument kirchlicher Arbeit in der Regel mit dem missionarischen Gebot, „eine Kirche für andere zu sein".[269] Dabei steht das Anliegen, dem anderen als Kirche des Wortes und der Tat entgegenzutreten, im Mittelpunkt des Interesses. Annette Peters schreibt: „In theologischer Hinsicht dienen Modelle der Gemeinwesenarbeit als Hilfsmittel, um Verkündigung und Handeln miteinander zu verschmelzen, das Wort glaubhaft zu machen und die Tat vom Vorwurf des reinen Aktionismus zu befreien."[270]

Die Problematik liegt damit auf der Hand. Kirchliche GWA als Hilfsstruktur neigt dazu, missverstanden und missbraucht zu werden. Auf der einen Seite wird sie zu einem bloßen Köder für die evangelistische Arbeit der Gemeinde missbraucht: Man gewinnt durch Hilfsangebote Freunde und wenn eine Beziehung hergestellt ist, dann geht man zum Wesentlichen über, und zwar zur Verkündigung des Evangeliums. Auf diese Weise wird heute häufig das gesellschaftliche Engagement von Christen begründet.

„Als Gemeinde beteiligen wir uns an der lokalen Tafelarbeit, die sich um die Grundversorgung der benachteiligten Bevölkerung kümmert", berichtete mir ein verantwortlicher Mitarbeiter aus einer überaus aktiven Freikirche im Norden der Bundesrepublik. „Auf diese Weise kommen wir an die Menschen, denen wir das Evangelium predigen wollen."

„Und wenn Ihr Ansatz nicht aufgeht und Sie keine Menschen für Jesus dadurch gewinnen können. Was machen Sie dann?", wollte ich von ihm wissen.

„Dann geben wir die Arbeit bei der Tafel auf. Uns geht es vor allem um Evangelisation."

Auf der anderen Seite kann sich die soziale Arbeit bald so sehr verselbstständigen, dass man nur noch mit großer Mühe darin kirchliches Engagement entdeckt. Viele bekannte soziale Projekte der Kirche sind auf diese Weise total säkularisiert worden. Man braucht nur an solch herausragende Leistungen der Christen wie die Bethel-An-

---

269 Siehe hierzu Schaller 1972.
270 Peters in Lingscheid 1990:78.

stalten in Bielefeld zu denken. Hier wurde eine Arbeit in der Ravensberger Erweckung geboren. Der große Bodelschwingh würde sich heute sicher sehr wundern, was aus seinem Anliegen, Menschen das Evangelium durch gute Werke zu predigen, geworden ist.

Es bedarf daher einer theologischen Begründung, die die GWA zu einem Instrument der kirchlichen Mission selbst erhebt. Kirchliche GWA ist das Mittel kirchlicher Sozialarbeit. Und dieses soziale Handeln der Christen begründet sich aus dem Handeln und der Verkündigung Jesu. Sie ist ein konkreter Akt der christlichen Nächstenliebe. Wo unser Glaube zur Tat greift, ist soziales Handeln an der Tagesordnung. Somit ist die kirchliche GWA als Ausdruck des gelebten Glaubens ein wesentlicher Teil der christlichen Existenz in der Welt. Jeder Versuch, christliche Existenz allein sozial oder allein spirituell zu definieren, wird notwendigerweise zu kurz greifen. Der Mensch kann nur als ganzes Wesen begriffen werden. Und der Auftrag der Gemeinde ist daher auch immer ein ganzheitlicher.

9.3.3. Zum Ort der kirchlichen GWA

Gemeinwesenarbeit ist Arbeit vor Ort. Kirchengemeinden sind Ortsgemeinden. Ihre Mitglieder leben im Idealfall am gleichen Ort, in dem sich das Gemeindezentrum befindet. Somit wäre die Ortsgemeinde aufgerufen, an ihrem Ort GWA zu betreiben. Hier kann sie ihren Dienst an den Menschen entfalten. Hier kann sie in Wort und Tat dienen und die Menschen in die konkrete Beziehung zu Gott rufen. Hier, mitten unter ihren Nachbarn, kann sie eine glaubwürdige Kirche für die Zukunft sein. Gesellschaftsrelevanter Gemeindebau bedient sich somit der territorialen GWA als Handlungsrahmen. Kirchliche Gemeinwesenarbeit unterstreicht das Prinzip der Lokalgemeinde, vor allem wenn sie als territoriale GWA gestaltet wird.

In den meisten Freikirchen leben die wenigsten Gemeindeglieder an dem Ort, in dem sich das Kirchengebäude befindet. Nicht selten kommen alle Gottesdienstbesucher von weiter her. Eine territorial gefasste GWA lässt sich so nur mit Mühe durchführen. Kategoriale GWA richtet sich dagegen an deutlich definierte Gruppen. So können ethnische Gemeinden gebaut werden, eignet sich doch gerade die diasporale GWA hervorragend zur Aktivierung von Menschen gleicher nationaler Zugehörigkeit. Oder man gestaltet die Gemeinwesenarbeit um bestimmte soziale Gruppen herum.

GWA als Handlungsrahmen kann also in beiden Fällen angewandt werden. Allerdings sind in Bezug auf kategoriale Modelle kirchlicher GWA andere Bedenken anzumelden, die eher theologischer Natur sind.[271]

9.3.4. Der Arbeitszyklus der kirchlichen GWA

Viele Modelle der GWA werden linear gedacht und sind in der Regel von kurzer Dauer. Klassisch beschreibt Annette Peters ein vor Ort erprobtes Modell. Es sieht vier wichtige Schritte vor:[272]

a. Sozialanalyse, die sich mit der Lebenssituation der Gemeindeglieder beschäftigt und nach Problemen sucht, die vielen gemeinsam zu schaffen machen;

b. Aktivierende Befragung, die sich zum Ziel setzt, in der Zusammenarbeit mit den Betroffenen nach Lösungs- und Verbesserungsmöglichkeiten zu suchen;

c. Aktion. Hier wird in bewusster Zusammenarbeit mit anderen sozialen Institutionen ein Netzwerk des Hilfshandelns gebildet;

d. Begleitung des Hilfsangebots durch die Gemeinde, wobei es bewusst um eine ganzheitliche Begleitung geht. Diakonische Elemente werden in den Gottesdienst und andere gemeindliche Arbeitsbereiche eingebracht.

In der Praxis lässt sich eine Abfolge der vorgeschlagenen Schritte nicht immer konsequent durchhalten. Jeder dieser Schritte setzt nicht nur den vorhergehenden Schritt voraus, sondern beeinflusst diesen auch wieder mit neuen Informationen. Ich schlage daher vor, kirchliche GWA zyklisch anzuordnen. Der Vorteil eines solchen Verfahrens liegt auf der Hand. Der Zyklus ermöglicht ein Höchstmaß von Fle-

---

271 Siehe hierzu meine Ausführungen zum Prinzip der homogenen Einheit, in Reimer 2009:224-226.
272 in Lingscheid 1990:78.

xibilität. Man wird von jeder Position aus neu beginnen können und somit am tatsächlichen Ergebnis arbeiten, anstatt nur am Prozess der GWA selbst.

Der Praxiszyklus, angewandt auf die Handlungstheorie gesellschafts-relevanter Gemeindearbeit wird hier *Zyklus gesellschaftsrelevanter Gemeindearbeit* (ZGG) genannt und schließt folgende Stationen ein:

a. Identifikation des Zielgebietes;
b. Potenzialanalyse;
c. Kontextanalyse;
d. Visionsfindung;
e. Konzeptualisierung;
f. Planung;
g. Aktion;
h. Evaluation.

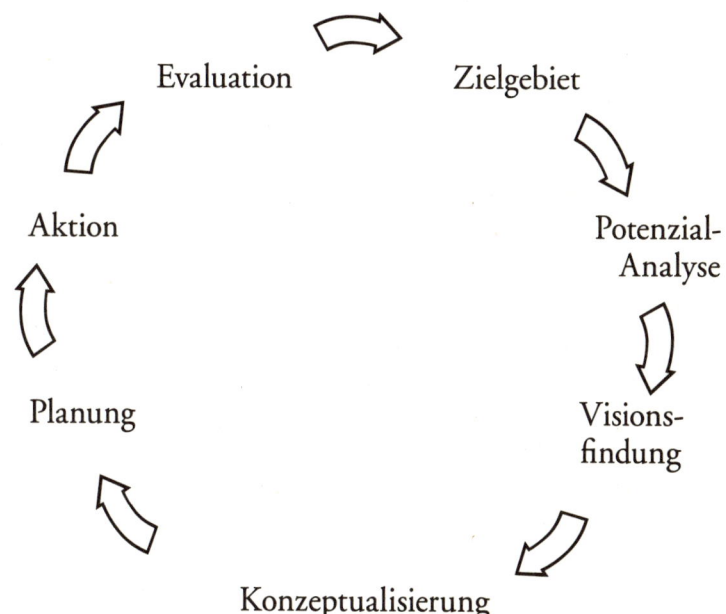

Zyklus der gesellschaftsrelevanten Gemeindearbeit (ZGG)

9.3.4.1. Identifikation des Zielgebietes

Bauen kann man nur, wenn man sich für einen Bauplatz entschieden hat. Nirgendwo kann man nicht bauen. Wer Gemeinde gesellschafts-relevant bauen will, der wird sich für einen soziokulturellen Raum entscheiden müssen. Die Tatsache, dass die Gemeinde vor Ort ihr Gemeindehaus hat, genügt an dieser Stelle nicht. Will die jeweilige Gemeinde gesellschaftsrelevant bauen, so wird sie sich für ein klar umrissenes Zielgebiet entscheiden müssen. Dabei sind einige wichti-ge Punkte zu beachten:

Erstens. Territoriale GWA setzt einen überschaubaren soziokulturel-len Raum, ein Gemeinwesen, voraus. Das Zielgebiet sollte deutlich geografisch eingegrenzt werden. Zu beachten ist, dass das gewählte Gebiet erreichbar sein sollte. Gemeinwesenarbeit lebt von der Bürger-nähe, von der Nachbarschaft. Nur hier können dauerhafte Beziehun-gen aufgebaut werden. Nur hier ist man sowohl dem gesellschaftli-chen Problem als auch dem Lösungspotenzial am nächsten. Je weiter man vom Zielgebiet entfernt lebt, desto schwieriger wird sowohl die Kontaktaufnahme als auch die konkrete Arbeit.

Zweitens. Der anvisierte Lebensraum sollte über eine gewisse sozio-kulturelle Schnittmenge verfügen. Divergierende, widersprüchliche Interessen und Problemlagen von Bürgern machen die GWA schwie-rig. Man sollte daher darauf achten, das anvisierte Zielgebiet nicht nur geografisch, sondern auch sozial einzugrenzen. Beispielsweise ist Gemeinwesenarbeit in urbanen Räumen in der Regel Stadtteilarbeit. Stadtteile entwickeln ihre sozialen Brennpunkte, ja sogar soziale Charaktere. Es ist ratsam, sich auf einen Stadtteil zu konzentrieren.

Drittens. Das Gemeindezentrum bildet als Versammlungsraum der jeweiligen christlichen Gemeinde ein gewisses Zuhause, eine Adres-se, ein sichtbares Zeichen der Zugehörigkeit zum Ort. Für die meis-ten bestehenden Gemeinden wird deshalb der Stadtteil, in dem sich das Gemeindezentrum befindet, das eigentliche Zielgebiet für ihre GWA sein. Dies ist allein deshalb von großer Bedeutung, weil die gesellschaftsrelevante Gemeindearbeit sich zwar der GWA bedient, aber sich nicht in der sozialen Arbeit erschöpft. Gemeindebau will mehr als GWA. Er will nicht nur die Lebensqualität der Menschen verbessern, sondern das Reich Gottes unter den Menschen aufrichten! Und das geht nur da, wo die Menschen nicht nur ein besseres Leben, sondern den Schöpfer allen Lebens, Gott, kennenlernen. Die GWA spricht in der Regel den Alltag der Menschen an. Gesellschaftsrelevanter Gemeindebau will dagegen sowohl den Alltag als auch den Sonntag, sowohl den Körper als auch den Geist des Menschen mit dem Evangelium erreichen. Deshalb ist die Nähe zum geistlichen Zentrum der Gemeinde von unbedingter Relevanz. Wo diese Nähe fehlt, ist eine einseitige Auslegung der Gemeindearbeit auf eine rein soziale Arbeit bald eine reale Gefahr.

Viertens. Wird die GWA als Handlungsrahmen für einen multikulturellen Gemeindebau bemüht, sollte das anvisierte Gemeinwesen auch eine entscheidende Schnittmenge von unterschiedlichen kulturellen Gruppen aufweisen. Es macht wenig Sinn, multikulturelle Arbeit anzustreben, wenn das anvisierte Einsatzgebiet eher monokulturell gestaltet ist. Will man es trotzdem, dann wird man die GWA eher kategorial gestalten müssen, mit all den aus diesem Vorgehen resultierenden, praktischen und theologischen Nachteilen.

9.3.4.2. Potenzialanalyse

Der Erfolg einer Gemeinwesenarbeit hängt im Wesentlichen vom Vorhandensein potenter Mitarbeiter ab. Will man multikulturelle Räume kraft einer GWA für den Gemeindebau erschließen, so wird man nicht umhinkönnen, das vorhandene Mitarbeiterpotenzial zu analysieren. Dabei fragen wir sowohl nach Gaben, Fähigkeiten und Kompetenzen im Gemeindeaufbauteam als auch nach einem entsprechenden Potenzial im Gemeinwesen selbst.

Zunächst befragen wir die Mitarbeiter des Gemeindeaufbauteams nach ihrem Potenzial. Dabei verstehen wir unter Gaben die übernatürlichen und vom Geist Gottes besonders gewirkten Gaben. Unter Fähigkeiten werden natürliche Begabungen notiert und unter Kompetenzen verstehen wir durch Lehre und Erfahrung bestätigte Fertigkeiten. Alle in der Gruppe vorhandenen Gaben werden in eine Gabenliste, Fähigkeiten in eine Liste der Fähigkeiten und entsprechend die Kompetenzen in eine Liste eingetragen. Es ist sehr zu empfehlen, dass dieser Prozess interaktiv gestaltet wird. Die Teilnehmer schreiben ihre Vorstellungen auf so viele Karten, wie sie wollen, und heften diese dann an eine von drei im Raum aufgestellten Tafeln. Alle Teilnehmer stellen ihre Karten kurz vor, bevor sie diese an die Tafel heftet. Dabei notieren sich alle anderen Teilnehmer weitere Gaben, Fähigkeiten und Kompetenzen (GFKs), die ihrer Meinung nach der/ die Betroffene übersehen hat. Diese werden ohne Diskussion auch vorgestellt und ebenfalls an die Tafeln angebracht.

Anschließend kondensiert der Leiter die in den Listen vorhandenen GFKs in drei bis fünf Kernkompetenzen der Teams. Diese Kernkompetenzen könnten zum Beispiel Mediation, Integrationshilfen, praktische Hilfe sein. Ich gestalte die GFKs des Teams gern zu wunderschönen Blumen, indem ich die entsprechenden GFKs um die anvisierte Kernkompetenz gruppiere. So entsteht ein Bild der vorhandenen Gaben, aber auch zugleich ein möglicher Einsatzort für die GFKs. Wichtig ist, dass man die Kondensierung der GFKs in Kernkompetenzen von vorneherein auf Kompetenzen vornimmt, die im Transformationsprozess des Lebensraums von Bedeutung sind, und zugleich aber auch eine entsprechende Öffnung für geistliche Themen und Dienste ermöglicht. Das wäre bei einer Kernkompetenz Mediation sicher gegeben. Mediation steht für Versöhnung und Konfliktlösung. Beides beschreibt Felder enormer gesellschaftlicher Spannungen und stellt zugleich einen wesentlichen Auftrag der Kirche in der Welt dar. Ein Beispiel der Kondensierung von GFKs in eine Kernkompetenz wird im folgenden Bild gegeben. Hier sind einige wenige Gaben, Fähigkeiten und Kompetenzen in eine Kernkompetenz „Mediation" zusammengeführt worden. Selbstverständlich kann eine solche Blume viele weitere GFKs beinhalten.

Die wenigen gesellschaftsrelevanten und zur Transformation multikultureller Räume geeigneten Kernkompetenzen des Gemeindeaufbauteams stellen nun eine Art Linse dar, durch die eine entsprechende Kontextanalyse vorgenommen wird. Die Kernkompetenzen beschreiben eine Art Geschenk an die Menschen vor Ort. Die Frage ist nun, wo dieses Geschenk Gottes am effektivsten einzusetzen ist. Oder man kann an dieser Stelle auch die Licht-Metapher aus Mt. 5,14 benutzen – die Kernkompetenz der Gemeinde ist ihr Licht. Jetzt müssen nur die dunkelsten Stellen im Lebensraum identifiziert werden, an denen das Licht ein Maximum an Lebensqualitätsverbesserung bringen kann.

Die Potenzialanalyse ist mit der Feststellung der GFKs und deren Verfestigung in Kernkompetenzen nicht abgeschlossen. Eine gute GWA wird nie für die Menschen gemacht, sondern aktiviert die Menschen im Lebensraum selbst zur notwendigen Transformation. Es gilt daher festzustellen, welche Stärken, Fähigkeiten und Kompetenzen der multikulturelle Raum selbst aufweist, die für eine GWA gebraucht werden können. Mit anderen Worten: wo sind jene Change-Agenten im Gemeinwesen, die über entsprechende Fähigkeiten verfügen, die die Kernkompetenz des Gemeindeaufbauteams ergänzen und stärken können? Die Feststellung dieser Stärken findet in der Kontextanalyse, dem nächsten Schritt auf dem Weg zu einer kirchlichen GWA statt.

9.3.4.3. Kontextanalyse

GWA ist ein Dienstangebot an Menschen, ihre Lebenswelt lebenswerter zu gestalten. Ein solches Angebot zu formulieren setzt voraus, dass die Lebenswelt im Gemeinwesen mit allen dort vorhandenen Stärken und Schwächen, Träumen und Bedürfnissen, Nachteilen und Nöten zu kennen ist. Eine intensive Kontextanalyse geht demnach der GWA voraus. Wie kann eine solche Analyse gemacht werden? Folgende Empfehlungen können hilfreich sein:

- Wir machen uns ein Bild über Strukturen, Institutionen und Angebote in besagten Gemeinwesen. Unsere Dörfer, Städte und Gemeinden können nur funktionieren, weil sie soziopolitisch organisiert sind. Wir fragen die Menschen, denen wir dienen wollen. Das kann zum Beispiel bedeuten, dass wir Leiter der gesellschaftlichen Institutionen einladen, in die Gemeinde zu kommen und ihre Sicht der Probleme in und um die von ihnen geleitete Institution darzulegen. Ein Beispiel hierfür ist die Desert Spring Bible Church in Phoenix, USA.[273] Mitglieder der Gemeinde waren seit Jahren besorgt über den Zustand der öffentlichen Schule. Aber statt Vermutungen anzustellen, was wohl die Ursache der Missstände an der Schule sein könnten, luden sie den Schulleiter ein, einmal über seine Schule zu berichten. Der Pastor der Gemeinde teilte dem Schulleiter mit, dass seine Gemeinde der Schule selbstlos helfen wollte und zwar überall da, wo es an Geld, Ressourcen oder Manpower fehlte. Der Schulleiter kam und schon bald begann ein überaus imposantes Schulunterstützungsprogramm der Gemeinde. Ähnliches passierte in Builder, Colorado.[274] Auch hier sah die Schule bald anders aus und das kritische Verhältnis der Lehrer zu Kirche und Glauben änderte sich radikal.

• Wir informieren uns über vorhandene Untersuchungen zur sozialen, ökonomischen und politischen Lage in unserem anvisierten Gemeinwesen. Sind solche Untersuchungen nicht vorhanden, so führen wir eine eigene Untersuchung durch. Dabei interessiert uns nicht nur die Schieflage in der Nachbarschaft, sondern auch die Träume und Visionen der Menschen. Folgende Fragen könnten als Orientierung dienen:

4. Leben Sie gern an diesem Ort?
5. Was gefällt Ihnen hier besonders gut?
6. Was muss Ihres Erachtens verändert werden?
7. Was halten Sie für unerträglich?
8. Was würde das Leben vor Ort positiv verändern?

---

273 Siehe hierzu den Bericht in Rusaw 2004:159f.
274 Rusaw 2004:104f.

Es empfiehlt sich, mit den Fragen auch eine gewisse Einladung zum Mitmachen zu verbinden. Aktivierende Befragung ist der erste Schritt zum Vertrauen und zur Zusammenarbeit.

- Wir konzentrieren uns besonders auf klassische Schieflagen von Menschen. Jesus selbst nennt uns diese Notlagen in Mt. 25,35-36: Hunger und Durst, soziale Vereinsamung, materielle Versorgung, gesundheitliche Versorgung, gesellschaftliche Isolierung.

- Wir identifizieren das Beziehungsgeflecht im Gemeinwesen. Wo werden im Gemeinwesen Beziehungen gepflegt und wie? Welche Vereine gibt es und von wem werden diese gestaltet? Wer verkehrt mit wem und wer verkehrt mit wem nicht? Beziehungen sind wichtig.

- Wir konzentrieren uns ganz besonders auf die kulturellen Unterschiede im Lebensraum. Welche kulturellen Hintergründe sind am Ort vorhanden? Wie werden die kulturellen Besonderheiten gelebt? Welche materiellen, sozialen, weltanschaulichen und religiösen Besonderheiten weisen die jeweiligen Gruppen auf? Wo entsprechen sich die Kulturen und wo liegen Konflikte vor?

Eine Kontextanalyse verlangt eine gewisse analytische Kompetenz und Professionalität. Diese ist in den bestehenden christlichen Gemeinden nur selten vorhanden. Eine Gemeinde ist gut beraten, sich fremde Hilfe zu holen.

9.3.4.4. Vision formulieren

Gemeinden, die sich dem gesellschaftsrelevanten und multikulturellen Gemeindebau verschrieben haben, entwickeln eine Vision von einer im Sinne des Evangeliums veränderten Gesellschaft. Vision meint noch nicht ein durchdachtes Konzept. Bill Hybels definiert diese Vision in seinem Buch über Leiterschaft treffend als „ein Bild von der Zukunft, das Leidenschaft verursacht"[275]. Wem eine solche

275 Übersetzung von mir. Im Original: „Vision is a picture of the future that

fehlt, der kann nicht leiten, auch wenn er eine Leitungsposition bekleidet. Hybels schreibt:

„Vision gehört zum Kern dessen, was Leiterschaft ausmacht. Nimm dem Leiter die Vision und du nimmst ihm das Herz. Vision ist der Brennstoff, der einen Leiter in Bewegung hält. Es ist die Energie, die Aktionen ermöglicht. Es ist das Feuer, das die Leidenschaft der Nachfolger entzündet."[276]

Vision ist somit eine Sicht für die Zukunft. Eine Sicht, die sich allerdings nicht beliebig entwickeln kann. George Barna definiert in seinem überaus empfehlenswerten Buch Vision als „Voraussicht mit Einsicht, die auf Rücksicht baut".[277] Er will damit eine Haltung beschreiben, die den Blick in die Zukunft wagt, ohne zugleich die Gegebenheiten der Gegenwart und die Erfahrungen der Vergangenheit zu negieren. Vision ist demnach ein Bild, das man vor Augen hat. Ein Bild, wie die Dinge in der Zukunft sein könnten oder sein müssten. Im Bezug auf den geistlichen Dienst bringt Barna es auf den Punkt: „Vision für den Dienst ist ein mentales Bild über die ersehnte Zukunft, das Gott seinen erwählten Dienern schenkt."[278] Gott teilt also seinen Dienern mit, was er in der Zukunft für den Aufbau seines Reiches tun möchte. Und sie sind es, die diese Pläne und Konzepte ausführen sollen.

Die Botschaft oder Vision ist zwar nur ein Bild, aber ein Bild, das sich im Denken der Leiter längst materialisiert hat. Ein Traum transformiert in einen Aktionsplan. Noch ist nichts umgesetzt, noch ist nichts greifbar und doch kann der Visionär bereits alles fühlen, alles betasten. Die Vision ist für ihn zum Greifen nahe. Beispiele von Visionsstatements der Gemeinden machen das Gesagte deutlich.

Wie entsteht eine mögliche Vision der Gemeinde für eine integra-

produces passion." (Hybels 2002:32).
276 Ibd.
277 Barna 2003:24. Im Original: You might define vision as foresight with insight based on hindsight.
278 Ibd. Im Original: "Vision for the ministry is a clear mental image of a preferable future imparted by God to his chosen servants and is based upon an accurate understanding of God, self and circumstances."

tive Gemeindearbeit? Es sind vor allem folgende zwei Faktoren, die visionäre Festlegungen wesentlich mitprägen:

    b. der Auftrag Gottes,
    c. die Not der Menschen.

Hinter diesen beiden Faktoren steht der ausgesprochene Wille Gottes, der seine Gebote uns Menschen gegenüber durch Jesus Christus in den zwei Forderungen zusammenfasst: „Du sollst den Herrn, deinen Gott, lieben von ganzem Herzen, von ganzer Seele und von ganzem Gemüt" und „Du sollst deinen Nächsten lieben wie dich selbst." (Mt 22,37-39). „In diesen beiden Geboten hängt das ganze Gesetz und die Propheten", sagt Jesus (Mt 22,40).

Ein Visionsstatement der Gemeinde zum Thema gesellschaftsrelevanter, integrativer Gemeindearbeit wird sich daher um die Frage nach dem Willen Gottes, nach seinem Auftrag, mühen müssen, gleichzeitig aber die Situation des Nächsten vor Ort zu begreifen versuchen. Damit ist auf der einen Seite eine sorgfältige theologische Arbeit vonnöten, auf der anderen Seite eine sorgfältige Kontextanalyse. Ein deduktiv-induktives Verfahren im ständigen Gespräch der Findungen aus beiden Bereichen ist dafür notwendig.

LIEBE ZU GOTT   **LIEBE ZUM NÄCHSTEN**
Was will   Wie geht es
Gott?   meinem Nächsten?

Prozess der Visionsdefinition

Rechte Gemeindevision kann daher niemals generisch formuliert werden. So gut die Gemeindevision einer Willow Creek Gemeinde in USA sein kann, unsere Gemeinde vor Ort wäre schlecht beraten, diese zu übernehmen. Unsere Vision entsteht im Gespräch zwischen dem Auftrag Gottes und der Situation der Menschen vor Ort. Es kann daher auch nur eine ortsbezogene Vision sein. Sie entsteht im Vergleich der Potenzialanalyse und der Kontextanalyse. In der Potenzialanalyse hat das Gemeindeaufbauteam festgestellt, welche Gaben, Fähigkeiten und Kompetenzen vor Ort vorhanden sind. In der Sprache des Marktes ausgedrückt ermittelt die Potenzialanalyse das vorhandene Gestaltungsangebot. In der Kontextanalyse stellt man dagegen den Bedarf fest. Und wo sich Angebot und Nachfrage begegnen – da entstehen Räume für Veränderung.

Freilich, eine Gemeindevision beinhaltet mehr als nur eine Vorstellung, wie man die Notlage vor Ort lindern könnte. Eine solche Vision wird immer vor dem Hintergrund des Auftrages Gottes, sein Reich in der Welt zu bauen, formuliert. Der Lebensraum, der nach den Vorgaben des Reiches Gottes gestaltet wird, bildet daher auch das eigentliche visionäre Ziel für jede Gemeindearbeit.

9.3.4.5. Konzeptualisierung

Ein Visionsstatement ist noch kein Konzept. Konzepte gehören eher in den Bereich von Machbarkeitsstudien. In einem Konzept werden nicht nur Auftrag und Bedarf, Gottes Wille und die Not des Nächsten, sondern noch andere Faktoren berücksichtigt. Dabei stellen die vorhandenen Mittel und Mitarbeiter in der Gemeinde und im anvisierten Gemeinwesen die wichtigsten Faktoren dar. Man sollte Konzepte zirkular entwickeln. Folgendes Modell kann dabei Hilfe leisten. Es schließt folgende Schritte ein:

- Vision festlegen,
- Ressourcen in der Gemeinde identifizieren,
- Ansätze wählen,
- Partner in der Gesellschaft finden,
- Arbeitsschritte festlegen,
- Aktion,
- Auswertung.

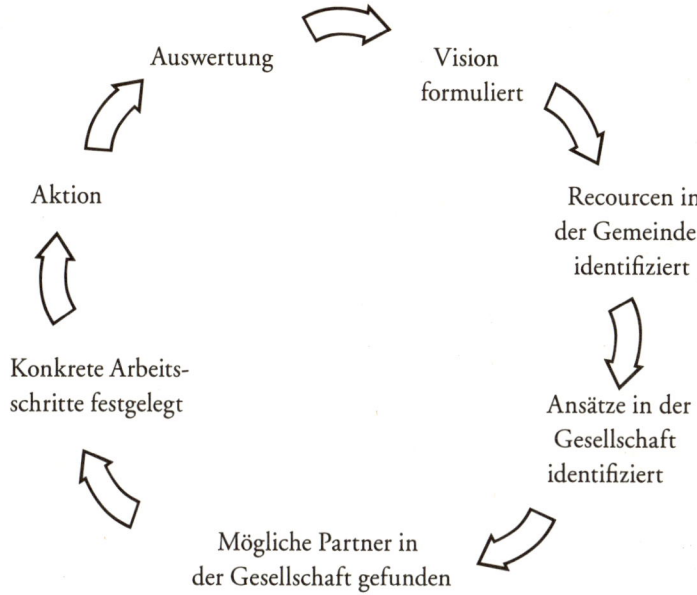

Arbeitsschritte zum gesellschaftsrelevanten Gemeindeaufbau

9.3.4.6. Planung

In der Planung wird das Konzept in konkrete Arbeitsaufgaben umgesetzt. Gute Planung leitet sich von den berühmten W-Fragen ab:

WAS macht
WER und
WIE soll es gemacht werden?
WANN und
WOMIT wird es gemacht?
WAS erwarten wir als Ergebnis?
WIE soll es ausgewertet werden?
WAS ist dann der nächste Schritt?
WOHIN soll er führen?

In der konkreten Planung einer GWA ist es von vorneherein wichtig, im Rahmen des Gemeinwesens zu planen. Man darf nie vergessen, dass hier nicht für die Menschen, sondern mit den Menschen gearbeitet wird. Das Gemeindeaufbauteam sollte die Initiative vordenken und dann mit den Menschen vor Ort diskutieren. Melden sich dann ehrenamtliche Mitarbeiter aus der Bevölkerung, so müssen sie unbedingt Freiräume erhalten.

9.3.4.7. Aktion

Unter der Aktion verstehen wir die Durchführung, die praktische Anwendung des schriftlich formulierten Konzepts für eine gesellschaftsrelevante Arbeit. Hier findet die eigentliche GWA statt. Dabei ist es nicht unwesentlich, dass man sich bei der Durchführung an das Konzept hält, jedoch mit einer entscheidenden Portion an Flexibilität. Wie im Zyklus gesellschaftsrelevanter Gemeindearbeit (ZGG) dargestellt, ist der ständige Dialog zwischen der erarbeiteten Theorie und der Erfahrung in der Praxis entscheidend. Veränderungen können und dürfen vorgenommen werden, allerdings verlangen sie eine fundierte Neubesinnung auf alle wesentlichen Faktoren des Zyklus. Es ist beispielsweise nicht möglich, theologische Erwägungen, die bestimmte Arbeitsschritte für wichtig erscheinen ließen, einfach außer Acht zu lassen, wenn sich die geplanten Schritte als undurchführbar erwiesen haben. Jede Veränderung im Bereich der Methode setzt eine Reflexion des Scheiterns der geplanten Methode und den Vorschlag eines neuen Verfahrens vor dem Hintergrund der Vision voraus. Geschieht das nicht, droht die kirchliche GWA ihren kirchlichen Charakter und die eigentliche Mission aus dem Auge zu verlieren.

9.3.4.8. Evaluation

Die Evaluation stellt ein Instrument der Qualitätssicherung dar und bietet die Chance, eine festgefahrene Arbeit neu auszurichten. Dabei ist nicht nur eine Gesamtbeurteilung der erzielten Ergebnisse gemeint. Ein gutes Konzept des gesellschaftsrelevanten Gemeindebaus wird Messinstrumente für Qualitätssicherung für jeden abgeschlossenen Arbeitsschritt vorsehen. Nur so kann festgestellt werden, ob man das angestrebte Ziel der missionarischen Durchdringung der Gesellschaft immer noch im Blick hat und inwieweit die eingeleiteten Maßnahmen greifen. Eine Beurteilung der Arbeit sollte immer konstruktiv-kritisch vorgenommen werden. Die Instrumente der Beurteilung leiten sich von der Vision ab und müssen auf diese zurückführbar sein. Letztendlich geht es ja nicht einfach um eine GWA, sondern um eine kirchliche GWA, die ihre besonderen vom Evangelium her gesetzten Ziele verfolgt.

Es ist wichtig, die GWA sowohl aus der Innen- als auch an der Außensicht beurteilen zu lassen. Programmgestalter können zuweilen berufsblind werden und sehen nicht mehr die Mängel in der eigenen Arbeit. Sie brauchen daher neutrale Augen. Außenstehende werden auf Dinge aufmerksam, die einem Insider oft verborgen bleiben, weil man diese als Selbstverständlichkeiten übersieht. GWA ist eine Arbeit, die im klar definierten Kontext stattfindet. Im Zentrum stehen Menschen. So ist es wichtig, zunächst einmal diese Menschen auf die Wirksamkeit des Programms zu befragen. Schließlich sind sie die Nutznießer der Arbeit. Doch die Perspektive der Nutznießer kann zu einer finalen Beurteilung nicht ausreichen. Man sollte daher von Zeit zu Zeit Experten von außen bitten, sich die Arbeit anzusehen, um beurteilen zu lassen, ob man immer noch gesellschaftsrelevant und reichsgottesorientiert ist.

9.4. Gemeinwesenmediation als Rahmen für den Gemeindebau

9.4.1. Ist kirchliche GWA Gemeindearbeit?

Multikultureller Gemeindebau sollte bei der Kernkompetenz der Gemeinde Jesu ansetzen. Und diese haben wir im Dienst der Versöhnung festgemacht. Freilich kann nicht jede soziale Aktion als Versöhnung verstanden werden. Und deshalb wird auch nicht jede soziale Arbeit von vornherein dafür geeignet sein, als Bestandteil des Gemeindeaufbaus gewertet zu werden. Nur da, wo das soziale Engagement der Gemeinde Konflikte zwischen den Menschen, den Menschen und der Umwelt und den Menschen und Gott überwindet, kann von einem Dienst der Versöhnung gesprochen werden.

In der Gesellschaft wird hierfür der Begriff Mediation bemüht. So gesehen ist die Gemeinde eine mediäre Gemeinschaft. Sie versteht sich als Botschafterin der Versöhnung zwischen Gott und Mensch und damit auch zwischen den Menschen und der ihn umgebenden Schöpfung. Alles, was sie tut und sagt, sollte diesem Ziel unterworfen sein. Und der Zustand einer gelungenen umfassenden Versöhnung ist Reich Gottes.

Freilich, die Gemeinde Jesu ist bei Weitem nicht die einzige Institution der Gesellschaft, die sich bewusst gesellschaftsgestaltend positioniert. Andere tun es auch. Gerade in Deutschland tummeln sich auf dem Markt des Gesellschaftsaufbaus unzählige Vereine, Einrichtungen und Parteien. Das Mediations-Angebot der Kirche ist da eines unter vielen. Die Kirche muss deshalb als intermediäre Institution begriffen werden. Damit ist sie eine unter vielen, jedoch eine mit spezifischem Angebot und Kompetenz.

9.4.2. Bei der Kernkompetenz bleiben

Die Gemeinde als intermediäre Institution zu begreifen, heißt zu verstehen, dass die Kirche nicht mehr in der Mitte des Dorfes liegt. Längst haben sich viele Institute der Gesellschaft zu Konkurrenten in der Gestaltung des Lebensraumes entwickelt. *Intermediär* bedeutet daher auch nach Berger und Luckmann „gesellschaftlich eingeschränkt".[279] Intermediäre Institutionen müssen sich für ihre jeweilige hochspezialisierte Rolle in der Gestaltung des Lebensraumes entscheiden. Und das schließt die Gemeinde ein. Die Kirche ist keine Primärinstitution der *lokalen* Gesellschaft mehr. Doch gerade deshalb kann und muss sie ihre mediative Rolle wiederfinden.

Die Religionssoziologen Luckmann und Berger sind der Meinung, dass die Kirche eine enorme intermediäre Rolle in der heutigen Gesellschaft spielen kann. Sie definieren diese Rolle wie folgt: „Für den Einzelnen kann die Kirche dann die wichtige Sinngemeinschaft darstellen; über sie kann er eine sinnvolle Brücke zwischen seinem

279 Berger und Luckmann 1995:59.

Privatleben und seiner Partizipation an den gesellschaftlichen Institutionen schlagen."[280]

Busch und Folger haben vorgeschlagen, Veränderungsprozesse im gegebenen Gemeinwesen über eine transformative Mediation zu steuern. Die Entwicklung des gemeinsamen Lebensraumes zum Besseren hängt ja im hohen Maße vom kreativen und wohlwollenden Miteinander der Menschen in diesem Lebensraum ab. Ein solches Miteinander setzt Gespräch und Dialog, mit anderen Worten Interaktionsstärke, voraus. Konflikte sind nichts anderes als „Krisen in der menschlichen Interaktion".[281] Die Aufgabe der transformierenden Mediation besteht darin, die Interaktion, den Dialog und das Gespräch zwischen den potenziellen Konfliktparteien in Gang zu bringen und ihre Interaktionsstärke zu erhöhen. Das kann nur durch eine moralische Verpflichtung für gemeinsame Lebensideale, oder wie Bush und Folger schreiben, durch „ein moralisches Wachstum"[282] geschehen. Ein solches Wachstum setzt voraus, dass man kollektive Interessen im Blick hat. Transformierende Mediation kann daher auch nur als Gemeinwesenmediation geschehen. Eine solche Mediation berücksichtigt prinzipiell die Gegebenheiten des Gemeinwesens, wenn Konflikte zwischen den Parteien in Angriff genommen werden. Konflikte werden im Interesse aller im Gemeinwesen lebender Menschen gelöst. Niemand darf besonders hervorgehoben werden. Niemand wird bevorzugt. Und gerade die Minderheiten erfahren einen besonderen Schutz. Ganz im Einklang mit den Aussagen der Bibel. Der Schwache in der Gesellschaft wird als würdig erachtet, besondere Unterstützung zu erfahren.

Gemeinwesenorientierter Gemeindeaufbau findet damit auf mehreren Ebenen statt. Klöck spricht im Zusammenhang mit der GWA von einer „mehrdimensionalen Netzwerkarbeit"[283]. Auf der Mikroebene geht es um die Unterstützung der Einzelnen in ihren unterschiedlichen, persönlichen Bedürfnislagen. Wer auf der individuellen Ebene Hilfe erfährt, der ist bald bereit, auch anderen in seiner Umge-

---

280 Berger und Luckmann 1995:60f.
281 Bush 2005:49.
282 Bush 2005:72.
283 Klöck 2000:30.

bung beizustehen. GWA beginnt somit immer auf der individuellen Ebene. Das Ergebnis ist der Aufbau einer Alltagssolidarität im Gemeinwesen, und der gemeinwesenorientierte Gemeindebau folgt diesem Prinzip. Hier werden Menschen in ihren individuellen Lebenslagen aufgesucht, Verbindungen zu anderen im gleichen Raum geschaffen und funktionierende solidarische Nachbarschaften aufgebaut. So entsteht Vertrauen zueinander und damit jene Atmosphäre, in der Lebensräume gestaltet und persönlicher Glaube gelebt werden kann.

Auf der Mesoebene übernimmt die GWA die Aufgabe der Vermittlung zwischen den Einwohnern eines Gemeinwesens und den gesellschaftlichen Institutionen und Machtzentren, in der Politik, Ökonomie und in den Medien. Ziel ist es, den Lebensraum strukturell weiterzuentwickeln und die Handlungsfähigkeit der Einwohner zu stärken. Eine christliche Gemeinde, die sich hier zur Fürsprecherin der Menschen im soziopolitischen Raum macht, wird Anlaufstelle für entsprechende Initiativen und dadurch Vertrauensagent der Menschen.

Schließlich übernimmt die GWA auf der Makroebene gezielte Programme zur Gestaltung des Gemeinwesens. Die Programme werden nicht für die Bürger im Lebensraum gemacht, sondern mit ihnen gemeinsam gestaltet. Und sie orientieren sich immer an den von der großen Mehrheit der Bewohner empfundenen Notlagen. Ein solches Projekt wird die aufzubauende Gemeinde selbst.

Auf allen drei Ebenen des Gemeindeaufbaus agiert das Gemeindeaufbauteam als intermediäre Instanz. Die Gemeinde löst nicht die Probleme der Einzelnen, sondern ermutigt sie, sich gegenseitig zu helfen. Sie klärt nicht die Spannungen zwischen den Machtfaktoren der Gesellschaft und dem entsprechenden Gemeinwesen, sondern sie engagiert sich mit und an der Seite von den Bewohnern. Sie gestaltet nicht die Gemeinwesen-Entwicklungsprogramme *für* die Menschen, sondern *mit* ihnen. Die Gemeinde initiiert, ermutigt, begleitet, jedoch immer zusammen mit den Menschen im betroffenen Lebensraum. Somit erfüllt sie im wahren Sinne des Wortes die Kriterien einer intermediären Institution der Gesellschaft.

10 Praxis des multikulturellen Gemeindebaus

10.1. Die Zukunft ist multikulturell

In seinem Buch zu der messianischen Gemeinde der Zukunft entwirft Jürgen Moltmann seine Vision von einem Bekenntnis-Christentum, welches die soziokulturellen und ethnischen Grenzen durchbricht.[284] Wenn man die Entwicklung Europas zu einer multikulturellen Gesellschaft, in der hybride Formen des sozialen und religiösen Zusammenlebens an der Tagesordnung sind,[285] ernst nimmt, dann ist die Zukunft des Gemeindebaus ebenfalls multikulturell. Wie aber hat man sich die Entwicklung einer multikulturellen Gemeinde vorzustellen? Folgende Überlegungen sind möglich.

10.2. Multikulturelle Gemeindearbeit – was zeichnet sie aus?

10.2.1. Alle werden beteiligt

Multikulturelle Gemeinden wenden sich an alle Menschen im Zielgebiet. Sie wollen Gemeinde für alle sein. Niemand wird nur deshalb ausgeschlossen, weil man zu einer anderen Kultur gehört, die Sprache des Gastlandes nicht spricht oder unwillig ist, die eigenen kulturellen Besonderheiten aufzugeben. In der multikulturellen Gemeinde wäre für sie alle Platz. Doch eine so weit gefasste Einladung hat auch ihren Preis. Multikulturelle Gemeinden funktionieren nur, wenn Menschen sich gegenseitig respektieren und zugleich bereit sind, Kompromisse zu schließen. Nichts ist so wichtig wie eine dienende und dialogische, ja koinonitische Grundhaltung, die dem Anderen mit Liebe begegnet und ihm oder ihr die Hand der Freundschaft und Anteilnahme ausstreckt.[286] Eine solche Haltung wird mehrere Konsequenzen für den Gemeindebau in multikulturellen Räumen haben:

---

284 Moltmann 1975/1978.
285 Modood 1997.
286 Zum dialogischen Charakter der Gemeinde siehe: Reimer 2009:176.

a. Es kann nur verwirklicht werden, wenn Interessen des Reiches Gottes über eigene religiöse Interessen gestellt werden und Gemeindearbeit als Aktivierung der Menschen im Lebensraum zum Leben im Sinne des Reiches Gottes verstanden wird;

b. Es verlangt nach einer ethnolingualen Vielfalt im Gemeindealltag bei gleichzeitiger Akzeptanz einer sprachlichen und kulturellen Dominante. Diese wird in der Regel die Sprache und Kultur des Gast-Landes sein;

c. Es setzt gemeinsame Ziele und Projekte um, und

d. setzt eine gemeinsame Leitung voraus.

10.2.2. Eine Gemeinde – ein Auftrag

Multikultureller Gemeindebau ist ekklesialer Gemeindebau. Dabei wird der Begriff *ekklesia* in seinem ursprünglichen Sinn verstanden. Danach ist die Gemeinde eine Gemeinschaft der Verantwortungsträger, die den Auftrag bekommen hat, den Ort im Sinne des Reiches Gottes zu transformieren.[287] Und diese Transformation ist ganzheitlich gemeint. Das Leben der Menschen vor Ort soll lebenswerter gestaltet werden. Zu diesem Ziel gestaltet die multikulturelle Gemeinde ihre Arbeit im Rahmen der aktivierenden GWA. Alle Menschen vor Ort werden eingeladen, Bürgerinitiativen mitzugestalten. Multikultureller Gemeindebau ist Gemeindebau mit den Menschen und nicht, wie sonst üblich, für die Menschen.

Freilich setzt eine solche Arbeit voraus, dass die Menschen vor Ort auch vor Ort leben wollen. Sie mögen als Migranten aus aller Herren Ländern nach Deutschland gekommen sein, aber jetzt wollen sie in Deutschland leben. Hier wollen sie ihre Kinder erziehen und zur Schule und Hochschule schicken. Hier wollen sie alt werden und die entscheidende Zeit ihres Lebens verbringen. Das Konzept setzt voraus, dass die Menschen sich integrieren wollen. Und deshalb werden gemeinsame Strukturen geschaffen, Kinderbetreuung organisiert, Sprachunterricht angeboten, Nachhilfeunterricht in Szene gesetzt und multikulturelle Begegnungsräume geschaffen. Mit anderen

---

287 Reimer 2009:36ff.

Worten: die multikulturelle Gemeinde kultiviert ein gemeinsames Bewusstsein der Verantwortung für den gemeinsam bewohnten, sozialen Raum. Und die gemeinsamen sozialen und politischen Projekte werden bald jene Vertrauensebene schaffen, die auch das Gespräch über den Glauben ermöglicht.

10.2.3. Eine Gemeinde – viele Sprachen

Kulturen definieren sich über Sprache, Symbole und Handlungen. Nimm einer Kultur diesen gemeinsamen Nenner und sie verliert ihr Gesicht und ihre Gestalt. Deshalb sind die Modelle der Integration von Migranten, die ihre Kulturen eliminieren wollen, Brutstätten von Minderwertigkeitskomplexen und soziokulturellen Erkrankungen. Multikultureller Gemeindebau fördert dagegen soziale und persönliche, geistliche wie körperliche Gesundheit. Es strebt das Wohl und Heil des Menschen an. Deshalb werden hier die Kulturen nicht einfach aufgelöst und durch die Gastgeber-Kultur ersetzt, sondern ernst genommen und transformiert. Das bedeutet unter anderem, dass die Gemeindearbeit in unterschiedlichen Sprachen und unterschiedlichen Formen zu denken ist. Folgende Festlegungen können gedacht werden.

a. Multikultureller Gemeindebau beginnt mit dem Aufbau von GWA-Initiativen. Der gemeinsame Lebensraum soll lebenswerter gestaltet werden. Das kann aus mehreren Gründen nur in der *lingua franca,* der Landessprache geschehen. Nicht nur, weil man Einheimische für eine solche Arbeit gewinnen muss, um auf die entsprechenden Kräfte im Sozialraum effektiv einwirken zu können. Die Landessprache ist auch das einzige wirkliche Kommunikationsmittel zwischen den Migranten aus unterschiedlichen Ländern. Es ist die Sprache der Schule und des Marktes. Man wird nur dann mit entsprechenden Gemeinwesen-Initiativen Erfolg haben, wenn man die Bedeutung der Landessprache anerkennt. Im späteren Verlauf des multikulturellen Gemeindebaus bleibt die Landessprache die wichtigste Kommunikations-Dominante.

b. Während die GWA-Projekte die *lingua franca*, die Sprache des Gastlandes, die alle sprechen, fördert, geht man in der Frage der Evangelisation andere Wege. Hier will man möglichst tief in die Kultur eindringen. Hier versucht man das Herz zu erreichen, also wird man auch in der Sprache des Herzens kommunizieren müssen. Evangelisation findet im multikulturellen Gemeindebau in der Sprache des Herzens statt. Die multikulturellen Gemeinden werden daher multilinguale, evangelistische Angebote machen. Und das beginnt mit der persönlichen Evangelisation und geht bis zum besonderen Gottesdienst in der Sprache der Zielgruppe. Ebenso wird Jüngerschaft in der Sprache der Zielgruppe stattfinden müssen. Die Wahrheiten des christlichen Glaubens sind am besten zugänglich, wenn man sie in Bildern und Begriffen weitergibt, die der eigenen Enkulturation entstammen. In der multikulturellen Gemeinde wird man darauf achten, dass die Menschen sich über ihren neuen Glauben UNTERHALTEN können und nicht bloß hören, was man ihnen am Sonntag von der Kanzel sagt. Und auch Gottesdienste finden in einer multikulturellen Gemeindearbeit in der eigenen Sprache, bzw. Sprachen der jeweiligen kulturellen Gruppe statt. „Nichts ist mir so schwergefallen, als zu Gott in einer fremden Sprache zu reden", sagte mir mal ein guter Freund, der seit Jahren in Deutschland lebt. Tausende von Migranten würden ihm zunicken. In der Tat ist die Beziehung zu Gott eine Herzensangelegenheit und man sollte den Menschen die Möglichkeit bieten, Gott in der Sprache ihres Herzens anzubeten.

c. Die starke Betonung der multilingualen religiösen Erziehung kann allerdings schnell zu Absonderung der einzelnen kulturellen Gruppe führen. In der Praxis wird dann schnell aus der multikulturellen eine multikongregationale Gemeinde. Will man diesen Prozess der Abspaltung vermeiden, so wird man sich um gemeinsame Räume bemühen, die verständlicherweise in der Landessprache gestaltet werden müssen. Als solches sind zunächst die Bereiche der Diakonie und Mission, der Kinder- und Jugendarbeit und gemeinsame Gottesdienste und Feste zu nennen. Eine Gemeinde, die sich der Mission vor Ort verschrieben hat, wird selten in die Gefahr verfallen, Menschen anderer Kulturen zu verlieren.

Die multikulturelle Gemeinde ist somit auch eine multilinguale Gemeinde. In ihr werden viele Sprachen gesprochen und man schätzt jede dieser Sprachen als ein Geschenk Gottes. In einer multikulturellen Gemeinde werden viele Formen nebeneinander praktiziert und man wertet die Formen der anderen nicht ab. In einer multikulturellen Gemeinde singt man in vielen Sprachen und erfreut sich der unterschiedlichsten Melodien und man verachtet weder die Worte, die Melodie noch die Instrumente, mit denen diese Lieder gesungen werden. Kulturen werden hier als Segen und nicht als Fluch erlebt.

10.2.4. Eine Gemeinde – viele Formen

Multikultureller Gemeindebau holt die Menschen da ab, wo sie sind. In jeder Hinsicht. Das schließt auch und vor allem alle religiösen Sehnsüchte und Fragen mit ein. Man kann nicht kulturadäquat Gemeinde bauen wollen, den sozialen Raum umgestalten wollen, ohne sich intensiv mit der Religion der Menschen zu beschäftigen. Wie wir gesehen haben, stellen Religionen ein überaus komplexes Gebilde dar. Es wäre fatal, religiöse Erscheinungsformen von vorneherein als inadäquat oder gar dämonisch abzuurteilen. Genauso falsch ist es, diese Formen bedenkenlos zu übernehmen. Multikultureller Gemeindebau ist kontextueller Gemeindebau. Damit besteht ein ausgesprochenes Interesse an der Übernahme religiöser Sprache und Formen in den gelebten Alltag der Gemeinde. Jedoch muss diese Kontextualisierung[288] kritisch vorgenommen werden. Nicht kultur-

---

288 Der Begriff ‚Kontextualisierung' wurde durch eine Veröffentlichung des ‚Theological Education Fund TEF', im Jahr 1972 ins theologische Vokabular eingeführt bzw. populär gemacht (Nicholls, 1979:21; Hesselgrave 1989:28f). Obwohl der Begriff nicht auf einhellige Zustimmung traf (Hesselgrave 1989:33), scheint er sich aber doch generell durchgesetzt zu haben, obwohl Worte wie ‚acculturation, indigenization, incarnation of the Gospel, accomodation' immer noch benutzt werden. Getragen wird der Begriff von der generellen Erkenntnis, dass die Offenbarung Gottes immer die Inkarnation in die Kultur der Menschen voraussetzt. Gott spricht zu uns Menschen mittels menschlicher Sprache und inmitten menschlicher Lebenswelten. Die Forderung nach der Kontextualisierung des Evangeliums erscheint daher bei verschiedenen Autoren in kategorischer Form.

normativ, sondern kultur-relativ, wie Edward Rommen mit Recht verlangte.[289]

Es sollte uns kaum schwerfallen, den Akzent auf Gastfreundschaft im Islam und in den anderen asiatischen Religionen, beispielsweise, zu übernehmen. Gastfreundschaft ist eine wichtige biblische Kategorie des Umgangs der Menschen untereinander. Eine biblischorientierte Gemeinde ist gastfreundlich. „Seid gastfrei untereinander ohne Murren", ruft uns Petrus zu (1Petr. 4,9). Und der Schreiber des Hebräerbriefes formuliert: „Vergesst die Gastfreundschaft nicht, denn durch sie haben einige, ohne es zu ahnen, Engel beherbergt" (Hebr 13,2).[290]

Und es macht auch Sinn, an Konzepten der jeweiligen Religion anzuknüpfen, die den interreligiösen Dialog anregen, jedoch nicht mit dem Ziel eines intellektuellen Wettstreits, sondern im Interesse der gemeinsamen Gotteserfahrung, wie ich das im Kapitel zu den drei vorgestellten Weltreligionen, dem Hinduismus, Buddhismus und Islam vorgestellt habe. Wir suchen in den Religionen Gottes Spuren, den theonomen Faktor. Hier können wir nicht nur mit den Menschen unterschiedlichen Glaubens reden, sondern sind gut beraten, ihre Sprache und sogar Formen des religiösen Ausdrucks zu übernehmen. Wir haben ebenfalls gesehen, dass es in allen Religionen menschelt. Religionen sind menschliche Konstrukte. Prof. Beyerhaus sprach an dieser Stelle vom anthropologischen Faktor. Auch hier können und sollten wir das Gespräch mit den Andersgläubigen suchen. Allein die Dämonie im religiösen Ausdruck des Glaubens ruft uns zum Kampf auf. In der Regel empfinden die betroffenen Menschen selbst die Last und die Dunkelheit des Bösen. Bietet man hier Hilfe an, so wird sie auf kurz oder lang gerne angenommen.

Multikultureller Gemeindebau scheut sich demnach nicht vor der religiösen Auseinandersetzung. Diese wird jedoch nicht aggressiv und erst nicht militant geführt, sondern im Rahmen eines praxisorientierten Dialogs. Wer gemeinsam den Lebensraum in einer GWA sinnvoll gestaltet, wer gelernt hat, dem anderen in alltäglichen Fragen

---

289 Rommen in Hesselgrave 1989:167-168.
290 Siehe zum Thema Scoralick 2005:204-207; Schreiner 1980:50-60.

des Lebens zu vertrauen, der wird auch bereit sein, eines Tages über seinen Glauben zu sprechen. Und findet man in der Glaubenspraxis des anderen bekannte und vertraute Elemente, so wird man auch die Angst vor dem religiös Fremden verlieren und eher bereit sein, sich auf diesen Glauben einzulassen.

10.2.5. Eine Gemeinde – Gemeinsame Leitung

Wie die Untersuchung von Manuel Ortiz in den USA gezeigt hat, werden die meisten multikulturellen Gemeinden von visionären Leitern gegründet und auch geleitet.[291] Nur in den seltensten Fällen kommen in den USA Gemeinden dieser Art ohne starke pastorale Leiter aus. Das schwierige Modell einer multikulturellen und multiethnischen Gemeinde bedarf offensichtlich einer einheitlichen apostolischen Hand.

Der visionäre Leiter verfügt neben einer ausgesprochenen Leidenschaft für Mission und Evangelisation unter den Menschen verschiedener Kulturen auch über ein deutliches Maß an strategisch wichtiger Bildung. Dabei unterstreicht Ortiz die Bedeutung der sozialwissenschaftlichen Vorbildung. Der Pastor einer multikulturellen Gemeinde muss über die Fähigkeit verfügen, die Bedingungen des Kontextes zu verstehen. Er muss die kulturellen und soziologischen Bedingungen seines Arbeitsfeldes beherrschen, sonst steht er in der Gefahr, die Kontrolle über den Werdegang seiner Gemeinde aus der Hand zu verlieren.[292] Wer die Menschen, mit denen man arbeiten will, nicht versteht, kann sie letztendlich mit dem Evangelium auch nicht erreichen.

Menschen in multikulturellen Settings neigen natürlicherweise zur Gruppenbildung. Menschen gleicher Abstammung finden sich zusammen und Fraktionsbildung scheint vorprogrammiert. Damit es auf Dauer nicht zu Problemen kommt, sollte man darauf achten, alle Gruppen gleichmäßig in Gremien von Belang zu beteiligen. Der amerikanische Missionstheologe Tippet schreibt: „Die kirchliche Gemeinschaft ist eine extrem diversifizierte Versammlung. Wenn zu ihr

---

291 Ortiz 1996:108ff.
292 Ortiz 1996:110.

Menschen unterschiedlicher Rassen gehören, dann müssen diese Rassen in den internen Programmen der Kirche berücksichtigt werden ...“[293]

Besonders wichtig ist die paritätische Besetzung der Leitung. Idealerweise sollte die Gemeindeleitung die ethnische Zusammensetzung des Zielgebietes widerspiegeln. Das bedeutet für viele deutsche Gemeinden ein starkes Umdenken, tendiert man doch hier in der Regel dazu, die Gebildeteren und Einflussreichsten in der Gemeinde auch in die Leitung zu berufen. Die Leitung der multikulturellen Gemeinde ist dagegen im Prinzip gabenzentriert. Hier kommen nicht Menschen durch Status und Bildung, sondern durch die Begabung und Berufung des Heiligen Geistes hinein. Dabei sollen natürlich Status und Bildung nicht ausgeschlossen werden, nur spielen diese nicht die entscheidende Rolle bei der Berufung der Frauen und Männer in die Leitung der Gemeinde. Gelingt es einer Gemeinde nicht, die vielen Kulturen der Gemeinde in der Leitung zu spiegeln, sind Parallelstrukturen vorprogrammiert und eine multikulturelle Gemeinde wird bestenfalls in eine multikongregationelle umgewandelt. Viel eher aber kommt es zur Abspaltung und Bildung ethnischer Gemeinden.

10.2.6. Eine Gemeinde – viele Kompromisse

Kompromiss – kein Wort ist in multikulturellen Settings wichtiger als dieses. Die Vielfalt der kulturellen Vorgaben schafft im interkulturellen Miteinander eine ebenso große Vielfalt an Konflikten. Diese zu lösen bedeutet Wege der Mediation zwischen den einzelnen Kulturen zu finden. Und Mediation ist auf Kompromiss angelegt. Gelingen kann sie nur, wenn man sich als Gemeinde über den gemeinsamen Auftrag, den gemeinsamen Versammlungsort und eine gemeinsame Strategie geeinigt hat. Weil es dieses „GEMEINSAME" zu verteidigen gilt, wird man Kompromisse auch dann eingehen, wenn diese wehtun.

Erleichtert wird die Kompromissbereitschaft durch die gemeinsa-

---

293 Tippet 1987:364.

me Theologie und Strategie und vor allem durch die gemeinsame Mission. Hier kann man die Bedeutung der GWA nicht oft genug betonen, auch und gerade für den inneren Aufbau der Gemeinde. Wer es sich zum Ziel gesetzt hat, Menschen vor Ort in ihren Bedürfnissen zu erreichen und ihnen zu helfen, das eigene Leben sinnvoll zu ordnen, wer das Reich Gottes unter seinen Nachbarn bauen will, der wird immer Wege finden, sich mit seinem Glaubens-Bruder und seiner Glaubens-Schwester zu einigen.

10.2.7. Eine Gemeinde – eine zweite Generation

Nichts einigt die Gemeinde so sehr wie die Kinder. Oft streiten die Alten und die Jungen heiraten. Wie multikulturell unsere Städte und Dörfer auch sein mögen – die zweite Generation der Immigranten wird einer anderen Kultur angehören als ihre Eltern. Natürlich wird das noch nicht die Kultur des Gastlandes sein. Die deutschen Türken oder die russlanddeutschen Aussiedler sind immer noch beides – sie gehören mit dem einen Bein in die Kultur ihrer Eltern und mit dem anderen stehen sie voll und ganz auf deutschem Boden. Dass man einen solchen Spagat nicht leicht und auch nicht lange durchhält, versteht sich von selbst. Die multikulturelle Gemeinde bietet gerade hier einen hervorragenden Ausweg. In ihr entsteht eine dritte Kultur – die Kultur des Reiches Gottes. Sie absorbiert die Elemente aller beteiligten Kulturen, orientiert sich auch an der Leitkultur des Gastlandes, ohne jedoch von dieser dominiert zu werden. Beides, die Kinder, die hier sozialisiert werden, als auch ihre Eltern, die sie hier sozialisieren lassen, wissen sich geborgen. Die kulturellen Konflikte werden somit minimalisiert. Es entsteht weder Aggression noch Verzweiflung. Die multikulturelle Gemeinde leistet damit einen unschätzbaren Beitrag zum sozialen Frieden in ihrem Gastland.

210

10.3. Aus Alt mach Neu – von mono- zu multikulturellem Gemeindebau

10.3.1. Der Wandel verpflichtet

Christliche Gemeinden, ganz besonders in den Städten, befinden sich heute in einem Kontext, der permanenten Wandlungen unterworfen ist. James Westgate nennt in seinem lesenswerten Artikel zu den Wandlungsprozessen, denen Kirchengemeinden in urbanen Räumen unterworfen werden, mehrere Bereiche, die, wie er sagt, unbedingt beim Bau und Aufbau der Gemeinde berücksichtigt werden müssen.[294]

a. Generationswandel – eine junge Bevölkerung verdrängt die ältere.
b. Ökonomischer Wandel – eine ärmere Bevölkerung verdrängt die reichere.
c. Geografischer Wandel – Gemeindeglieder ziehen in andere Stadtteile.
d. Kultureller Wandel – Einwanderer verdrängen die eingesessene Bevölkerung.
e. Rassischer Wandel – Vertreter unterschiedlicher Rassen ziehen in das Einzugsgebiet der Gemeinde.

Zu unseren Zwecken fassen wir diese Bereiche in folgenden fünf Themenbereichen zusammen: Demografie, Soziales, Ökonomie, Kultur und Politik. Diese transitionellen Faktoren tragen zum Wandel des Lebensraumes intensiv bei und verändern auf kurz oder lang die Sozialgestalt einer Gemeinde. In einem Schaubild lassen sich die genannten Faktoren wie folgt abbilden.

---

294 Westgate 1985:22ff.

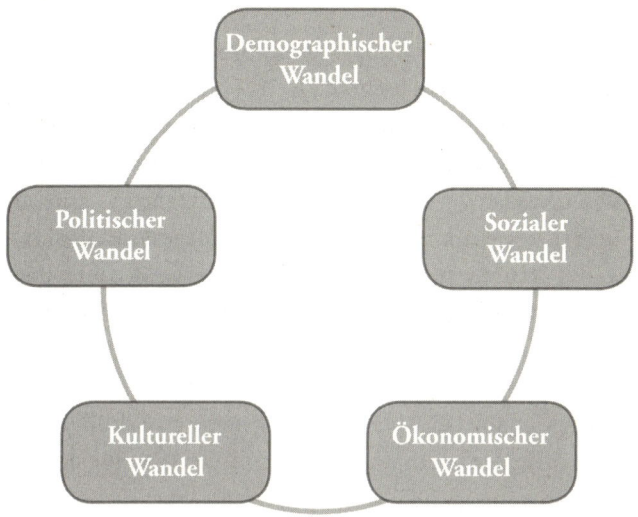

Transitionelle Faktoren im Wandel einer Gesellschaft

Der Lebensraum der meisten deutschen Gemeinden ist heute einem massiven Wandel unterworfen. Ich denke da an die Gemeinden in den Innenstädten unseres Landes. Versammelten sich in den innerstädtischen, traditionellen Freikirchen Hamburgs, beispielsweise, noch vor wenigen Jahren Hunderte von Gottesdienstbesuchern, so sind es heute eher eine Handvoll. Füllten die Stadtgemeinden in einer deutschen Kleinstadt wie Bergneustadt im Oberbergischen Kreis noch vor zwanzig Jahren ihre Gemeindehäuser, so sind sie heute gezwungen, diese zu verkaufen. Das oben beschriebene Beispiel der EFG bot dafür ein gutes Beispiel.

Es ist weniger die Frage, OB als die Frage, WIE die Gemeinden den Veränderungen ihres Umfelds begegnen. Westgate und andere schlagen vor, dem Prozess des Wandels mit einer missionarischen Gesinnung zu begegnen. Dabei geht es für ihn um die Fragen, wie sich die Gemeinde zu ihrer Rolle im betroffenen Kontext, ihrem missionarischen Auftrag, dem Verhältnis zu Menschen, Macht und Besitz

212

stellt.[295] Letztendlich geht es dabei um die Frage nach dem Sinn des gemeindlichen Daseins. Weiß sich eine Gemeinde nicht in den betroffenen, geografischen Raum berufen, sondern eher einer Gruppe von Menschen verpflichtet, so wird sie auf Dauer auch nicht im Kontext, der sich im Wandel befindet, bleiben können. Entweder sie zieht sich aus dem betroffenen Gebiet zurück oder verliert jede Bedeutung für die sie umgebende Umwelt, oder die empfundene Berufung für den Kontext der Gemeinde wird helfen, sich den Wandlungen zu stellen und Methoden und Zugänge zu entwickeln, die die neue Bevölkerung erreichen. Letztendlich ist das auch eine Frage, ob man in Zukunft kategorial oder eher territorial Gemeinde bauen will. Eine kategoriale Gemeinde kann sich sicher damit abfinden, dass ihr Gemeindehaus zu einer spirituellen Futterkrippe, zu einer Drive-In-Kirche wird. Da kommt man dann einmal in der Woche oder auch nur einmal im Jahr hin, um geistlich zu tanken. Für die Menschen, die um dieses Gemeindezentrum herum leben, hat aber eine solche Gemeinde so viel wie keine Bedeutung. Territorial orientierten Gemeinden, die Licht für die Welt und Salz für die Erde werden wollen, die ihre ekklesiale Verantwortung für die Menschen im jeweiligen Lebensraum verstanden und akzeptiert haben, kann diese Option nie und nimmer ausreichen.

Der Bevölkerungswandel in Deutschland verpflichtet, neu über den Gemeindebau nachzudenken. Längst haben sich wesentliche Teile unserer sozialen Räume verändert. Wo früher Deutsche das Bild unserer Ortschaften dominierten, begegnet einem eine bunte Vielfalt von Menschen aus aller Herren Ländern. Multikultureller Gemeindebau gehört somit nicht nur zu einer möglichen Option, sondern wird zunehmend zu einer überlebenswichtigen Notwendigkeit, wenn wir mit einer kirchlichen Präsenz in den Innenstädten unseres Landes auf Dauer rechnen wollen.

295 Westgate 1985:22ff; Ortiz 1996:120-123.

10.3.2. Den Wandel initiieren

Man könnte sicher den Wandel über sich ergehen lassen und dann notfalls die Gemeinde schließen, wenn die Zahl derer, die noch kommen, kritisch klein wird. Für viele deutsche Kirchen und Freikirchen ist das wohl die einzige denkbare Lösung. Aber man könnte auch dem sozialen Wandel begegnen und damit die Konversion der traditionellen Gemeinde in eine multikulturelle Gemeinde einleiten. Eine solche Initiative würde folgende Arbeitsschritte zu meistern haben: (a) Sie wird der Gemeinde den Auftrag, die Menschen vor Ort für Christus zu erreichen, ans Herz legen und (b) sie wird sich intensiv mit dem Ort beschäftigen müssen, an dem sie Gemeinde bauen will, die Bedürfnisse, Sehnsüchte und Freuden der Menschen studieren und verstehen lernen. Und schließlich, (c) sie wird ihr Gemeindeprogramm von der internen Pflege auf die externe Mission in den Ort hinein umstellen müssen. Sie wird sich am Leben der Menschen vor Ort an GW-Initiativen beteiligen

In diesem Buch habe ich versucht, ein denkbares Modell vorzustellen. Gemeinden, die sich einem solchen Prozess stellten, berichten von Erneuerung und Wachstum. Es lohnt sich also, die Entwicklung einer multikulturellen Gemeinde in Erwägung zu ziehen.

10.4. Schritte in die Praxis

10.4.1. Von der Theorie zur Praxis

Nun, nach so viel Theorie – wie baut man denn eine multikulturelle Gemeinde praktisch? Wie lässt sich die Fülle all dessen, was bis zu diesem Punkt besprochen wurde, in konkrete Praxis-Schritte gießen? Anhand eines in der Praxis durchgeführten Projekts will ich die Erkenntnisse dieses Buches in die Praxis transferieren.

Die Entwicklung multikultureller Gemeinden folgt den Prinzipien der gesellschaftsrelevanten Gemeindearbeit.[296] Ihr Arbeitsprinzip ist Gemeinwesenarbeit mit Gemeinwesenmediation im Kern. Eine

---

296 Siehe hierzu Reimer 2009.

solche Arbeit weiß sich der Mission Gottes in der Welt und dem Bau des Reiches Gottes auf der Erde verpflichtet. Sie ist geografisch lokal verortet und kann nicht als Kopie einer an anderen Orten erfolgreich vollzogenen Gemeindearbeit gedacht werden, sondern muss immer wieder neu im Kontext konzipiert werden.

Gesellschaftsrelevante Gemeindearbeit versteht sich als Gottes Lebensangebot für eine konkrete gesellschaftliche Situation, d.h. einen konkreten Lebensraum. Gesellschaftsrelevanter Gemeindebau entzieht sich standardisierten Gemeindewachstumsvorstellungen. Eine solche Gemeinde ist im Prinzip kontextorientiert. Danach sind folgende Schritte von Belang:

a. Hingabe an einen konkreten Kontext;
b. Potenzialanalyse;
c. Kontextanalyse;
d. Kontextrelevantes Angebot eines gelebten Evangeliums;
e. Transformative Gemeindepraxis.

Was verbirgt sich hinter diesen Vorstellungen praktisch und wie setzt man diese in konkreten Situationen um?

10.4.2. Hingabe an den konkreten Kontext

Unter Hingabe an den konkreten Kontext verstehen wir den Entschluss, sich verantwortlich der missionarischen Situation vor Ort zu stellen. Nichts anderes meinte Jesus, als er seinen Jüngern versprach, dass sie seine Zeugen werden würden, sobald der Heilige Geist auf sie fallen würde (Apg. 1,8). Das Wort Zeuge in der griechischen Sprache steht eher für die totale Hingabe. Aus diesem Begriff *Martyria* haben wir unser deutsches Wort Martyrium entliehen. Zeugen sind demnach hingegebene Menschen. Und die Hingabe richtet sich nach Apg. 1,8 an eine bestimmte Lokalität. Die Jünger Jesu werden nach dem Empfang des Heiligen Geistes Zeugen in Jerusalem, Judäa, Samarien und bis an das Ende der Welt. Christliche Mission ist deshalb, biblisch gesehen, immer verortete Mission. Und christlicher Gemeindebau immer der Bau von Ortsgemeinden! Generische Missionsvorstellungen sind der Heiligen Schrift sowohl im Alten als auch im Neuen Testament fremd. Gottes Gemeinde ist eine Ortserscheinung. Als *Ekklesia* trägt sie die Verantwortung für den Ort! Sie kann sich nicht beliebig konstituieren und ihre Mitglieder so sammeln, wie es ihr beliebt. Nein, die Menschen, für die die Ortsgemeinde zuständig ist, leben in ihrer unmittelbaren Nähe.[297]

Gemeindebau muss sich demnach an die Menschen vor Ort richten. Und ist dieser Ort multikulturell gestaltet, dann hat die Gemeinde eine multikulturelle Gemeinde zu werden. Die Hingabe an die Menschen vor Ort ist das erste entscheidende Kriterium für erfolgreichen Gemeindebau. Ohne eine solche Hingabe ist multikultureller Gemeindebau nicht denkbar.

Allerdings setzt Hingabe Liebe voraus. Wie anders sollte der Mensch fähig sein, sich für eine Sache völlig hinzugeben. Die Liebe ist es, die Gott dazu bewegt hat, seinen Sohn in die Welt hinzugeben, damit er die Welt mit ihm versöhne (Joh. 3,16). Und die Liebe ist es, die Jesus sich völlig gehorsam hingeben ließ und zwar bis zum Tod am Kreuz (Phil. 2,5ff). Die Hingabe an die Menschen vor Ort kann ohne Liebe zu diesen Menschen nicht wirklich geschehen. Wer seine Nachbarn und ihre bunte Multikulturalität nicht liebt, der wird sie auch kaum mit dem Evangelium erreichen können.

Wahre Hingabe ist kein Spaziergang. Es ist ein Glaubensakt. Und ein solcher Akt verlangt die übernatürliche Kraft des Heiligen Geistes. Man kann Hingabe nicht produzieren. Sie ist eine Folge der Erfüllung mit dem Heiligen Geist![298] Und als solche ist sie auch ein Zeichen der Berufung. Ist es doch der Heilige Geist, der uns zum Dienst in der Mission aussondert (Apg. 13,1f). Gemeindebau, recht verstanden, setzt also eine persönliche Berufung voraus. Das gilt generell für jeden Gemeindebau und erst recht für den multikulturellen Gemeindebau.

Hingabe weiß aber auch von einem Gott der Hoffnung, der die Verheißung schenkt, uns nie mit dem Missionsauftrag allein zu las-

---

297 Siehe hierzu meine Ausführungen in Reimer 2009:36-41.
298 Apg. 1,8.

sen (Mt 28,20). Es ist diese Hoffnung, die jeder Willkürlichkeit des missionarischen Erfolgs die Spitze nimmt. Selbstverständlich will Gott, dass wir viel Frucht bringen!

Nur wer sich an den Ort, in dem Gemeinde gebaut werden soll, hingibt, wird Gemeinde effektiv bauen können. Und wer sich hingibt, der will alles wissen, was vor Ort ist. Liebende wollen immer da beglücken, wo sie am ehesten auf Bedürfnisse und Sehnsüchte treffen. Niemals wird ein Liebender wahllos Geschenke kaufen. Nein, er oder sie macht sich Gedanken, und trifft das Geschenk die Sehnsucht des anderen, ist die Überraschung gelungen und Freude ist die Folge.

Analog dazu werden sich Gemeindebauer mit den Menschen vor Ort beschäftigen, ihre Bedürfnisse und Sehnsüchte studieren und ihre Ängste und Hoffnungen zu verstehen versuchen. Gelingt es ihnen, so können sie mit Sicherheit ortsrelevanten Gemeindebau wagen.

Praxisbericht:

Die Evangelische Freikirche in einer deutschen Großstadt, die wir hier Germantown nennen (EFG), wurde vor mehreren Jahrzehnten gegründet und ist recht schnell auf die typische Größe, die die meisten Freikirchen in Deutschland auszeichnet – knapp unter 100 Mitglieder – gewachsen. Das schmucke Gemeindehaus liegt mitten in der City und ist auch mit öffentlichen Verkehrsmitteln gut zu erreichen. In den letzten Jahren sind die meisten Mitglieder in die Vororte der Stadt gezogen. Heute leben nur sehr wenige Mitglieder in der Nähe des Gemeindehauses. Das Stadtviertel wird inzwischen vor allem von Migranten bewohnt. In den Gottesdiensten der Gemeinde findet man allerdings selten bis nie einen dieser neuen Nachbarn. Seit einem Jahrzehnt ist nichts Wesentliches mehr in der Gemeinde passiert. Nur vereinzelt sind hier Menschen zum Glauben gekommen.

Vor einem Jahr lud die Gemeinde mich zu einem Seminar über Gemeindeerneuerung ein. Nach dem Seminar beschloss die Gemeindeleitung, eine Gemeinde für die Menschen im Stadtteil zu werden. Man bat mich, die Gemeindeleitung auf diesem Weg zu beraten. Durch entsprechende Seminare wuchs in der Gemeinde das Bewusstsein dafür, dass sie nur dann den Anspruch stellen könnten, eine Ortsgemeinde zu sein, wenn sie sich des Ortes, in dem ihr Gemeindehaus stand, auch wirklich annehmen würden. Bald wurde diese Vorstellung zur Überzeugung. Nicht mehr Gemeinde für Gleichgesinnte, sondern eine Gemeinde für die Menschen vor Ort wollten sie sein. Unter meiner Leitung wurde der Lebensraum um das Gemeindehaus sinnvoll abgesteckt und zum Missionsfeld der Gemeinde erklärt. Der Weg für einen multikulturellen Gemeindebau war nun frei.

10.4.3. Potenzialanalyse

Multikultureller Gemeindebau wird von Menschen, berufenen und hingegebenen Menschen, gelebt. Allerdings können Menschen nicht alles, weil sie nicht für alles begabt sind. Für die Entwicklung multikultureller Gemeinden gilt, was für die Mission der Jünger Jesu grundsätzlich gilt: Wir sind „sein Werk, geschaffen zu guten Werken, die er zuvor bestimmt hat, dass wir darin wandeln" (Eph. 2,10). Und für die Werke, die Gott von seinen Kindern verlangt, hat er sie auch begabt.[299] Wer sich missionarisch vor Ort einsetzen lassen will, der sollte sich dessen bewusst sein, was er oder sie in eine solche Mission einbringen kann. Gottes Mission ist immer mit einem Angebot Gottes für eine bedürftige Welt verbunden. Und dieses Angebot zeigt sich in erster Linie durch seine Boten. Sie sind Botschafter der Versöhnung, die der Welt mitteilen soll, dass sich Gott mit der Welt in Christus versöhnt hat (2Kor. 5,18-19). Das Geschenk Gottes an den Lebensraum der Menschen sind seine Kinder, ist seine Gemeinde! Deshalb sollte die Gemeinde sich auch über sich selbst, das eigene Potenzial bewusst sein. Wie dumm wäre es sonst, den Menschen ein Geschenk anzubieten und sich wenig Gedanken über den Inhalt dieses Geschenks zu machen.

Die Planung des multikulturellen Gemeindebaus setzt deshalb eine Potenzialanalyse voraus. Wir sollten wissen, womit wir bauen, bevor wir an den Bau gehen. Wir sollten unser Potenzial kennen. Nichts wäre fataler, als den Menschen Versprechungen zu machen,

---

299 Siehe hierzu: 1Kor. 12,4-7; Eph. 4,7-12; u.a.

denen wir nicht nachkommen können. Gemeindebau im Rahmen einer GWA kommt ohne eine qualifizierte Potenzialanalyse nicht aus.

Eine verantwortungsbewusste Potenzialanalyse im Hinblick auf den multikulturellen Gemeindebau orientiert sich an den kulturellen Gegebenheiten. Wir fragen, was wir den Menschen materiell, sozial, weltanschaulich, religiös und spirituell anbieten können. Uns interessieren aber nicht nur unsere Stärken, genauso wichtig ist die Feststellung der Schwächen. Wenn wir wissen, was wir gut können und was wir lieber lassen sollten, dann ist eine transformative Positionierung im Lebensraum der Menschen garantiert.

Neben der Feststellung unserer Stärken und Schwächen, sollte aber auch die Frage nach den in der Gesellschaft vorhandenen Image-Problemen oder Chancen gestellt werden. Wie werden Christen im gegebenen Lebensraum wahrgenommen? Was wird über Kirche und Gemeinde gedacht? Ein positives Image öffnet bekanntlich Tor und Tür, während ein negatives jeden Zugang verschließt. Unser Image gehört demzufolge als Außenwahrnehmung in die Potenzialanalyse.

Die vorgestellte Potenzialanalyse ist in der Literatur als SWOT[300] bekannt und wird sowohl in der Industrie als auch in der Sozialwissenschaft eingesetzt. Sie eignet sich bestens, um das missionarische Potenzial einer Gemeinde zu untersuchen.

Praxisbericht:

In der EFG löste die Vorstellung der Potenzialanalyse viel Unruhe aus. Die wenigsten Gemeindeglieder konnten etwas mit Geistesgaben anfangen. Über eigenes Potenzial hatte man sich in der Vergangenheit wenig Gedanken gemacht. Hier musste man ganz klein anfangen. Ich führte mit der Gemeinde eine Schulung über die Gaben des Geistes durch, die dann in Kleingruppen zu einer Gabenfindung ausgebaut wurde.[301] In den Kleingruppen notierten die Gemeinde-

---

300 SWOT – englisches Kürzel und steht für Strong (Stärken), Weak (Schwächen), Opportunities (Chancen) und Tensions (Spannungen, Konflikte). Zu SWOT siehe die entsprechenden Internet-Einträge.
301 Siehe hierfür das von mir geschriebene Arbeitsbuch: „Aufbruch in die Zukunft. Geistesgaben in der Theorie und Praxis der Gemeinde" (Reimer 2009).

glieder ihre jeweiligen Stärken, Gaben, Begabungen, Fähigkeiten und Kompetenzen auf Karteikarten. Diese wurden dann zentral gesammelt und unter meiner Leitung zu wichtigen Kernkompetenzen der Gemeinde verdichtet. Dabei stellte sich heraus, dass in der EFG vier Kompetenzen besonders deutlich hervorstachen. Zu der Gemeinde gehörten eine Anzahl sozial-pädagogisch gebildeter und -aktiver Menschen. Wir nannten diese Kernkompetenz „Sozialmanagement".

Zum anderen wurde deutlich, dass in der Gemeinde Gaben wie die Gabe des Hirten, der Ermahnung und des Trostes, der Erkenntnis und der Weisheit deutlich hervorstachen. Mehrere Gemeindeglieder waren als Berater tätig. Wir verdichteten diese Gaben zur Kernkompetenz „Konfliktlösung".

Drittens fielen uns die Lehrer in der Gemeinde auf. Drei der Gemeindeglieder arbeiteten als Lehrer in der Schule, einer lehrte an der Universität und auch der Pastor der Gemeinde zeichnete sich durch seine Lehrbegabung aus. Und in den Hauskreisen pries man die Leiter als Menschen, die „den Sach-Verhalt" gut erklären können. Wir nannten die hieraus gebildete Kernkompetenz „Bildung".

Und schließlich entdeckten wir in der Gemeinde sehr viel Dienstbereitschaft und eine Reihe von Menschen mit handwerklicher Begabung. Wir nannten diese Kernkompetenz „Praktische Hilfe".

Damit stand zunächst fest, Gott hatte der EFG Licht für die Menschen vor Ort geschenkt. Damit würden sie soziale Räume organisieren und gestalten, Konflikte in diesen Räumen lösen und Menschen dazu befähigen, neue Verhaltensweise zu erlernen. Und sie konnten auch praktisch anpacken, wenn Not am Mann (oder der Frau) war.

10.4.4. Kontextanalyse

Man kann den Menschen nur dann Liebe erweisen, wenn man sie kennt. Alle Kommunikation ohne ausreichende Information über den Gesprächspartner läuft Gefahr, sich pathologisch zu entwickeln. Wer Gemeindebau unter Menschen betreiben will, sollte die Menschen, an die man sich richtet, kennen. Nur so können Fehler in der

Kommunikation des Evangeliums vermieden werden. Alle GWA-orientierte Arbeit setzt ein klares Verständnis für den Kontext voraus.

Wir lernen den Lebenskontext der Menschen kennen, indem wir ihre Umwelt und ihre Kultur studieren. Und das bedeutet, wir ergründen Dinge, die sie haben, tun, denken und glauben. Dies wird mittels sozialwissenschaftlicher Instrumente, wie der oben beschriebenen *Teilnehmenden Beobachtung*, durchgeführt, die bewusst an theologisch-empirische Untersuchungen angepasst werden. Dabei ist darauf zu achten, dass die empirische Datenerhebung noch nicht das analytische Ergebnis darstellen kann. Erhobene Daten müssen theologisch reflektiert werden.[302] Ein wesentlicher Bestandteil der Kontextanalyse ist daher mit der Entwicklung einer geistlichen Sicht der Verhältnisse im Lebensraum verbunden.

Praxisbericht:
Die EFG nahm sich für die Ortsanalyse zwei volle Monate Zeit. Unter meiner Leitung bildeten wir vier Gruppen. Ein Großteil der Gemeindeglieder schloss sich einer der Gruppen an.

Gruppe 1 sollte im Laufe der nächsten Monate vier Mal durch den Ort gehen und einfach die Menschen vor Ort beobachten. Die Mitglieder dieser Gruppe besuchten Gaststätten, Kneipen, Cafes, gingen zu den wenigen Vereinen und schrieben ihre Beobachtungen auf. Dabei ließen sie sich von den Fragen leiten: Was bewegt die Menschen unseres Stadtteils? Was sind ihre Sehnsüchte und Nöte? Wo liegen eventuell Stärken? Besonders wichtig war es auch festzustellen, welche kulturellen Eigenarten sich im Alltag der Menschen manifestierten und wie sie mit Glaube und Religion umgingen. Alle Beobachtungskarten wurden zentral gesammelt.

Gruppe 2 nahm sich der über ihren Stadtteil veröffentlichten Sozialstudien an. Sie fanden einen Sozialatlas des Ortes und mehrere Studien, die von Studenten der Fachhochschule vor Ort erstellt worden

---

302 Van der Ven 1990:143ff.

waren. Sorgfältig arbeiteten sie das Material durch und notierten sich die dabei gemachten Beobachtungen.

Gruppe 3 stellte aufgrund der Beobachtungen der ersten beiden Gruppen unter meiner Leitung einen Fragebogen zusammen und suchte die ortskundigen Experten auf, u.a. den Leiter des Sozialamtes, den Schuldirektor, den Ortsvorsteher, den Moscheevorsteher und den katholischen Priester. Nach den Interviews werteten sie die Informationen zu der Lage der Menschen im Stadtteil aus und verschrifteten die Ergebnisse.

Gruppe 4 setzte sich aus wenigen Menschen zusammen, die eine besondere prophetische Fähigkeit in sich verspürten. Diese wurden gebeten, durch den Stadtteil zu gehen und Gott zu fragen, was er über die Menschen vor Ort dachte. Auch hier entstanden Eindrücke, die verschriftet wurden.

Alle Aktionen wurden von regelmäßigen Gebetstreffen begleitet. Nach zwei Monaten kam das gesamte Kartenmaterial auf den Tisch und wir verdichteten unsere Eindrücke in Bedarfsfelder. Dabei sollten die Gemeindemitglieder die Information über die Menschen am Ort ihren Kernkompetenzen zuordnen. Das Ziel war es, vor Ort die dunkelsten Stellen zu finden. Hier und nur hier konnte das Licht der Gemeinde deutlich sichtbar werden und den Menschen geholfen werden. Am Ende des Prozesses formulierten wir drei besonders deutliche Bedarfsfelder. Die Menschen vor Ort klagten vor allem über ihre Wohnverhältnisse. Viele wurden immer wieder von den Vermietern übervorteilt und ungerecht behandelt. Man wusste sich nicht wirklich gegen diese Willkür zu wehren. Wir nannten dieses Bedarfsfeld „Wohnverhältnisse".

Besonders benachteiligt aber waren Frauen der Migranten. Nur wenige von ihnen sprachen Deutsch. Fast keine ging einer geregelten Arbeit nach. Das Bildungsniveau unter ihnen war erschreckend niedrig. Wir verdichteten unsere Eindrücke als „Frauen-Empowerment".

Und schließlich fielen uns auf den Straßen des Stadtteils die vielen Kinder auf. Aber es gab keine Spielangebote für sie. Und man konnte es diesen Kindern ansehen, dass sie sich nach Betreuung und Hilfe sehnten. Wir nannten dieses Bedarfsfeld „Kinderhilfe".

So standen wir am Ende der Kontextanalyse mit drei deutlich beschriebenen Bedarfsfeldern. Hier musste den Menschen dringend geholfen werden und alle im Sozialraum schienen die Not erkannt zu haben. Die Menschen im Gemeinwesen waren selbst kaum in der Lage, sich in der Nachbarschaft zu engagieren und Hilfe zur Selbsthilfe zu organisieren. Es fehlte an Geld, Mitteln und Initiative, diese Not zu beheben. Die vielen Russen hatten keinen Bezug zu den Arabern und Türken. Und die Flüchtlinge aus Afrika schienen weder zu den einen noch den anderen zu passen. Nicht einmal ihre Kinder fanden zueinander. War das Gottes Ruf an die EFG?

10.4.5. Theologische Reflexion

Die Kontextanalyse ermöglicht uns zielgerechte Arbeit. Jetzt wissen wir, wo die Menschen vor Ort stehen, was sie bewegt und ängstigt. Wir kennen ihre Bedürfnisse und Sehnsüchte, ihr Potenzial und ihre Möglichkeiten. Doch es wäre grundfalsch, sich auf die Situation zu stürzen und bedürfnisorientierten Gemeindebau zu versuchen, ohne die Ergebnisse der Kontextanalyse auch theologisch zu reflektieren. Kulturgüter müssen der Kritik der Heiligen Schrift standhalten. Ob Strukturen, Werte und Verhaltensweisen einer Kultur Gottes Spuren in der Welt oder eher dämonische Korruption darstellen oder die Errungenschaft des menschlichen Genius widerspiegeln – das erkennt man nur aus dem direkten Vergleich des erhobenen Sachverhalts mit den Aussagen der Heiligen Schrift. Ob Bedürfnisse und Sehnsüchte der Menschen in einem Kulturraum befriedigungswert oder eher problematisch sind, darüber bildet der Theologe sich im direkten Vergleich dieser Bedürfnisse mit der Heiligen Schrift eine Meinung. Die Schrift stellt hierbei die alles normierende Norm dar. Nur so kann ein theologisch relevantes Bild von der Lage, in der sich die Welt befindet, entstehen. Das ist gerade im multikulturellen Kontext von großer Bedeutung. Steht doch multikulturell in der Regel auch für multireligiös. Erst nach der theologischen Reflexion der Ergebnisse der Kontextanalyse kann an die konkrete Planung gegangen werden.

Praxisbericht:
In der EFG drehte es sich nach der Feststellung der Kernkompetenzen der Gemeinde und der Bedarfsfelder vor Ort alles nur noch um diese Fragen. Was konnte und was sollte die Gemeinde den Menschen vor Ort anbieten? Sorgsam verglich man die in der Bevölkerung festgestellten Schieflagen mit den Aussagen der Heiligen Schrift. Wenn man als Gemeinde auf diese Schieflagen antworten sollte, dann wollte man das auch theologisch begründet tun. Und langsam zeichneten sich die Konturen eines möglichen Dienstes der Gemeinde vor Ort ab. In mehreren Gebetsnächten und einem Tagesseminar entstand schließlich die Vision. Die Gemeinde sah sich von Gott gerufen, Licht in das Dunkel des Ortes zu bringen und den Menschen anzubieten, mit ihnen zusammen Leben zu gestalten. Das drückte auch ihr Visionsstatement „Gemeinsam Leben gestalten" aus. Ihre neue Vision beschloss die EFG im Rahmen des Gemeinwesensprojekts umzusetzen.

10.4.6. Planung im Rahmen eines GWA Projekts
Nun wissen wir, wo die Menschen in unserem multikulturellen Raum stehen, wir wissen, woher sie kommen und was sie glauben, und wir haben uns entschieden, bestimmte Bedürfnisse und Sehnsüchte anzusprechen, weil diese theologisch adäquat sind und deshalb den Bau der Gemeinde vor Ort unterstützen können. Aber wo fangen wir an? An welcher Stelle machen wir den ersten Schritt? An diesem Punkt hilft uns das oben beschriebene Konzept der GWA. Wir wollen mit den Menschen vor Ort arbeiten. Sie selbst zu aktivieren, ihre Lebensverhältnisse zu verbessern, bedeutet, Vertrauen aufzubauen und damit sich selbst in die Position zu versetzen, das Evangelium predigen zu dürfen. Erst das etablierte Grundvertrauen wird der Gemeinde die Ausgangsbasis verleihen, Menschen auf ihren Glauben ansprechen zu dürfen.

Die GWA setzt in der Regel bei der Gestaltung der Lebensräume an. Damit ist zunächst die materielle Kultur gemeint. Hier werden Rahmenbedingungen verändert, ohne zugleich zu sozialen und religiösen Themen vorzustoßen. Das kann bedeuten, dass man die Menschen im Gemeinwesen zum Beispiel dafür gewinnt, dass sie die nicht funktionierende Straßenbeleuchtung im Ortsteil wieder instand setzen oder einen Kinderspielplatz aufbauen oder neue Müllbehälter erwirbt oder … die Notlage der Menschen wird hier die Themen vorgeben. Die christliche Gemeinde übernimmt an dieser Stelle die Initiative, aber sie achtet darauf, dass sie NUR selbstlos mitarbeitet. Und sie achtet darauf, dass sie selbst am Projekt mitmachen kann. Das bedeutet, sie hat das entsprechende Potenzial für die Aufgabe. Wer die Menschen nur für eine Initiative begeistert, selbst aber nicht mitarbeitet, beraubt sich der Chance, persönliche Kontakte zu knüpfen, und damit auch jeder Grundlage, missionarisch erfolgreich zu werden.

Erst wenn man gemeinsam erfolgreich an der Veränderung der materiellen Rahmenbedingungen gearbeitet hat, werden Menschen die Bereitschaft zeigen, sich auch sozial füreinander zu öffnen. Jetzt könnten Straßenfeste, Stadtteilpartys und ähnliche soziale Ereignisse folgen. Wieder setzt die christliche Gemeinde die Akzente, aber sie biedert sich nicht an und dominiert das Geschehen nicht. Vielmehr dient sie dem sozialen Wohl der Menschen. Somit wird das Vertrauen gestärkt und die nächsten Aktionen können folgen. So kann ein Straßenfest potenziell in eine Nachhilfeinitiative für Schüler, eine Beratungsstelle für Eltern schwer erziehbarer Jugendlicher oder in einen multikulturellen Tanzkurs münden. Wieder wird der Kontext die Art der Aktionen bestimmen. In multikulturellen Räumen wimmelt es geradezu von potenziellen, sozialen Spannungen und Konflikten. Nirgendwo sonst wird so der Dienst der Mediation gebraucht wie hier.

Erst wenn die Menschen Vertrauen gewonnen haben, werden sie anfangen, Sinnfragen zu stellen. Und erst jetzt kann die Gemeinde vom Glauben reden und die Menschen einladen, an ihrem Glauben zu partizipieren. Es ließe sich bei der Planung folgendes Diagramm operationalisieren.

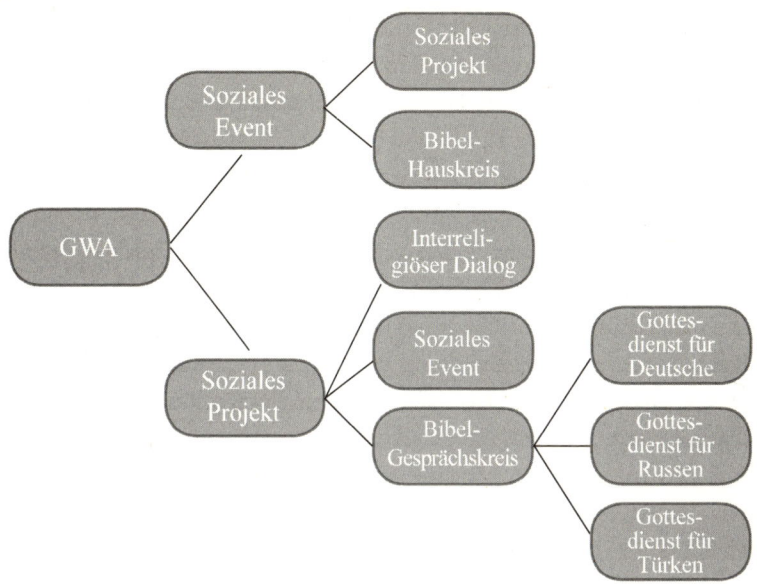

Plan der Entwicklung multikultureller Gemeindestrukturen

Praxisbericht:

Die EFG entwickelte unter meiner Leitung das Konzept eines „Mehr-generationshauses". Die Idee stammt ursprünglich von der damaligen niedersächsischen Familienministerin Ursula von der Leyen und stellt einen offenen Nachbarschaftstreffpunkt dar.[303] In einem solchen Nachbarschaftstreffpunkt werden Stadtteilbewohner ermutigt, sich gegenseitig generationsübergreifend zu helfen. Träger solcher Häuser können unter anderem auch Kirchen und kirchliche Organisationen sein. Bis 2008 sind in Deutschland etwa 500 solcher Häuser entstanden. Die Bundesregierung fördert diese Programme mit 40.000 Euro im Jahr.[304]

Das Konzept eines solchen Hauses schien bestens in die Situation des Stadtteils zu passen und die Fähigkeiten und Gaben, die die Ge-

---

303 Siehe dazu das von der Bundesregierung geförderte Aktionsprogramm Mehr-generationshaus.
304 Siehe mehr zum Konzept und Förderungsprogramm der Bundesregierung unter: http//www.mehrgenerationshaus.de.

staltung des Programmes voraussetzte, waren in der Gemeinde alle vorhanden. Im Rahmen eines Mehrgenerationshauses würde man sich sowohl für die Verbesserung der Wohnsituation der Familien als auch um die Lage der Frauen und Kinder kümmern können. Mehrere solcher Initiativen in Deutschland machten es ja bereits vor, wie effektiv solche Häuser sein konnten. Die EFG beschloss, sich solche Häuser näher anzusehen, bevor es zu der konkreten Planung der ersten Projekte kommen würde. Mit vielen neuen Ideen in der Tasche begann man nun betend, an mögliche Projekte vor Ort zu denken.

Die EFG beschloss den Aufbau ihres Mehrgenerationshauses mit einem Angebot für Kinder zu beginnen. Jemand hatte von einer Fahrradschule für Kinder gehört. Die Idee war denkbar einfach. Man wandte sich an die Bevölkerung, bat diese, gebrauchte Kinderfahrräder zu spenden. Mit einem Aktionsteam setzte man diese Fahrräder wieder instand und brachte dann im zweiten Schritt den Kindern das Fahrradfahren bei. Migranten konnten sich oft keine Fahrräder leisten und so bot sich hier ein einfacher Weg, Kinder zu beschäftigen.

Schon bald brauchte die Gemeinde alle ihre Kernkompetenzen. Auf den Aufruf an ältere Bürger, bei einer Fahrrad-Werkstatt ehrenamtlich mitzuarbeiten, meldete sich auch eine Reihe von Einwohnern aus dem Stadtteil. Zusammen mit Gemeindegliedern gingen sie an die Arbeit und schon bald wurden nicht nur Kinder-, sondern auch Erwachsenen-Fahrräder repariert. Nach ein paar Monaten gemeinsamer Fahrrad-Flickerei sah man die ersten Rentner immer wieder auch im Gespräch über den Glauben. So entstand eine Art Gesprächsgruppe über den Glauben, die oft während des Arbeitens an den Fahrrädern ganz natürlich auch Lebensthemen streifte.

Dann begann die Fahrrad-Schule. Man hatte hierfür das Gelände einer Firma ausgesucht, die einem Mitglied der Gemeinde gehörte und in der sich auch die Räume für die Fahrrad-Werkstatt befanden. Väter und Mütter aus der Gemeinde und willige Nachbarn stellten sich als Lehrer zur Verfügung. Andere boten den wartenden Eltern Tee und Kaffee an. Wiederum andere halfen den Bedürftigen, das richtige Fahrrad zu finden. Diese wurden gegen ein geringes Entgelt oder auch kostenlos abgegeben. Das Konzept der Schule sah nicht nur den reinen Unterricht vor, sondern auch eine Reihe von Wettbewerben, an denen die Kinder teilnehmen konnten. Schon bald war die Kinder-Fahrrad-Schule in aller Munde.

Sobald die ersten Fahrrad-Stunden angeboten wurden, kamen Mütter dazu und es stellte sich heraus, dass diese Frauen alle nie gelernt hatten, Fahrrad zu fahren. Also wurde eine Frauenabteilung gegründet. Jüngere Frauen in der Gemeinde boten den Migrantinnen Fahrrad Unterricht an, und sie hatten viel Spaß miteinander. Persönliche Freundschaften entstanden. Und auch hier nahm man die eine oder andere Migrantin zur Gesprächsrunde über den Glauben mit.

Über die Fahrrad-Schule kam es zur Idee eines Frauen-Cafes und dann schließlich zu Sprach-Kursen für Migranten-Frauen. Das Konzept eines Mehrgenerationshauses gewann langsam Gestalt. Und mit ihm auch das der Gemeinde. Denn jetzt hatte die Gemeinde konkrete Kontakte zur Bevölkerung. Jetzt, wo sie im Lebensraum der Menschen aktiv geworden war und man in ihr einen Agenten der Veränderung erblickte, ergaben sich ganz natürliche Gespräche über den Glauben. So entstanden die ersten Bibelkreise und die Alpha-Kurs Arbeit gewann an Profil. Bald besuchten die ersten ausländischen Mitbürger die Gottesdienste. Und die nächste Phase des geistlichen Aufbaus begann.

10.2.7. Aktion/Evaluation

Gute Planung ist nur so gut wie ihre Umsetzung. Folglich sollte bald nach der Operationalisierung die Umsetzung folgen. Dabei ist es wichtig, nach jedem vollzogenen Schritt zu fragen, ob die angedachte Aktion das gesteckte Ziel auch erreichen kann. Wir sprechen an dieser Stelle von einer selbstkritischen Umsetzung entworfener Pläne. Es kann also nicht aufgehen, dass man Aktionen nur deshalb durchzieht, weil hierfür Pläne gemacht wurden. Auf der anderen Seite sollte man ebenfalls darauf achten, dass man die Aktion nicht vorzeitig unterbricht. Gute Frucht muss reifen!

Missionarische Aktionen im multikulturellen Gemeindebau leben aus der graduellen Weiterentwicklung der Beziehung zu den

Menschen am Ort. Und diese Beziehung lebt von der gemeinsamen Aktion. Das Ziel besteht darin, auf allen Ebenen der Kultur an der Transformation der Menschen zu arbeiten. Das schließt ultimativ auch den Glauben und die Beziehung zu Gott ein.

Praxisbericht:
Die EFG sah sich schon vor einem Jahr vor die Frage gestellt, wie sie ihre Bibelkreise und evangelistischen Gespräche zu gestalten habe. Nur wenige ihrer neuen Freunde sprachen Deutsch. Die gemeinsame Gestaltung ihrer Lebensräume schuf Vertrauen, Beziehungen entstanden und wuchsen. Aber auch das gelebte Evangelium will erklärt werden. Wie kann aber erklärt werden, wenn man sich der Sprache des anderen nicht bedienen kann? Wir beschlossen Gesprächskreise in der Muttersprache der Nachbarn anzubieten. Und dann folgten die ersten Gottesdienste in Russisch und Englisch. Der geistliche Aufbau der multikulturellen EFG begann. Zehn Jahre später hat diese Gemeinde Gottesdienste in mehreren Sprachen, eine große Kinder- und Jugendarbeit in Deutsch, eine soziale und diakonische Arbeit mit mehreren Zweigen, die massiv in den Ort hineinwirken. Der Traum von einer Gemeinde für die Menschen vor Ort ist Wirklichkeit geworden. Und eine überalterte Freikirche ohne missionarische Kraft ist aufgeblüht zu ungeahnter Frische und Einsatzfreudigkeit. Ihre Gemeindeglieder leben Versöhnung. Sie sind zum Agenten der Versöhnung vor Ort geworden. „Wir sind Gottes Botschaft in der Nachbarschaft. Wer hier Hilfe sucht, der kommt zu uns. Wohin sollten sie sonst auch gehen", sagten mir Mitglieder der Gemeinde nicht ohne Dankbarkeit für all das, was in den vergangenen Jahren geworden ist. Multikultureller Gemeindebau hat sich gelohnt.

Nachwort

Das Beispiel von Germantown ermutigt und fordert heraus. Die vielen Menschen, die in unser Land gekommen sind und hier oft unter
menschenunwürdigen Umständen leben, warten auf solche Kirchen
und Gemeinden. Werden sie sich der Herausforderung stellen? Ich
habe einen Traum, dass dieses flächendeckend der Fall sein wird.
Und ich sehe die Zeichen an der Wand. Die Bereitschaft vieler Gemeinden wächst, die zur Tradition gewordene missionarische Lethargie zu überwinden. Dieses Buch will vor allem solche Gemeinden
ermutigen und auf ihrer Suche nach kreativen Wegen unterstützen.

Anhang

Personenregister

234

Bibelstellenregister

Sachregister

Bibliografie

ACCAD, Martin. 2005. Corruption and Misinterpretation of Bible. In: *Christian Presence and Witness Among Muslims*, hrsg. von Peter F. Penner. Schwarzenfeld: Neufeld Verlag, 36-86.

ADENEY, Miriam. 1984. *God's Foreign Policy: Practical Ways to Help the World's Poor.* Grand Rapids: Eerdmans.

ALBERT, Martin. 2006. Migration und soziale Netzwerke. Handlungsmöglichkeiten der professionellen Sozialarbeit zur Anbindung von Migranten und Migrantinnen im sozialen Gemeinwesen. In: *Sozialmagazin* 2006/10: 27-38.

ALINSKY, Saul D.

– 1973. *Leidenschaft für den Nächsten. Strategien und Methoden der Gemeinwesenarbeit.* Gelnhausen: Burckhardhaus Verlag.

– 1974. *Strategien und Methoden der Gemeinwesenarbeit.* Teil II: *Die Stunde der Radikalen, ein praktischer Leitfaden für realistische Radikale.* Gelnhausen: Burckhardhaus Verlag.

– 1999. *Anleitung zum Mächtigsein.* Ausgewählte Schriften. Göttingen: Lamuv.

ALISCH, Monika. Hrsg.

– 1998a. *Stadtteilmanagement. Voraussetzungen und Chancen für die soziale Welt.* Opladen: Leske & Budrich.

– 1998b. Stadtteilmanagement – zwischen politischer Strategie und Beruhigungsmittel. In: Alisch 1998a: 7-22.

ALLENA, Chris und Nielsen, Jürgen. 2002. *Report on Islamphobia in the EU after September 2001.* Wien: European Monitoring Centre.

ANDERSON, A.H. 2001. Types and Butterflies: African Initiated Churches and European Typologies. In: *IBMR* 25/3: 107-113.

ANTIL, K. 2004. Multicultural Ministry & Missions in the 21st Century. In: *Becoming an Intentionally Intercultural Church: a Manual to Facilitate Transition,* hrsg. von R. Brynjolfson and J. Lewis. World Evangelical Alliance Missions Commission. 61-68.

APPLEBY, Jerry L.

– 1986. *Missions Have Come Home to America: The Church's Cross-*

cultural Ministry to Ethnics. Kansas City: Beacon Hill.

— 1990. *The Church is in a Stew.* Kansas City: Beacon Hill.

ARENS, Edmund. 1992. *Christopraxis – Grundzüge theologischer Handlungstheorie.* Freiburg-Basel-Wien: Herder.

ASHBY, G. 1998. *Go out and meet God: a Commentary on the Book of Exodus.* Grand Rapids: Eerdmans.

BAHR, Hans-Eckehard; Gronemeyer, Reimer. Hrsg. 1974. *Konflikt-orientierte Gemeinwesenarbeit.* Darmstadt-Neuwied: Luchterhand.

BALTHASAR, Hans Urs von. 1988. *Dare We Hope „That All Men Be Saved"?* San Francisco: Ignatius Press.

BARNA, George. 2003. *Power of Vision.* Regal: Ventura.

BAUMANN, Gerd. 1999. *The Multicultural Riddle: Rethinking National, Ethnic and Religious Identities.* London: Routledge.

BECK, Ulrich.

— 1997. *Was ist Globalisierung? Irrtümer des Globalismus. Antworten auf die Globalisierung.* Frankfurt am Main: Suhrkamp.

— 2001. *Globalization?* Cambridge: Polity Press.

— 2007. *Risikogesellschaft. Auf dem Weg in eine andere Moderne.* 19. Aufl.. Frankfurt am Main: Suhrkamp.

BENEFIEL, R. 1996. Transitional Communities and Multi-Congregational Ministry. In: *Urban Mission* 13/4:38-56.

BERGER, Peter; Luckmann, Thomas. *Modernität, Pluralismus und Sinnkrise. Die Orientierung des modernen Menschen.* Gütersloh: Bertelsmann Stiftung.

BERGER, Peter. 1998. Mission der Vermittlung. Die Kirche als Institution der Zivilgesellschaft. In: *Evangelische Kommentare* 1998/12: 731-733.

BERNEBURG, Erhard. 1997. *Das Verhältnis von Verkündigung und sozialer Aktion in der evangelikalen Missionstheorie.* Wuppertal: R. Brockhaus.

BERNHARD, Reinhold. 2009. Mission in einer multireligiösen Welt. In: *Interkulturelle Theologie. Zeitschrift für Missionswissenschaft.* 3/2009: 196-207.

BESEMER, Christoph. 2000. *Vermittlung in Konflikten.* Baden: Werkstatt für konfliktfreie Aktion.

BEUL, Susanne. Guruismus. In: http://www.religio.de/okk/guru.html (01.08.2010).

BEVANS, Stephen B. und Schroeder, Roger P. 2004. *Constants in Context: A Theology of Mission for Today.* Maryknoll: Orbis.

BEYERHAUS, Peter J., Düren, Peter C., Killus, Dorothea R., und Neuer, Werner. 2009. *Das Geheimnis der Dreieinigkeit im Zeugnis der Kirche: Trinitarisch anbeten-lehren-leben.* Ein bekenntnis-ökumenisches Handbuch. Nürnberg: VTR.

BHIKKHU, Thanissaro. 2007-2010. *The Buddhist Monastic Code,* Volume I-II: The Patimokkha Training Rules Translated and Explained. In: http://www.accesstoinsight.org/lib/authors/thanissaro/bmcl.intro.html (02.08.2010).

BIETENHARD, H. 1975. Xenos. In: *The New International Dictionary of the New Testament Theology*, hrsg. von I.C. Brown. Exeter: Paternoster Press: 686-690.

BOER, Jo; Ütermann, Kurt. 1970. *Gemeinwesenarbeit. Einführung in Theorie und Praxis = Community organization.* Stuttgart: Enke.

BOEVEL, L. 1999. Market and Religion in Post-Modern Culture. In: *Theology* Jan-Feb: 28-36.

BONACKER, Thorsten. Hrsg. 2002. *Sozialwissenschaftliche Konflikttheorien.* Opladen: Leske & Budrich.

BOSCH, David J. 1991. *Transforming Mission. Paradigm Shifts in Theology of Mission.* Maryknoll: Orbis.

BOULET, Jaak J; Kraus, Jürgen E.; Oelschläger, Dieter. 1980. *Gemeinwesenarbeit als Arbeitsprinzip: Eine Grundlegung.* Bielefeld: AJZ.

BREIDENBACH, Stephan. 1995. *Mediation: Struktur, Chancen und Risiken von Vermittlung im Konflikt.* Köln: O. Schmidt.

BRUCE, F.F. 1976. *Zeitgeschichte des Neuen Testaments.* Band 2: Von Jerusalem bis Rom. Wuppertal: Brockhaus.

BRUEGGEMANN, Walter. 1982. *Genesis.* Atlanta: John Knox Press.

BRUNNER, Emil. 1927. *Der Mittler. Zur Besinnung über den Christusglauben.* Tübingen: J.C.B. Mohr.

BUCK, Michael; Holtz, Holger; Schoenborn, Ulrich. 2000. *Brücken bauen. Missionstheologische Beiträge.* Hermannsburg: Verlag der Missionsbuchhandlung Hermannsburg.

BUSH, Robert A.B. und Folger, Joseph P.

- 1994. *The Promise of Mediation: Responding to Conflict through Empowerment and Recognition.* San Francisco: Jossey-Bass.
- 1996. Transformative Mediation and Third-Party-Intervention. Ten Hallmarks of a Transformative Approach to Practice. In: *Mediation Quarterly* 1996/13: 263-278.
- 2005. *The Promise of Mediation: The Transformative Approach to Conflict.* San Francisco: Jossey-Bass.

CASTELLS, M. 2000. *The Rise of the Network Society.* Oxford: Blackwell.

CASTLES, S. und Miller, M.J. 2003. *The Age of Migration.* Houndmills: Palgrave Macmillan.

CONN, H.M. und Ortiz, M. 2001. *Urban Ministry: the Kingdom of God, the City and the People of God.* Downers Grove: IVP.

CONZELMANN, Hans von. 1971. *Geschichte des Urchristentums.* NTD Ergänzungsreihe Bd. 5. Göttingen: Vandenhoeck & Ruprecht.

DAHL, Stephan. 2001. „Einführung in die Interkulturelle Kommunikation". In http://www.intercultural-network.de/einfuerung.

DEUTSCH, Morton. 1976. *Konfliktregelung: Konstruktive und destruktive Prozesse.* München: Reinhard.

DAVEY, A.P. 2001.

- *Urban Ministry and Global Order: Theological Resources for an Urban Future.* London: SPCK.
- 2005. In the Midst of the Throng: Politics of Mission in Globalizing Cities. In: *Missionalia* 33/1: 73-88.

DENZINGER, Heinrich. *Kompendium der Glaubensbekenntnisse und kirchlichen Lehrentscheidungen.* Freiburg: Herder.

DEYMAZ, Mark. 2007. *Building a Healthy Multi-ethnic Church: Mandate, Commitments and Practices of a Diverse Congregation.* San Francisco: Jossey-Bass.

DIETZ, Barbara. 2004. Ost-West-Migration im Kontext der EU-Erweiterung, 2004, *Aus Politik und Zeitgeschichte*, B 5-6, 2. Februar: 41-47.

DITTMANN, Karsten. 2003. Diakonie zwischen Kirche und Gesellschaft. In: http//www.holmespeare.de.

DOWSETT, R. 2003. Globalization, Women and Mission. In: *One World or Many. The Impact of Globalization on World Mission*, hrsg. von R. Tiplady. Pasadena: WCL: 143-154.

DULLES, A. 2002. *Models of the Church*. New York: Doubleday.

DUSS-VON WERDT, Joseph.
- 2005. *homo mediator. Geschichte und Menschenbild der Mediation*. Stuttgart: Klett-Cotta.
- 2008. *Einführung in die Mediation*. Heidelberg: Carl-Auer.

ELIADE, Mircea. 2004. *Unsterblichkeit und Freiheit*. Frankfurt am Main: Insel Verlag.

ELSEN, Susanne. 1998. *Gemeinwesenökonomie – eine Antwort auf Arbeitslosigkeit, Armut und soziale Ausgrenzung*. Neuwied: Luchterhand.

ENDRESS, Gerhard. 1991. *Der Islam. Eine Einführung in seine Geschichte*. München: C.H. Beck.

ERYILMAZ, Aytac und Jamin, Mathilde. Hrsg. 1998. *Fremde Heimat - eine Geschichte der Einwanderung aus der Türkei*. Essen: Klartext.

ESCOBAR, Samuel. 2003. *A Time for Mission: The Challenge for Global Christianity*. Leicester: IVP.

FELDTKELLER, Andreas, Sundermeier, Theo. Hrsg. *Mission in pluralistischer Gesellschaft*. Frankfurt am Main: Lembeck.

FINGERLE, Jörg. 2001. Die Kirche als intermediäre Institution. Grundlagen einer theologischen Theorie zur Sozialgestalt der Kirche. Unveröff. Dissertation. Berlin: Humboldt Universität.

FRENZKE-Kulbach, Annette. 2005. Mediation unter besonderer Berücksichtigung interkultureller Aspekte im Gemeinwesen. In: *Migration und soziale Arbeit* 2005/3-4: 249-256.

GARRIOT, C.W. 1996. Leadership Development of the Multiethnic Church. In: *Urban Mission* 13/4: 24-37.

GIBBS, E. 2005. *Leadership Next. Changing Leaders in a Changing Culture*. Leicester: IVP.

GIBBS, E. und Bulger, R.K. 2006. *Emerging Church: Creating Christian Community in Postmodern Culture.* London: SPCK.

GILLICH, Stephan. Hrsg.

- 2002. *Gemeinwesenarbeit – eine Chance der sozialen Stadtentwicklung.* Gelnhausen: Triga.
- 2004. *Gemeinwesenarbeit: Die Saat geht auf. Grundlagen und neue sozialorientierte Handlungsfelder.* Gelnhausen: Triga.
- 2007. *Nachbarschaften und Stadtteile im Umbruch: Kreative Antworten der Gemeinwesenarbeit auf aktuelle Herausforderungen.* Gelnhausen: Triga.

GÖTZ, Monika, Schäfer, Christa D.

- Hrsg. 2008a. *Mediation im Gemeinwesen.* Baltmannsweiler: Scheider Verlag Jesengehren.
- 2008b. Streitvermittlung in anderen Kulturen. In: Götz 2008a: 20-33.

GRUNLAN, Stephen A. und Meyers, Marvin K. 1980. *Cultural Anthropology. A Christian Perspective.* Grand Rapids: Zondervan.

GUIRAUDON, V. und Jileva, E. 2006. Immigration and Asylum. In: *Development in European Politics,* hrsg. von P. M. Heywood, E. Jones, M. Rhodes und U. Sedelmeier. Houndmills: Palgrave Macmillan: 280-298.

HAARMANN, Ulrich. 1991. *Geschichte der arabischen Welt.* München: C.H. Beck.

HAMNETT, C. 1995. Controlling Space: Global Cities in Shrinking World. In: *Global Unevenness and Inequality,* hrsg. von J. Allen und C. Hamnett. New York: Oxford University Press: 103-142.

HANCILES, J.J.

- 2003. Migration and Mission: Some Implications for the Twenty-first-century Church. In: *IBMR* 27/4: 146-153.
- 2004. Beyond Christendom: African Migration and Transformation in Global Christianity. In: *Studies in World Christianity* 10/1: 93-113.

HENGEL, M. 1980. *Jews, Greeks and Barbarians: Aspects of the Hellenization of Judaism in the pre-Christian Period.* Philadelphia: Fortress Press.

HERBERT, Ulrich. 2001. *Geschichte der Ausländerpolitik in Deutschland. Saisonarbeiter, Zwangsarbeiter, Gastarbeiter, Flüchtlinge.* München: C.H. Beck.

HESSELGRAVE, David J.
- 1978. *Communicating Christ Cross-Culturally.* Grand Rapids: Zondervan.
- 1999. Christian Contextualization and Biblical Theology. In: *The Relationship Between Epistemology, Hermeneutics, Biblical Theology and Contextualization,* hrsg. von Douglas Welker Kennard. Lewiston N.Y.: Edwin Mellen Press: 153-180.

Hesselgrave David J., Rommen Edward.1989. *Contextualization: Meanings, Methods and Models.* Leicester: IVP.

HICK, John. 1973. *God and the Universe of Faiths.* Oxford: Oneworld Publications.

HIEBER, Albrecht. 2008. Für eine christliche Theologie, die den Frieden in den Mittelpunkt stellt: Biblische Reflexionen. In: *ZMiss* 2008/34: 165-181.

HIEBERT, Paul G.
- 1985. *Anthropological Insights for Missionaries.* Grand Rapids: Baker.
- 1994. *Anthropological Reflections on Missiological Issues.* Grand Rapids: Baker.

HIRSCHBERG, Walter. Hrsg. 1988. *Neues Wörterbuch der Völkerkunde.* Berlin: Dietrich Reimer Verlag.

HOFFMANN, Dagmar. Hrsg. 2008. *Jungsein in einer alternden Gesellschaft: Bestandsaufnahme und Perspektiven für das Zusammenleben der Generationen.* Weinheim-München: Juventa-Verlag.

HUBER, Wolfgang.
- 1998. *Kirche in der Zeitenwende. Gesellschaftlicher Wandel und die Erneuerung der Kirche.* Gütersloh: Bertelsmann Stiftung.
- 1999. Auf dem Weg zu einer missionarischen Kirche. Ein Zwischenbericht. In: Feldtkeller 1999: 107-135.

HYBELS, Bill. 2002. *Courageous Leadership.* Grand Rapids: Zondervan.

IOM (International Organization of Migration). 2003. *World migration.* Vol. 2. Geneva: IOM.

JANZEN, J.G.
– 1993. *Abraham and all the Families of the Earth: a Commentary on the Book of Genesis.* Grand Rapids: Eerdmans.
– 1997. *Exodus.* Louisville: Westminster John Knox Press.

JENKINS, P. 2002. *The Next Christendom: the Coming of Global Christianity.* Oxford: Oxford University Press.

JONGENEEL, J.A.B. 2003. The Mission of Migrant Churches in Europe. In: *Missiology: An International Review* 31/1: 29-33.

JUNG, Helmut. 2003. *Generationenstudie 2002: Werte, gesellschaftliches Engagement und Bereitschaft zum Umbruch im Spannungsfeld der Generationen; Ergebnisse einer repräsentativen Nachfolgeuntersuchung zur Generationenstudie 2001 der GMS Dr. Jung Gesellschaft für Marktforschung, Hamburg.* München: Hanns-Seidel-Stiftung.

KAHL, Werner. 2002. A Theological Perspective: the Common Missionary Vocation of Mainline and Migrant Churches. In: *IRM* 91/362: 328-341.

KARAS, F., Hinte, W. 1978. *Grundprogramm Gemeinwesenarbeit.* Wuppertal: Jugenddienst-Verlag.

KÄSER, Lothar. 1997. *Fremde Kulturen. Eine Einführung in die Ethnologie.* Bad Liebenzell: VLM.

KEIN, Nghi Ha. 2004. *Ethnizität und Migration Reloaded. Kulturelle Identität, Differenz und Hybridität im postkolonialen Diskurs.* Berlin: WVB.

KINEAR, Graig. 2005. *Biblejsko-kulturno-istoricheskii kommentar.* Band 2. St. Petersburg: Mirt.

KLASSEN, John N. 2007. *Russlanddeutsche Freikirchen in der Bundesrepublik Deutschland. Grundlinien ihrer Geschichte, ihrer Entwicklung und Theologie.* Nürnberg: VTR.

KLÖCK, Tilo. 2000. Arbeitsprinzip Gemeinwesenarbeit. Qualitätsmerkmal von Sozialraumorientierter Sozialer Arbeit, Stadtteilentwicklung und Quartiersmanagement. In: *standpunkt: sozial* 2000/2: 28-37.

KNITTER, Paul.
- 1988. *Ein Gott – viele Religionen: Gegen den Absolutheitsanspruch des Christentums.* München: Kösel Verlag.
- 1991. Religion und Befreiung. Soteriozentrismus als Antwort an die Kritiker. In: *Horizontüberschreitung. Die Pluralistische Theologie der Religionen*, hrsg. von Reinhold Bernhardt. Gütersloh: *Gütersloher Verlagshaus Gerd Mohn*: 203-219.
- 1992. Das eine Fenster und die vielen Fenster Gottes, In: *Publik Forum*, Nr. 16, Aug 28, 1992: 14-16.
- 1994. Nochmals die Absolutheitsfrage. Gründe für eine pluralistische Theologie der Religionen. In: *Christentum und Nichtchristliche Religionen*, hrsg. von Karl-Josef Kuschel. Darmstadt: WBG: 86-101.
- 1997. *Horizonte der Befreiung: Auf dem Weg zu einer pluralistischen Theologie der Religionen.* Frankfurt am Main: Verlag Otto Lembeck und Paderborn: Bonifatius Verlag.
- 1998. *Die Zukunft der Erde: Die gemeinsame Verantwortung der Religionen.* München: Kösel Verlag.

KRAUSE, Burghard. 2000. Gottes Lust am Menschen. Kontextuelle Evangelisation heute. In: Buck 2000: 51-58.

KRAUSS-SIEMANN, Jutta. 1983. *Kirchliche Stadtteilarbeit.* Stuttgart: Kohlhammer.

KRAYBILL, Ronald. 2001. *Peace Skills. Manual for Community Mediators.* San Francisco: Joseey-Bass.

KÜNG, Hans.
- 1999. *Spurensuche. Die Weltreligionen auf dem Weg.* München: Piper.
- 2006. *Projekt Weltethos.* 10. Aufl.. München: Pieper.

LEWIS, D Richard.1996. *When Cultures Collide. Managing Successfully Across Cultures.* London: Nicholas Brealey Publishing.

LINGENFELDER, Sherwood G. und Mayers, Marvin K. 1991. *Kultur-Übergreifender Dienst.* Bad Liebenzell: VLM.

LINGENFELDER, Sherwood. 1992. *Transforming Culture. A Challenge for Christian Mission.* Grand Rapids: Baker.

LINGSCHED, Rainer und Wegner, Gerhard. Hrsg. 1990. *Aktivierende Gemeinwesenarbeit.* Stuttgart-Berlin-Köln: Kohlhammer.

LUPTON, R. 1996. The Multiethnic Church: Unity Inside vs Community Outside? In: *Urban Mission* 13/4: 5-13.

LÜTTRINGHAUS, Maria. 2004. Erfolgsgeschichte Gemeinwesenarbeit – die Stadt geht auf? In: Gillich 2004: 16-26.

LUTZBETAK, Louis J. 1970. *The Church and Cultures.* Pasadena: WCL.

MAITRIMURTI, Prof. und Thomas Trätow. 2007. *Das Mahavagga des Vinayapitaka - Das große Buch aus der Sammlung der Ordensregeln.* Berlin: Michael Zeh Verlag.

MALETZKE, Gerhard. 1996. *Interkulturelle Kommunikation.* Opladen: Westdeutscher Verlag.

MANDER, J, Goldsmith, E. Hrsg. 2002. *Schwarzbuch Globalisierung.* München: Goldmann.

MARTIN, H.-P., Schumann, H. 1996. *Die Globalisierungsfalle.* Reinbeck: Rowolt.

MARUSKIN, J. 2000. Ministering to the Refugees Christ. In: *Mission Studies* 17/1-2: 196-206.

MARX, Ansgar. 2003. Sozial-Mediation: Neue Ansätze in den USA. In: *Theorie und Praxis der Sozialen Arbeit* 2003/2: 46-53.

MAYERS, Marvin. 1987. *Christianity Confronts Culture. A Strategy for Cross-Cultural Evangelism.* Grand Rapids: Zondervan.

McCLINTOCK, Wayne. 1988. Sociological Critique of the Homogeneous Unit Principle. In: *IRM* LXXVII/305/1988: 107-116.

MICHEL, Otto. 1986. *Das Zeugnis des Neuen Testaments von der Gemeinde*, 3. Aufl. Gießen: Brunnen.

MICKSCH, Jürgen, Schwier, Anja. 2002. *Islam in europäischen Dörfern.* Frankfurt am Main: Lembeck.

MODOOD, Tariq, Werbner, Pnina. Hrsg. 1997. *Debating Cultural Hybridity: Multi-Cultural Identities and the Politics of Anti-Racism:* London: Zed Books.

MOLTMANN, Jürgen.
  – 1975. *Kirche in der Kraft des Heiligen Geistes.* München: Chr. Kaiser.

- 1978. *The Open Church. Invitation in a Messianic Lifestyle.* London: SCM.
- 1980. *Trinität und Reich Gottes. Zur Gotteslehre.* München: Chr. Kaiser.
- 1985. *Theologie der Hoffnung. Untersuchungen zur Begründung und zu den Konsequenzen einer christlichen Eschatologie.* München: Chr. Kaiser.

MORRIS, L. 1995. *The Gospel According to Matthew.* Leicester: IVP.

MÜLLER, C.W. 1999. *Wie Helfen zum Beruf wurde. Eine Methodengeschichte der Sozialarbeit.* Band 1: 1883-1945. 3. erw. Aufl. Weinheim/Basel: Beltz.

NEGT, Oskar. 1995. *Achtundsechzig. Politische Intellektuelle und die Macht.* Göttingen: Steidl Verlag.

NEWBEGINN, L. 1994. *The Gospel in a Pluralistic Society,* Grand Rapids: Eerdmans.

NICHOLLS, Bruce J., *Contextualization: A Theology of Gospel and Culture,* Series: Outreach and Identity: Evangelical Theological Monographs, Hrsg. Klaus Bockmühl, 1979. Downers Grove, Illinois: IVP.

NICKEL, Gordon D. *Peaceable Witness Among Muslims.* Scottdale: Herald.

NISWONGER, Richard L. 1992. *New Testament History.* Grand Rapids: Zondervan.

NOACK. W. 1999. *Gemeinwesenarbeit: Ein Lehr- und Arbeitsbuch.* Freiburg: Lambertius Verlag.

ODIERNA, Simone, Berendt, Ulrike. Hrsg. 2004. *Gemeinwesenarbeit: Entwicklungslinien und Handlungsfelder.* Neu-Ulm: AG-SpAK.

OETTINGEN, Alexander von. 1979. *Kirchliche Gemeinwesenarbeit – Konflikt und Gesellschaftliche Strukturbildung. Eine empirische Untersuchung im Kontext der Ekklesiologie Dietrich Bonhoeffers.* Frankfurt am Main: Peter Lang.

OHLIG, Karl-Heinz. 2007. *Der frühe Islam. Eine historisch-kritische Rekonstruktion an Hand zeitgenössischer Quellen.* Berlin: Hans Schiler.

ORTIZ, Manuel. 1996. *One New People. Models for Developing a Multiethnic Church.* Downers Grove: IVP.

PADILLA, Rene.
- 1982. The Unity of the Church and the Homogeneous Unit Principle. In: *IBMR* 6/1/1982: 23-30.
- 1985. *Mission Between the Times.* Grand Rapids: Eerdmans.

PALOMINO, M.A. 2004. Latino Immigration in Europe. Challenge and Opportunity for Mission. In: *IBMR* 22/2: 55-58.

PARET, Rudi. 1989. *Der Koran.* 5. Aufl. Stuttgart: W. Kohlhammer.

PENNER, Peter F.
- Hrsg. 2006. *Ethnic Churches in Europe.* Schwarzenfeld: Neufeld Verlag.
- 2005. *Christian Presence and Witness Among Muslims.* Schwarzenfeld: Neufeld Verlag.

POHL, C.D. 2003. Biblical issues in Mission and Migration. In: *Missiology: An International Review* 31/1: 3-15.

PONGS, Armin. 1999. *In welcher Gesellschaft leben wir eigentlich? Gesellschaftskonzepte im Vergleich.* München: Dilemma.

PRILL, Thorsten. 2007. Mission as the Exit Ramps at the Refugee Highway in an Age of Globalization: Integration Refugees and Asylum Seekers into the Christian Community in the United Kingdom. Unveröffentlichte DTh Dissertation. Pretoria: UNISA.

RAHNER, Karl. 1970. Anonymes Christentum und Missionsauftrag der Kirche. In: Ders.: *Schriften zur Theologie.* Band IX. Einsiedeln/Zürich/Köln: Benziger: 498-515.

REIMER, Johannes. 1988. *Gebet für die Völker der Sowjetunion. Informationen. Hintergründe. Möglichkeiten.* Neuhausen-Stuttgart: Hänssler Verlag.

REIMER, Johannes. 1989. *Aussiedler sind anders.* Kassel: Oncken.

REIMER, Johannes. 1996. *Missija drevnerusskogo monashestva.* Lage: Logos.

REIMER, Johannes. 2004. Sie kommen mit einer Botschaft. Das Evangelium der Missionare aus der Zwei-Drittel-Welt im alten Europa. In: *Missionare aus der Zwei-Drittel-Welt für Europa,* hrsg. von

Klaus W. Müller. Referate der Jahrestagung 2004 des Arbeitskreises für evangelikale Missiologie (AfeM). Nürnberg: VTR: 79-95.

REIMER, Johannes. 2009. *Die Welt umarmen. Theologie des gesellschaftsrelevanten Gemeindebaus.* Marburg: Francke Verlag.

REX, J. 1999. The Nature of Ethnicity in the Project of Migration. In: *The Ethnicity Reader*, Hrsg. von M. Guibernau & J. Rex. Cambridge: Polity Press: 269-283.

REX, J. 2002. The Fundamentals of Ethnicity. In: *Making sense of Collectivity, Ethnicity, Nationalism and Globalization,* hrsg. von S. Malesevic und M. Haugaard. London: Pluto Press: 88-121.

RIES, Heinz, u.a. Hrsg. 1997. *Hoffnung Gemeinwesen. Innovative Gemeinwesenarbeit und Problemlösungen in den Bereichen lokaler Ökonomie, Arbeitslosigkeit, Gesundheit und Benachteiligung.* Neuwied: Luchterhand.

RIPKE, Lis. 1998. Die fünf Phasen der Mediation. In: *Zeitschrift für Mediation* 1998/2-3: 85-88.

ROBERTS, Bob Jr. 2007. *Glocalization. How Followers of Jesus Engage a Flat World.* Grand Rapids: Zondervan.

ROHDES, S.A. 1998. *Where the Nations Meet: the Church in the Multicultural World.* Downers Grove: IVP.

ROLAND-UNRUH, Heidi und Sider, Ronald J. 2005. *Saving Souls, Serving Society: Understanding the Faith Factor in Church Based Social Ministry.* Oxford: Oxford University Press.

ROSS, M.G. 1955. *Community Organization. Theory, Principle and Practice.* New York: Harper & Row.

ROSS-STRAJER, Gisela. Hrsg. 2007. *Alt und Jung in Deutschland: sozialwissenschaftliche Generationenforschung.* Bonn: Informationszentrum Sozialwissenschaften der Arbeitsgemeinschaft Sozialwissenschaftlicher Institute e.V.

ROWELL. E.L. 2000. Sojouner. In: *Eerdmans Dictionary of the Bible,* hrsg. von D.N. Friedmann. Grand Rapids: Eerdmans: 1235-1236.

RUSAW, Rick und Swanson, Eric. 2004. *The Externally Focused Church.* Loveland: Group.

RUST, Heinrich Christian. 2007. *Und wenn die Welt voll Teufel wär*

... Christen in der Auseinandersetzung mit dunklen Mächten. Schwarzenfeld: Neufeld Verlag.

SAHID, Ibrahim. 1997. *Anregungen zum Gespräch. Christen und Moslems.* Uhldingen: Stephanus Edition.

SANNEH. L. 2003. *Whose Religion is Christianity? The Gospel Beyond the West.* Grand Rapids: Eerdmans.

SASSEN, S.
– 1999. *Guests and Aliens.* New York: The New Press.
– 2002. Locating Cities on Global Circuits. In: *Global Networks Linked Cities*, hrsg. von S. Sassen. London: Routhledge: 1-36.

SCHÄFER, Fritz. 2000. *Der Buddha und sein Orden.* Stammbach: Verlag Beyerlein & Steinschulte.

SCHÄFER, Klaus. 2003. *Anstoß Mission – Impulse aus der Missionstheologie.* Frankfurt am Main: Lembeck.

SCHALLER, Lyle. 1972. *Kirche und Gemeinwesenarbeit: Zwischen Konflikt und Versöhnung.* Gelnhausen-Berlin: Burkhardthaus Verlag.

SCHNEE, Renate. 2004. Gemeinwesenarbeit. In: htpp//www.telesozial.net/cms//uploads/tx.kdcaseengine.

SCHOEPS, Hans-Joachim. 1970. *Religionen.* München: Wilhelm Heyne Verlag.

SCHOLTE, J.A. 2000. *Globalization: a Critical Introduction.* Houndmills: Palgrave Macmillan.

SCHREINER, Josef. 1980. Gastfreundschaft im Zeugnis der Bibel In: *Trierer theologische Zeitschrift* 89 (1980): 50 -60.

SCHREITER, Robert J.
– 1992. *Reconciliation. Mission and Ministry in a Changing Social Order.* Maryknoll: Orbis.
– 1996a. Reconciliation as a Model of Mission. In: *ZMiss* 1996/52: 243-250.
– 1996b. *The Ministry of Reconciliation: Spirituality and Strategies.* Maryknoll: Orbis.
– 2005. Reconciliation and Healing as a Paradigm for Mission. In: *IRM* 2005/94: 74-83.

SCHULZE, Gerhard. 2005. *Die Erlebnisgesellschaft: Kultursoziologie der Gegenwart.* Frankfurt am Main/ New York: Campus.

SCHULZ VON THUN, Friedemann. 2001. *Miteinander reden 1: Störungen und Klärungen.* Reinbeck: Rowolt.

SCHWEIZER, E. 1976. *The Good News According to Matthew.* London: SPCK.

SCORALICK, Ruth. 2005. Von Mehltöpfen, die nicht leer werden, und Gästen, die nicht schlürfen dürfen. In: *Katechetische Blätter* 30 (2005): 204-207.

SEBASTIAN, Horst. 2010. *Theologie der Mediation.* Unveröffentlichte DTh Dissertation. Pretoria: UNISA.

SENIOR, D. 1998. *Matthew.* Nashville: Abingdon Press.

SENIOR, D. & Stuhlmueller, C. 1991. *The Biblical Foundation of Mission.* Maryknoll: Orbis.

SHEFFIELD, D. 2002. Leadership Requirements for the Multi-cultural Congregation. In: *McMaster, Journal of Theology and Ministry,* Vol. 5./ http://www.mcmaster.ca/mitm/5-3.htm.

SIMON, Benjamin. 2002. *Afrikanische Kirchen in Deutschland.* Frankfurt am Main: Lembeck.

SINNER, Alex von, Zirkler, Michael. Hrsg. 2005. *Hinter den Kulissen der Mediation: Kontexte, Perspektiven und Praxis der Konfliktbearbeitung.* Bern: Haupt.

SLEMBECK, E. 1991. *Culture and Communication.* Frankfurt am Main: Peter Lang.

SMITH, D.
  – 2003a. *Mission after Christendom.* London: Darton, Longman and Todd.

SMITH, D. 2003b. *Against the Stream: Christianity and Mission in the Age of Globalization.* Leicester: IVP.

SPIJKERHOER, T. 2000. *Gender and Refugee Status.* Aldershot: Dartmouth.

STEINER, F. 1925. *Community Organization. A Study of Theory and Current Practice.* New York: Century.

STENSCHKE, Christoph. 2007. Wesen und Antwort neutestamentlicher Gemeinden in der multikulturellen Gesellschaft des ersten Jahrhunderts nach Christus. In: *Jahrbuch für Evangelikale Theologie* 21/2007: 81-125.

STURM, Stephan. 2007. *Sozialstaat und christlich-sozialer Gedanke. Johann Heinrich Wicherns Sozialtheologie und ihre neuere Rezeption in systematisch-theoretischer Perspektive.* Stuttgart: Kohlhammer.

SUNDERMEIER, Theo.

    – 1995. *Konvivenz und Differenz: Studien zu einer verstehenden Missionswissenschaft.* Erlangen: Verlag der ev.-luth. Mission.

    – 1999. Mission und Dialog in der pluralistischen Gesellschaft. In: Feldtkeller 1999: 11-25.

SZYDLIK, Marc. Hrsg. 2004. *Generation und Ungleichheit.* Wiesbaden: Verlag für Sozialwissenschaften.

TER HAAR, Gerry. 1988. *Halfway to Paradise: African Christians in Europe.* Cardiff: Cardiff Academic Press.

TEHRANIAN, M. 2004. Cultural Security and Global Governance: International Migration and Negotiation of Identity. In: *Worlds on the Move,* hrsg. von J. Friedman und S. Randeria. London: Tauris: 3-22.

THIEL, Joseph Franz.

    – 1983. *Grundbegriffe der Ethnologie.* 4. erw. und überarb. Aufl. Berlin: Dietrich Reimer Verlag.

    – 1984. *Religionsethnologie. Grundbegriffe der Religionen schriftloser Völker.* Berlin: Dietrich Reimer Verlag.

THOMPSON, J. und Pattison, S. 2005. Reflection on Reflection: Problems and Prospects for Theological Reflection. In: *Contact* 146: 8-15.

THORAVAL, Ives. 1999. *Lexikon der islamischen Kultur.* Darmstadt: WBG.

TIPLADY, Richard.

    – 2003a. One World or Many? Globalization and World Mission. In: *Connections* 6/2003: 10-17.

    – 2003b. *World of Difference: Global Mission at the Pic'n'mix Counter.* Carliste: Paternoster Press.

TIPPET, Alan. 1987. *Introduction to Missiology.* Pasadena: WCL.

UNDESA. 2002. *International Migration Report 2002.* New York: United Nations.

VAN DER VEN, Johannes. 1990. *Entwurf einer Empirischen Theologie*. Weinheim: Deutscher Studien Verlag.

VICEDOM, Georg. 1956. Die Weltreligionen im Angriff auf das Christentum. In: *Theologische Existenz heute. Neue Folge*, 51/1956. München: Chr. Kaiser.

VIVELO, Frank Robert. 1981. *Handbuch der Kulturanthropologie*. Stuttgart: Klett.

WAGNER, C. Peter. 1984. *Leading Your Church to Growth*. Ventura, CA: Regal Books.

WALDENFELS, Hans. Hrsg. 1987. *Lexikon der Religionen. Phänomene - Geschichte - Ideen*. Begründet von Franz König als Religionswissenschaftliches Wörterbuch. Freiburg u.a.: Herder.

WAGNER, C. Peter. 1990. *Gemeindegründung – die Zukunft der Kirche*. Mainz-Kastell: C&P.

WAGNER, Wolf. 1999. *Kulturschock Deutschland. Der Zweite Blick*. Hamburg: Europäische Verlagsanstalt.

WÄHRISCH-OBLAU, C. 2000. From Reverse Mission to Common Mission ... We Hope: Immigrant Protestant Churches and the ‚Program for Cooperation Between German and Immigrant Congregations' of the United Evangelical Mission. In: *IRM* 89/354: 467-483.

WALLS, Andrew F.
– 2002a. Mission and Migration: the Diaspora Factor in Christian History. *Journal of African Christian Thought* 5/2: 3-13.

WALLS, Andrew F.
– 2002b. *The Cross-Cultural Process in Christian History*. Maryknoll: Orbis.

WELLER, Paul. 2002. Insiders or Outsiders? Religion(s) and Society. Propositions for Europe. Part I in *Baptist Quarterly* 29/5.01 2002: 211-222; Part II in *Baptist Quarterly* 29/6.01. 2002: 276-286.

WELLER, Paul. 2006. The Changing Face of Europe. The Nature and Role of Ethnic Minorities in European Societies. In: *Ethnic Churches in Europe: a Baptist response,* hrsg. von P.F. Penner. Schwarzenfeld: Neufeld Verlag: 17-63.

WENHAM, G.J. 1987. *World Biblical Commentary. Genesis 1-15.* Waco: Word Books.

WESTERMANN, C. 1987. *Genesis: a Practical Commentary.* Grand Rapids: Eerdmans.

WESTGATE, James. 1985, Transition and the Urban Church. In *Urban Mission* 2/No. 2/ März 1985: 22-32.

WILLIS, T.M. 1993. Alien. In: *The Oxford Companion to the Bible,* hrsg. von M.D. Coogan. Oxford: Oxford University Press: 20.

WOODLEY, R. 2004. *Living in Color: Embracing God's Passion for Ethnic Diversity.* Downers Grove: IVP.

WRIGHT, Christopher J.H.
 – 1990. *God's People in God's Land: Family, Land and Property in the Old Testament.* Exeter: Paternoster Press.
 – 2004. *Old Testament Ethics for the People of God.* Downers Grove: IVP.

ZLOTNIK, H. 2003. *The Global Dimensions of Female Migration.* New York: Migration Policy Institute.

Weitere Bücher von Johannes Reimer

Die Welt umarmen
Theologische Grundlagen
gesellschaftsrelevanten Gemeindebaus
ISBN 978-3-86827-085-3
400 Seiten, Paperback

Ein Buch voller Leidenschaft für die Welt, die Gott verloren hat und die er doch liebt. Ein Buch für Menschen, die Gemeinde bauen wollen. Ein Buch für Menschen, die diakonisch arbeiten und leben möchten. Ein Buch für Menschen, die versuchen, andere mit Gott in Kontakt zu bringen.

Johannes Reimer analysiert Gemeindemodelle und macht konkrete Vorschläge für einen gesellschaftsrelevanten Gemeindebau. Er geht aus von den anschaulichen Gemeindebildern des Neuen Testaments und untersucht ihre Auswirkungen auf das Gesellschaftsleben der ersten Jahrhunderte. Auch in der Kirchengeschichte späterer Jahrhunderte findet er interessante Beispiele für Gemeinden, die sowohl missionarisch als auch diakonisch ihre Umgebung durchdrangen. Schließlich beschreibt er, wie Gemeinde heute aussehen kann. So wie Gott in Jesus Mensch wurde, so sollten auch wir als seine Nachfolger mitten in der Welt leben und uns einbringen.

Tobias Faix, Johannes Reimer,
Volker Brecht (Hg.)

Die Welt verändern

Grundfragen einer Theologie der Transformation

francke

Transformationsstudien Band 2

T. Faix, J. Reimer, V. Brecht (Hg.)
Die Welt verändern
Grundfragen einer Theologie
der Transformation
ISBN 978-3-86827-122-5
300 Seiten, Paperback

Wie sollen Christen auf die weitgreifenden gesellschaftlichen Veränderungen in der heutigen Welt reagieren? Mit Rückzug?
Im Gegenteil, sagen die Herausgeber dieses Buches und gehen die
Grundfragen einer Theologie der Transformation offensiv an. Kirchen und Gemeinden haben den öffentlichen Auftrag, Glauben zu
leben und darüber zu diskutieren, welche Rolle sie im 21. Jahrhundert spielen.

20 Autoren geben Antworten, wie transformatorische Prozesse und
ganzheitlicher Glaube gesellschaftsrelevant gelebt werden können.
Der Bogen wird weit gespannt: von der biblischen Grundlage und
dem interdisziplinären Dialog über die Lehren der Geschichte bis zur
Praxis transformatorischer Theologie.

**Flucht über den Strom des
Schwarzen Drachen**
Das Leben der Maria DeFehr
ISBN 978-3-86827-189-8
176 Seiten, Paperback

Maria DeFehr wächst zu Beginn des 20. Jahrhunderts in einer Sied-
lung deutschstämmiger Mennoniten im südlichen Russland auf. Die
Tochter einer wohlhabenden Bauernfamilie verbringt eine glückliche
Kindheit im Schatten des Kaukasus.

Doch der Erste Weltkrieg, die Russische Revolution und der Bürger-
krieg bleiben nicht ohne Folgen für ihre Familie. Im neuen sowjetischen Staat scheint es für Menschen wie sie keinen Platz mehr zu
geben.

Die antideutschen Gefühle der russischen Bevölkerung werden immer stärker. Repressalien und Verfolgung treiben die mennonitischen
Christen in die Enge. Maria kann über den Fluss Amur, den Strom
des Schwarzen Drachen, nach China fliehen. Doch erst in Amerika
und schließlich in Kanada findet sie neues Glück und endlich wieder
ein Zuhause.

*Das bewegende Lebensbild einer klugen Frau mit sehr viel Mut und
großem Gottvertrauen.*

Weitere theologische Titel bei FRANCKE

David J. Bosch
Ganzheitliche Mission
Theologische Perspektiven
ISBN 978-3-86827-244-4
ca. 250 Seiten, Paperback

Wir leben in einer Welt, in der die Kirche ihre dominante Position verloren hat; aus der mächtigen Kirche von einst ist eine kleine Gemeinschaft geworden. Der Missiologe David Bosch geht in „Ganzheitliche Mission" der Frage nach, wie die Kirche ihrer Berufung unter diesen Umständen dennoch gerecht werden und Mission heute aussehen kann. Er ist davon überzeugt:

Die Kirche schuldet der Welt den Glauben. Christen sind Botschafter der Versöhnung. Sie kommen nicht aus Überlegenheit, sondern aus Solidarität, als Bettler zeigen sie anderen Bettlern, wo sie Brot finden. *Die Kirche schuldet der Welt Hoffnung.* Christen können Neues wagen, weil Gott alles neu machen wird. Wenn Gott einmal alle Tränen abwischen will, können wir uns nicht mit Tränen zufrieden geben oder Ungerechtigkeiten dulden.
Die Kirche schuldet der Welt Liebe. Jesus hat sich selbst als Diener verstanden. Er hat sein Leben aus Liebe dahingegeben, wegen seiner Narben glaubten die Jünger. Bis heute sind Christen dazu aufgerufen, als Dienende die Liebe Christi zu verkündigen.

N. T. Wright
Glaube – und dann?
Von der Transformation des Charakters
ISBN 978-3-86827-243-7
256 Seiten, Paperback

„Glaube – und dann?" Diese Frage treibt viele Christen um. Die einen betonen, dass der Glaube an sich schon das Ziel sei und die Hauptaufgabe in seiner Weiterverbreitung bestehe. Andere legen großen Wert auf die persönliche Lebensgestaltung und fordern daher, dass der Glaube auch in einer entsprechenden Frömmigkeit zum Ausdruck kommen müsse. Wieder andere sehen im Glauben eher so etwas wie die grundlegende Motivation, aus der heraus die Welt umzugestalten sei.

Der anglikanische Theologe N.T. Wright zeigt in diesem Buch anhand der antiken Tugendlehre und ihrer Weiterführung im Neuen Testament auf, dass das eigentliche Ziel des Glaubens die Transformation des Charakters ist. Jesus zu folgen bedeutet, ihm ähnlicher zu werden. Doch Wright belässt es nicht bei theologischen Überlegungen. Als Seelsorger macht er sich zugleich Gedanken darüber, wie all das praktisch werden kann.

Ein Buch für alle, die weder mit den Händen im Schoß auf die Wiederkunft Christi warten noch sich in hektische Aktivitäten stürzen wollen, sondern nach einem Weg suchen, durch den sich Glaube und Leben verbinden lassen.

Tobias Faix / Thomas Weißenborn (Hg.)
ZeitGeist
Kultur und Evangelium in der Postmoderne
ISBN 978-3-86122-967-4
256 Seiten, Paperback

Die Welt ist anders geworden. Weniger rational. Emotionaler. Suchender. Traditioneller. Offener. Ein neues Zeitalter ist angebrochen und vieles verändert sich – auch unsere Gemeinden. Das bringt Unsicherheit mit sich. Die Postmoderne zwingt uns zu einem neuen Nachdenken über das, was wirklich trägt. Neue weltweite Entwicklungen, wie die Emerging Church-Bewegung, versuchen, in diesen Veränderungen Gemeinde neu zu leben. 24 Autorinnen und Autoren beschreiben aus unterschiedlichen Blickwinkeln, wie Christsein in unserem Kontext nicht nur möglich ist, sondern wie wir anfangen können, unsere Gesellschaft zu verändern. Im Zentrum steht dabei die Frage, wie der Geist und die Zeit zusammenzudenken sind. In vier Kapiteln werden diese Fragen aufgenommen, theoretisch durchdacht und praktisch reflektiert. Ein Buch, das die richtigen Fragen stellt, zum Mitdenken anregt und mit beispielhaften Initiativen und Projekten aus der Praxis inspiriert.

Die Autoren:
Christina Brudereck, Dr. Peter Aschoff, Gottfried „Gofi" Müller, Burkhard vom Schemm, Bettina Becker, Markus Lägel u.v.a.

Mit Statements von Torsten Hebel, Christoph Waffenschmidt und Prof. Dr. Johannes Reimer.

Tobias Faix / Thomas Weißenborn (Hg.)
ZeitGeist 2
Postmoderne Heimatkunde
ISBN 978-3-86827-121-8
320 Seiten, Paperback

Heimat – über Jahrtausende war damit eine Konstante im Leben der Menschen verbunden. In den letzten Jahrzehnten hat sich das grundlegend verändert, nicht nur materiell, sondern auch im geistlichen Bereich. Heimat ist keine Selbstverständlichkeit mehr, sondern etwas Flüchtiges geworden, eine Durchgangsstation, kein Lebensgefühl.
Als „Postmoderne Heimatkunde" beschäftigt sich dieses Buch aus einer theologischen Perspektive damit, wie wir – in unserer sich stetig wandelnden Welt auf der Suche nach Heimat – gerade in der Veränderung bei Gott ein Zuhause finden können.

„Das Buch stellt zentrale Fragen zum Geist der Zeit: Steht er gegen den Geist Gottes? Wird er vom Evangelium beeinflusst, oder ist es eher umgekehrt? Inwieweit sind Kultur und Evangelium voneinander abhängig? Es wird ein Blick in die Bibel und auf die ersten Gemeinden geworfen und daraus eine Prognose erstellt, wie wir Wege zu einem neuen Denken finden können." Lydia Oeser, jesus.de

Daniel Ehniss, Björn Wagner (Hg.)
Beziehungsweise leben
Inspirationen zum Leben und Handeln
im Einklang mit Gott und Menschen
ISBN 978-3-86827-123-2
193 Seiten, Paperback

Wir leben in einem Beziehungszeitalter, denn unsere Beziehungen prägen uns, leiten uns und geben unserem Leben Sinn. Was, wenn man Gott konsequent als Gott in einer Dreieinigen Beziehung versteht? Gemeinsam mit 16 weiteren Autoren begeben sich die Herausgeber auf eine Reise, auf der sie die Dreieinigkeit beziehungsweise denken und unser Leben mit dieser Beziehung in Verbindung bringen. Dabei sind die Ergebnisse faszinierend, echt und wunderbar zugleich.

3 Themenkreise geben tiefe Einblicke in die Spiritualität des Alltags, praktische Impulse zum Handeln in Gerechtigkeit und hilfreiche Anstöße zum Leben in Gemeinschaft.

N. T. Wright
**Das Neue Testament und
das Volk Gottes**
*Die Ursprünge des Christentums
und die Frage nach Gott – Bd. 1*
ISBN 978-3-86827-242-0
704 Seiten, gebunden

In der neutestamentlichen Wissenschaft vollzieht sich seit rund drei Jahrzehnten eine schleichende Revolution, die sowohl begrüßt als auch bekämpft wird: Das Bild des antiken Judentums, das über Jahrhunderte durch die reformatorische Brille als „gesetzliche Religion" betrachtet und interpretiert wurde, verändert sich. Hierzu haben nicht nur die Schriftfunde vom Toten Meer und diverse andere archäologische Erkenntnisse beigetragen, sondern auch die gemeinsame Arbeit von jüdischen und christlichen Forschern, die sich um ein von der jeweiligen Dogmatik möglichst wenig getrübtes Verständnis der Zeitgenossen Jesu bemüht.

Es ist das Verdienst von N. T. Wright, in diesem Buch die Erkenntnisse dieser Forschungen erstmals einem breiten Publikum zugänglich zu machen. Der Leser erhält auf diese Weise nicht nur Einblick in die verschiedenen jüdischen Gruppierungen – Pharisäer, Sadduzäer, Essener und Zeloten – sondern auch in ihre Vorstellungswelt, ihre Hoffnung, ihre besonderen Schriften und darin, wie sie die im Alten Testament überlieferte Heilsgeschichte auf ihre Situation interpretierten. Ergänzt wird diese Zusammenschau durch Hinweise darauf, wie das frühe Christentum diese Vorstellungen aufgenommen und auf Jesus hin verstanden hat.

Durch seine verständliche Sprache und übersichtliche Darstellung ist das Buch für alle eine Fundgrube, die das Neue Testament vor dem Hintergrund seiner Zeit verstehen wollen.

Klaus Meiß
Kirchengeschichte zwischen Moderne und Postmoderne
Spuren des lebendigen Gottes Bd. 3
ISBN 978-3-86827-241-3
544 Seiten, Paperback

Von der Reformation über die Religionskriege, die Aufklärung und die Erweckung, die Industrialisierung und Säkularisierung bis in unsere Zeit bietet dieser Band eine grundlegende und sehr gut lesbare Darstellung der Neuzeit. Nach einem historischen Überblick (unter Berücksichtigung der Geistes-, Wirtschafts- und Sozialgeschichte) wird die Kirchengeschichte in sechs Längsschnitten dargeboten: Die Geschichte der Kirchen seit der Reformation, Missions- und Evangelisationsgeschichte, das Verhältnis von Kirche und Staat, die Spiritualität, die Diakoniegeschichte und schließlich die Theologiegeschichte in ihrer Auseinandersetzung mit dem Zeitgeist.

Dazu werden Informationen über wichtige Persönlichkeiten dieser Geschichte eingeflochten (von Luther und Calvin über Undereyck, Spener und Francke, aber auch Kant, Hegel und Marx, Schleiermacher, Wichern und Stoecker, Barth und Bultmann, Bonhoeffer und Thielicke u.a.). Immer wieder geben Quellen prägnant Einblick in die Epoche oder das Denken der Zeit.